职业教育财经类专业教学用书

会计基础

（第3版）

主　编　林云刚
副主编　曹久庆　杨惠婷

電子工業出版社
Publishing House of Electronics Industry
北京 • BEIJING

内 容 简 介

本教材根据课证融通理念，注重学生基础知识、基本技能和应用能力的全面发展，内容包括总论、会计要素与会计等式、会计科目和借贷记账法、借贷记账法下主要经济业务的账务处理、会计凭证、会计账簿、财产清查、财务报告、会计账务处理程序、综合测试。

本教材可作为职业院校财经类专业教材，也可作为在职人员岗位培训用书。

本教材配有二维码和电子教学参考资料包（包括教学指南、电子教案及习题答案），详见前言。

图书在版编目（CIP）数据

会计基础 / 林云刚主编. —3 版. —北京：电子工业出版社，2021.7
ISBN 978-7-121-41633-0

Ⅰ. ①会… Ⅱ. ①林… Ⅲ. ①会计学－中等专业学校－教材 Ⅳ. ①F230

中国版本图书馆 CIP 数据核字（2021）第 143568 号

责任编辑：徐 玲
印 刷：北京捷迅佳彩印刷有限公司
装 订：北京捷迅佳彩印刷有限公司
出版发行：电子工业出版社
北京市海淀区万寿路 173 信箱 邮编 100036
开 本：787×1 092 1/16 印张：18.5 字数：472 千字
版 次：2016 年 11 月第 1 版
2021 年 7 月第 3 版
印 次：2022 年 8 月第 2 次印刷
定 价：48.00 元

凡所购买电子工业出版社图书有缺损问题，请向购买书店调换。若书店售缺，请与本社发行部联系，联系及邮购电话：（010）88254888，88258888。

质量投诉请发邮件至 zlts@phei.com.cn，盗版侵权举报请发邮件至 dbqq@phei.com.cn。

本书咨询联系方式：xuling@phei.com.cn。

前　言

2019 年 2 月 13 日，国务院印发了《国家职业教育改革实施方案》(简称“职教 20 条”)，对深化职业教育改革做出重要部署。职业教育课程改革业已成为技术应用型人才培养的核心问题，教材体系的重建和教材内容的重组，教学情境的改造，课堂方式的转变，是课程改革确立的基本理念。基于此，我们修订了本教材。

本教材具有以下特点：

（1）满足“课证融通”需求。本教材将职业资格证书所需要的技能充分地融入日常的课程体系中，提高学习的针对性、有效性，为学生通过职业资格考试提供支撑。

（2）及时反映财税政策。本教材根据 2019 年的会计准则和财税政策进行编写。

（3）配套精美课程资源。本教材配有二维码和电子教学参考资料包（包括教学指南、电子教案及习题答案），方便读者学习。

本教材汲取了相关理论研究和实务改革的最新成果，经过编者的精心修订，教材的结构更加合理、语言更加精练、表述更加准确。

本教材由无锡城市职业技术学院林云刚担任主编，曹久庆、杨惠婷担任副主编。其中，项目一、项目二、项目三、项目四由林云刚编写，项目五由白国芳编写，项目六、项目九和综合测试由曹久庆编写，项目七、项目八由杨惠婷编写。栾良军、徐卫东对本教材的编写提出了许多宝贵的、有建设性的指导意见，谨在此表示诚挚的谢意。

由于编者水平有限，书中难免有不足之处，恳请读者提出宝贵意见，以便我们及时更正。

编　者

2021 年 5 月

目　　录

项目一

总　论

本项目知识体系

总论	模块一　会计概述	一、会计的概念与特征★[①]
		二、会计职能★★
		三、会计核算方法★★★
		四、会计目标★
	模块二　会计对象	会计对象★★★
	模块三　会计基本假设和会计基础	一、会计基本假设★★★★
		二、会计基础★★★
	模块四　会计信息使用者和会计信息质量要求	一、会计信息使用者★
		二、会计信息质量要求★★★★

模块一　会计概述

一、会计的概念与特征

（一）会计的概念

会计是以货币为主要计量单位，以提供经济信息和反映受托责任履行情况为主要目标，采用专门方法和程序，对单位的经济活动进行完整的、连续的、系统的核算和监督，并在此基础上开展预测、决策、控制和分析的经济管理活动。

会计已经成为现代企业一项重要的管理工作。企业的会计工作主要通过一系列会计程序，对企业的经济活动和财务收支进行核算和监督，反映企业财务状况、经营成果和现金流量，反映企业管理层受托履行情况，为会计信息使用者提供决策有用的信息，并积极参与管理决策，提高企业经济效益，促进市场经济的健康有序发展。

（二）会计的基本特征

1. 会计是一种经济管理活动

会计产生于人们对经济活动进行管理的客观需要中，不仅为经济管理提供会计信息，还通

① ★越多表示越重要，下同。

过各种方式直接进行管理。会计工作往往在单位内部管理的整个系统中进行，每个管理环节都离不开会计人员的参与。在宏观经济中，会计也是国民经济管理的重要组成部分。因此，会计是一种经济管理活动。

2. 会计是一个经济信息系统

会计作为一个经济信息系统，将企业经济活动的各种数据转化为货币化的会计信息，这些信息是企业内部管理者和外部利益相关者进行相关经济决策的重要依据。

3. 会计以货币为主要计量单位

经济活动中通常使用劳动计量、实物计量和货币计量等三种计量单位。劳动计量、实物计量只从某一角度反映企业的生产经营情况，不同计量单位之间仅在数量上进行汇总和比较；而货币计量便于统一衡量和比较，全面反映企业的生产经营情况，只有借助于统一的货币计量，才能取得经营管理上所必需的连续、系统和综合的会计信息，因此，会计需要以货币为主要计量单位。

4. 会计具有核算和监督的基本职能

会计的基本职能表现在两个方面：

（1）会计核算，即反映之意。通过确认、计量、报告，从数量上反映单位已经发生或完成的经济活动，为经营管理提供会计信息。

（2）会计监督，即控制之意。按照一定的目的和要求，利用提供的会计信息，对各单位的经营活动进行控制，使之达到预期目标。

5. 会计采用一系列专门的方法

会计方法是用来核算和监督会计对象，实现会计目标的手段。会计方法具体包括会计核算方法、会计分析方法和会计检查方法等。其中会计核算方法是最基本的方法之一。

（三）会计发展历程

1. 会计的产生

会计是人类社会发展到一定历史阶段的产物，它随着社会生产的发展和经济管理的需要而产生、发展并不断完善。在生产活动中，为了获得一定的劳动成果，必然要消耗一定的人力、物力和财力。人们一方面关心劳动成果的多少，另一方面关注劳动耗费的多少。因此，人们在不断革新生产技术的同时，对劳动成果和劳动耗费进行记录、计算，并加以比较和分析，从而有效地组织和管理生产。会计就是这样产生于人们对经济活动进行管理的客观需要中，并随着加强经济管理、提高经济效益的要求而发展，与经济发展密切相关。

会计的历史，最早可以追溯到原始社会的“结绳记事”和“刻契记事”等处于萌芽状态的会计行为。当时，只是在生产实践之外附带地把收入、支出日期和数量等信息记载下来，生产尚未社会化，独立的会计并未产生，会计是生产职能的附带部分。随着社会生产力的不断发展，会计逐渐从生产职能中分离出来，成为由专门人员从事的独立职能。

2. 会计的发展

会计随着人类社会生产的发展和经济管理的需要而产生、发展并不断得到完善。其中，会计的发展可分为古代会计、近代会计、现代会计三个阶段。

（1）古代会计阶段。古代会计阶段是从会计产生到1494年世界上第一部专门论著借贷复式簿记的书籍《算术、几何、比及比例概要》出现之前的阶段，这是会计发展史上最漫长的一段时期。文明古国埃及、巴比伦、古罗马和古希腊都留下了对会计活动的记载。

会计在我国有着悠久的历史。我国有关会计事项记载的文字最早出现在商朝的甲骨文。

据《周礼》记载，西周时期设立“司会”一职对财务收支活动进行“月计岁会”。西周王朝设司书、职内、职岁和职币四职分理会计业务，其中司书掌管会计账簿、职内掌管收入类账户、职岁掌管支出类账户、职币掌管财务结余，并建立了定期财务报表制度、专仓出纳制度、财物稽核等。这表明大约在西周前后，我国就已初步形成会计工作系统，并且在当时已形成文字叙述的“单式记账法”。

（2）近代会计阶段。近代会计以复式记账法的产生和“簿记论”的问世为标志。1494 年，意大利数学家卢卡·帕乔利出版了《算术、几何、比及比例概要》一书，系统地介绍了当时在威尼斯最为通行和科学的威尼斯复式记账法的原理和方法，这是借贷复式记账法理论形成的重要标志。

1853 年，英国在苏格兰成立了世界上第一个注册会计师专业团体——爱丁堡会计师协会，会计开始成为一种社会性专门职业和通用的商业语言。

（3）现代会计阶段。现代会计是指 20 世纪 50 年代以后的时期。这一时期在会计规范进一步深刻发展的同时，为适应现代管理科学的发展，逐渐形成了以全面提高企业经济效益为目的、以决策会计为主要内容的管理会计。1952 年，国际会计师联合会正式通过“管理会计”这一术语，标志着会计正式划分为财务会计和管理会计两大领域。在此基础上，管理会计的形成和与财务会计分离而单独成科，是现代会计的开端。

现代会计按服务对象不同，主要分为财务会计和管理会计。

（1）财务会计主要侧重于向企业外部关系人提供有关企业财务状况、经营成果和现金流量情况等过去的信息。

（2）管理会计主要侧重于向企业内部管理者提供进行经营规划、经营管理、预测决策所需的未来信息。

二、会计职能

会计职能是指会计在经济管理过程中所具有的功能，通俗地讲，会计是用来做什么的。会计具有会计核算和会计监督两项基本职能和预测经济前景、参与经济决策、评价经营业绩等拓展职能。

（一）基本职能

1. 会计核算职能

会计核算职能，又称会计反映职能，是指会计以货币为主要计量单位，对特定主体的经济活动进行确认、计量和报告，从数量上反映特定主体已经发生或完成的经济活动，为生产经营活动提供会计信息。

（1）确认是指采用特定的会计方法，以文字和金额的形式同时描述特定主体的某一交易或事项，将其金额反映在该特定主体财务报告中的会计程序。

（2）计量是指以货币为主要计量单位，对特定主体已经确认可以进行会计处理的经济活动，来确定其应记录金额的会计程序。

（3）报告是指在确认和计量的基础上，将特定主体的财务状况、经营成果和现金流量等财务信息以财务报表等形式向有关各方报告。

会计的核算职能是会计的首要职能，也是会计最基本的职能。

2. 会计监督职能

会计监督职能，又称会计控制职能，是指对特定主体经济活动和相关会计核算的真实性、合法性和合理性进行审查。

真实性审查，是指审查各项会计核算记录是否以特定主体实际发生的经济业务为依据。

合法性审查，是指审查各项经济业务是否符合国家有关法律法规，是否遵守财经纪律，是否执行国家的各项方针政策，以杜绝违法乱纪行为的发生。

合理性审查，是指审查各项经济业务是否符合经济运行的客观规律，是否符合特定主体内部管理和控制要求，财务收支是否符合特定的财务计划，是否有利于特定主体经营目标和预算目标的实现。

会计核算与会计监督是相辅相成、辩证统一的。会计核算是会计的首要职能，是会计监督的基础，没有会计核算所提供的各种信息，会计监督就会失去依据；会计监督是会计核算的质量保障，没有会计监督，就难以保证会计核算所提供信息的真实性。只有将会计核算与会计监督结合起来，才能正确、及时、完整地反映经济活动。例如，单位职工出差后报销差旅费，会计人员对出差人员的差旅费发生情况进行确认、计量、报告，即进行会计核算；对差旅费的真实性、合法性和合理性进行审查，即进行会计监督。

（二）拓展职能

随着经济的发展，会计越来越重要，会计职能也有相应的拓展。会计的拓展职能包括预测经济前景、参与经济决策、评价经营业绩等。

1. 预测经济前景

预测经济前景是指根据财务报告等信息，定量和定性地判断和推测经济活动的发展变化规律，以指导和调节经济活动，提高经济效益。

2. 参与经济决策

参与经济决策是指根据财务报告等信息，运用定量分析和定性分析方法，对备选方案进行可行性分析，为企业生产经营管理提供与决策相关的信息。

3. 评价经营业绩

评价经营业绩是指利用财务报告等信息，采用适当的方法，对企业一定经营期间的资产运营、经济效益等经营成果，对照相应的评价标准进行定量和定性分析，做出客观、公正、真实的综合评价。

三、会计核算方法

会计核算方法是指对会计对象进行连续、系统、全面、综合的确认、计量和报告所采用的各种方法。

（一）会计核算方法体系

会计核算方法体系由填制和审核会计凭证、设置会计科目和账户、复式记账、登记会计账簿、成本计算、财产清查、编制财务会计报告等专门方法构成。它们相互联系、紧密结合，确保会计工作有序进行。

1. 填制和审核会计凭证

填制和审核会计凭证，是为了审查经济业务是否真实、合法，保障登记账簿的会计记录正确、完整而采用的一种专门方法。正确填制和审核会计凭证，是进行核算和监督的基础，是会计核算工作的起点。

2. 设置会计科目和账户

设置会计科目和账户是指企业根据生产经营特点和管理要求在会计制度中事先确定会计科目，然后根据这些科目在账簿中开立账户，分门别类地连续记录各项经济业务。设置会计科目和账户是保障会计核算具有系统性的一种专门方法。

3. 复式记账

复式记账是指对所发生的每一笔经济业务，都必须用相等的金额在两个或两个以上相互联系的账户中进行登记，全面、系统地反映会计要素增减变化及其结果的一种记账方法。

4. 登记会计账簿

登记会计账簿是指根据审核无误的会计凭证在账簿中进行分类，连续、完整地记录各项经济业务的一种专门方法。账簿记录是会计信息加工的一项重要程序，是会计核算工作的中心环节。

5. 成本计算

成本计算是指按照一定对象归集和分配生产经营过程中发生的各种费用，以便确定各对象的总成本和单位成本的一种专门方法。产品成本是综合反映企业生产经营活动的一项重要指标。正确地进行成本计算，可以考核生产经营过程的费用支出水平，同时又是确定企业盈亏和制定产品价格的基础，并为企业进行经营决策提供重要数据。

6. 财产清查

财产清查是指通过盘点实物，核对账目，以查明各项财产物资实有数额的一种专门方法。通过财产清查，可以提高会计记录的正确性，保证账实相符。同时，还可以查明各项财产物资的保管和使用情况及各种结算款项的执行情况，以便对积压或损毁的物资和逾期未收到的款项及时采取措施进行清理，以加强对财产物资的管理。

7. 编制财务报告

编制财务报告是指以书面报告形式，定期总括地反映企事业单位财务状况、经营成果和现金流量变动情况的一种专门方法。编制财务报告是提供会计信息的主要形式，是会计核算工作的最后环节。

上述会计核算的各种方法，是一个完整的方法体系。对日常发生的各项经济事项，都要填制和审核凭证；按照规定的账户，运用复式记账法记入有关账簿；对经营过程中发生的各项费用，应当进行成本计算；一定时期终了，通过财产清查，在账证相符、账账相符、账实相符的基础上，根据账簿记录和相关资料编制财务报告。

（二）会计循环

会计循环是指按照一定的步骤反复运行的会计程序。从会计的工作流程看，会计循环由确认、计量和报告等环节组成； 从会计核算的具体内容看，会计循环由填制和审核会计凭证、设置会计科目和账户、复式记账、登记会计账簿、成本计算、财产清查、编制财务报告等组成。

企业在一个会计期间内，其会计工作通常经历填制和审核会计凭证、设置会计科目和账户、复式记账、登记会计账簿、成本计算、财产清查、编制财务会计报告等一系列对经济业务进行确认、计量和报告的会计程序。这些会计程序往往从一个会计期间的期初开始至会计期末结束，并在各个会计期间循环往复、周而复始，故称会计循环。

四、会计目标

会计目标也称会计目的，是指要求会计工作完成的任务或达到的标准，即向财务会计报告使用者提供与企业财务状况、经营成果和现金流量等有关的会计信息，反映企业管理层受托责任履行情况，有助于财务会计报告使用者做出经济决策。会计目标主要包括：

1. 向财务报告使用者提供决策相关信息

财务报告使用者主要包括投资者、债权人、政府及其有关部门和社会公众等。

会计主要是通过财务报告向其使用者提供与企业财务状况、经营成果和现金流量等有关财务信息，有助于投资者、债权人等做出是否收回投资或继续投资、是否收回或发放贷款的决策，有利于政府及其有关部门做出促进经济资源分配公平与合理、市场经济秩序公正而有序的宏观经济决策。

2. 反映企业管理层受托责任履行情况

现代企业制度要求企业所有权与经营权分离，企业管理层是受委托人之托经营管理企业及其各项资产，负有受托责任。企业管理层所经营管理的企业各项资产基本上由投资者投入的资本和向债权人借入的资金形成，企业管理层有责任妥善保管并合理、有效运用这些资产，使其能为企业带来经济效益。为了评价管理层的受托责任履行情况和经营业绩，并决定是否需要调整投资或者信贷政策，是否需要加强与完善企业内部控制和其他制度建设，是否需要改选管理层等，企业投资者和债权人等也需要及时或者经常性地了解企业管理层保管、使用资产等情况。因此，会计应当反映企业管理层受托责任的履行情况，以便外部投资者和债权人等评价企业的经营管理责任和资源使用的有效性。

【例 1-1】（单选题）会计是对特定单位的经济活动进行确认、计量和（　　），从数量上反映特定主体已经发生或完成的经济活动，为生产经营活动提供会计信息。

A. 计算　　B. 分析　　C. 记账　　D. 报告

【答案】 D

【解析】 会计核算职能，又称会计反映职能，是指会计以货币为主要计量单位，对特定主体的经济活动进行确认、计量和报告，从数量上反映特定主体已经发生或完成的经济活动，为生产经营活动提供会计信息。

【例 1-2】（单选题）下列各项中，属于会计基本职能的是（　　）。

A. 会计核算与会计决策　　B. 会计核算与会计监督

C. 会计核算与会计预测　　D. 会计核算与会计分析

【答案】 B

【解析】 会计的职能是指会计在经济管理过程中所具有的功能，会计具有会计核算和会计监督两项基本职能和预测经济前景、参与经济决策、评价经营业绩等拓展职能。

【例 1-3】（多选题）下列各项中，属于企业会计目标的有（　　）。

A. 参与经济决策　　B. 向财务报告使用者提供决策相关信息

C. 预测经济前景　　D. 反映企业管理层受托责任履行情况

【答案】 BD

【解析】 会计目标也称会计目的，是指要求会计工作完成的任务或达到的标准，即向财务报告使用者提供与企业财务状况、经营成果和现金流量等有关的会计信息，反映企业管理层受托责任履行情况，有助于财务会计报告使用者做出经济决策。

模块二　会计对象

会计对象是指会计核算和会计监督的内容，具体是指社会再生产过程中能以货币表现的经济活动，即资金运动或价值运动。

会计核算和会计监督的内容是资金运动，一般将各单位在日常生产经营活动和业务活动中的资金运动称为经济业务事项，主要包括：

1. 款项和有价证券的收付

款项是作为支付手段的货币资金，主要包括库存现金、银行存款和其他货币资金。其中，其他货币资金包括银行汇票存款、银行本票存款、信用卡存款、信用证保证金存款、存出投资款和外埠存款。

有价证券是指具有一定财产权利或支配权利的票证，如股票、国库券、其他企业债券等。

款项和有价证券是流动性最强的资产，单位应将它们作为内部会计控制的重点，加强管理和监督，保障其流动性、安全性，提高其使用效率。

2. 财物的收发、增减和使用

财物是指企业进行生产经营活动且具有实物形态的经济资源，包括原材料、燃料、包装物、低值易耗品、在产品、自制半成品、库存商品等流动资产和机器、机械、设备、设施、运输工具等固定资产。

3. 债权、债务的发生和结算

债权是指一个单位未来收取款项的权利，包括各种应收和预付的款项，如应收账款、应收票据、其他应收款、应收股利、预付账款。

债务是指由过去的交易、事项形成的，由单位承担并预期会导致经济利益流出单位的现时义务，包括各项借款、应付和预收款项等，如短期借款、应付账款、应付票据、应付职工薪酬、应交税费、应付利润、其他应付款、预收账款、长期借款、应付债券、长期应付款等。

4. 资本、基金的增减

资本是指投资者为开展生产经营活动而投入的资金。会计上的资本专指所有者权益中投入的资本，包括实收资本（或股本）和资本公积。资本的利益关系人比较明确，用途也基本定向。

基金是指为了某种目的而设立的具有一定数量的资金，具有特定目的和用途。由于政府和事业单位的出资者不要求投资回报和投资收回，但要求按法律规定或出资者的意愿把资金用在特定的用途上，这就形成了基金。

5. 收入、支出、费用、成本的计算

收入是指企业在销售商品、提供劳务及让渡资产使用权等日常活动中所形成的经济利益的总流入，以及在正常生产经营活动以外的利得。

支出是指企业实际发生的各项开支，以及在正常生产经营活动以外的损失。

费用是指企业为销售商品、提供劳务等日常活动中所发生的经济利益的流出，包括生产费用和期间费用。

成本是指企业为生产产品、提供劳务而发生的各种耗费，是按一定的产品或劳务对象所归集的费用，是对象化了的生产费用。

支出是企业的全部耗费，包括各种费用和损失；费用包括生产费用和期间费用；成本是对象化的生产费用。

6. 财务成果的计算和处理

财务成果主要是指企业和企业化的事业单位在一定的时期内通过从事经营活动而在财务上所取得的结果，具体表现为盈利或亏损。

财务成果的计算和处理，包括利润的计算、所得税的计算和利润的分配或亏损的弥补等。

7. 其他会计事项

其他会计事项是指在上述六项会计核算内容中未能包括的、按有关法律法规或会计制度的规定或根据单位的具体情况需要办理会计手续和进行会计核算的事项。单位在有这类事项时，应当按照各有关法律法规或会计制度的规定，认真、严格地办理有关会计手续，进行会计核算。

【例 1-4】（单选题）下列各项中，不属于会计核算内容的是（　　）。

A. 财务成果的计算和处理　　B. 款项和有价证券的收付

C. 财物的收发、增减和使用　　D. 签订的经济合同

【答案】 D

【解析】 财务成果的计算和处理，款项和有价证券的收付，财物的收发、增减和使用属于会计核算内容，签订经济合同不属于会计核算内容。

【例 1-5】（多选题）下列属于财物的是（　　）。

A. 原材料　　B. 无形资产　　C. 银行存款　　D. 运输工具

【答案】 AD

【解析】 财物是企业进行生产经营活动且具有实物形态的经济资源。

【例 1-6】（多选题）财务成果的计算和处理包括（　　）。

A. 利润的计算　　B. 所得税的计算

C. 亏损的弥补　　D. 利润的分配

【答案】 ABCD

【解析】 财务成果的计算和处理包括利润的计算、所得税的计算和利润的分配（或亏损的弥补）等。

模块三　会计基本假设和会计基础

一、会计基本假设

会计基本假设是企业确认、计量和报告的前提，是对会计核算所处时间和空间环境所做的

合理假定。会计基本假设包括会计主体、持续经营、会计分期和货币计量。

（一）会计主体

会计主体是指企业会计确认、计量和报告的空间范围，即会计核算和监督的特定单位或组织。

只有明确特定的会计主体，才能界定会计所要处理的各项交易或者事项的范围，并将其与其他经济实体区别开来；只有明确特定的会计主体，才能将会计主体的交易或者事项与会计主体所有者的交易或者事项以及职工个人的交易或者事项区别开来。

在会计主体假设下，会计主体应当对其自身的生产经营活动过程中的各项交易或者事项进行会计确认、计量和报告，反映会计主体自身所发生的各项生产经营活动和其他相关活动。

会计主体与法律主体（法人）并非是对等的概念。一般来说，法律主体必然是会计主体，会计主体不一定是法律主体。如基于内部管理的需要，企业将内部的部门（业务部门、生产车间、分公司）可作为单独核算单位并编制内部会计报表，这些单位可以视作一个会计主体，但不能作为法律主体。

（二）持续经营

持续经营是指在可以预见的未来，企业将会按当前的规模和状态继续经营下去，不会停业，也不会大规模削减业务。

会计核算所采用的一系列会计处理方法和原则都建立在持续经营前提的基础上。明确这个前提，就意味着会计主体按照既定的用途使用资产，按照既定的合约清偿债务，发生相关的预付待摊或预提待付费用及长期资产成本才能在受益期进行合理分配和收回。

（三）会计分期

会计分期是指将持续经营的生产经营活动划分为一个个连续的、长短相同的期间，以便分期结算账目和编制财务会计报告。

在会计分期假设下，企业应当划分会计期间，分期结算账目和编制财务报告。会计期间通常分为年度和中期。在我国，会计年度从每年公历 1 月 1 日至 12 月 31 日；中期是指短于一个完整的会计年度的报告期间，通常包括半年度、季度和月度。

会计分期为会计核算确定了时间范围。由于有了会计分期，才有了本期与非本期的区别，从而形成了权责发生制和收付实现制两种不同的会计基础，进而又出现了预收、预付、应收、应付、折旧、摊销等会计处理方法。

（四）货币计量

货币计量是指会计主体在确认、计量和报告时以货币为计量尺度，反映会计主体的经营活动。

我国的会计制度规定，企业的会计核算以人民币为记账本位币。业务收支以人民币以外的货币为主的企业，可以选定其中一种货币作为记账本位币，但编报的财务会计报告应当折算为人民币。在境外设立的中国企业向国内报送的财务会计报告，也应当折算为人民币。

货币计量前提还包括币值不变假设，即假定企业在不同时期的每一单位货币或同量货币具有完全相同的价值。

上述会计核算的四项假设，具有相互依存、相互补充的关系。会计主体确立了会计核算的空间范围，持续经营和会计分期确立了会计核算的时间长度，而货币计量则为会计核算提供了必要的手段。没有会计主体，就不会有持续经营；没有持续经营，就不会有会计分期；没有货币计量，就不会有现代会计。

二、会计基础

会计基础是会计确认、计量和报告企业收入、费用的基础，包括权责发生制和收付实现制。

（一）权责发生制

权责发生制也称应计制，是指收入和费用的确认应当以收入、费用的实际发生非实际收到或付出货币作为确认的标准。

在我国，企业应采用权责发生制为基础进行确认、计量和报告。

在日常生产经营活动中，实际收到或支付货币的时间与收入、费用确认的时间并不完全一致。权责发生制要求，凡是当期已经实现的收入，无论款项是否收到，都应作为本期的收入；凡是本期应当负担的费用，无论款项是否付出，都应作为本期的费用。反之，凡是不属于本期的收入，即使款项已在本期收妥，也不应作为本期收入；凡是不属于本期的费用，即使款项已在本期付出，也不应作为本期的费用。

【例 1-7】 弘毅公司 2021 年 6 月份有关经济业务如下：

1. 6 月 2 日，收到甲公司 5 月份购货的欠货款 120 000 元；
2. 6 月 7 日，向乙公司销售产品同时收到货款 150 000 元；
3. 6 月 15 日，向丙公司销售产品，价款为 100 000 元，本期尚未收到款项；
4. 6 月 28 日，预收丁公司预付款 80 000 元，按购销合同约定，产品于 7 月份发出。

本例中，按权责发生制该公司 6 月份销售收入为 250 000 元（150 000+100 000）。

【例 1-8】 弘毅公司 2020 年 6 月份有关经济业务如下：

1. 6 月 10 日，以银行存款支付第三季度财产保险费 2 700 元；
2. 6 月 15 日，以银行存款支付广告费 45 000 元；
3. 6 月 28 日，以银行存款支付本季度借款利息 69 000 元；
4. 6 月 30 日，计提固定资产折旧费用 30 000 元。

本例中，按权责发生制该公司 6 月份费用为 98 000 元（45 000+69 000÷3+30 000）。

（二）收付实现制

收付实现制也称现金制，指收入、费用的确认以实际收到或支付货币作为确认的标准。收付实现制是与权责发生制对应的一种会计核算基础。

根据收付实现制基础的要求，凡是在本期收到的款项，无论是否归属本期，都作为本期的收入；凡是本期付出的款项，无论是否归属本期，都作为本期的费用；反之，凡是在本期未收到款项的收入，即使归属本期，也不能作为本期收入；凡是在本期未付出款项的费用，即使归属于本期，也不能作为本期费用。

在我国，政府会计由预算会计和财务会计构成，预算会计实行收付实现制（国务院另有规定的依照其规定），财务会计实行权责发生制。

【例 1-9】 承【例 1-7】在收付实现制下，该公司 6 月份销售收入为 350 000 元（120 000+150 000+80 000）。

【例 1-10】 承【例 1-8】在收付实现制下，该公司 6 月份费用为 116 700 元（2 700+45 000+69 000）。

权责发生制是和收付实现制相对的一个会计基础，权责发生制主要从时间上规定会计确认的基础，其核心是根据权、责关系的实际发生期间来确认收入和费用；而收付实现制的核心是根据实际收到货支付的货币作为依据，来确认收入和费用的发生期间。

【例 1-11】（多选题）（　　）确立了会计核算的时间长度。

A. 会计主体　　B. 持续经营　　C. 会计分期　　D. 货币计量

【答案】 BC

【解析】 会计主体确立了会计核算的空间范围，持续经营和会计分期确立了会计核算的时间长度，而货币计量则为会计核算提供了必要的手段。

【例 1-12】（单选题）某公司 6 月份发生下列业务：①支付第三季度财产保险费 9 000 元；②支付第二季度借款利息 16 000 元（其中 4 月、5 月各为 5 000 元）；③计提固定资产折旧 4 000 元。根据权责发生制要求，核算 6 月份确认的费用为（　　）元。

A. 29 000　　B. 25 000　　C. 20 0000　　D. 10 000

【答案】 D

【解析】 财产保险费应为第三季度费用。6 月份确认的费用为利息费用 6 000 元（16 000−5 000−5 000）、折旧费用 4 000 元，则 6 000+4 000=10 000（元）。

【例 1-13】（单选题）在生产经营过程中，企业按照既定的用途使用资产和既定的合约条件清偿债务，会计人员在此基础上选择会计原则和方法，是基于会计核算的（　　）基本假设。

A. 会计主体　　B. 持续经营　　C. 会计分期　　D. 货币计量

【答案】 B

【解析】 会计核算所采用的一系列会计处理方法和原则都建立在持续经营前提的基础上。明确这个前提，就意味着会计主体按照既定的用途使用资产，按照既定的合约清偿债务，发生的相关预付待摊或预提待付费用及长期资产成本才能在受益期进行合理分配和收回。

【例 1-14】（多选题）基于会计分期假设设置的会计科目有（　　）。

A. 应收账款　　B. 应付账款　　C. 预收账款　　D. 预付账款

【答案】 ABCD

【解析】 由于有了会计分期，才有了本期与非本期的区别，从而形成了权责发生制和收付实现制两种不同的会计基础，进而又出现了预收、预付、应收、应付、折旧、摊销等会计处理方法。

【例 1-15】（判断题）我国会计核算以人民币为记账本位币，企业不得选用某种外币作为记账本位币。（　　）

【答案】 错

【解析】 业务收支以人民币以外的货币为主的企业，可以选定其中一种货币作为记账本位币，但编报的财务会计报告应当折算为人民币。

【例 1-16】（计算题）弘毅公司 2021 年 9 月发生如下经济业务（假设不考虑相关税费）：

（1）销售商品取得价款 25 000 元，款项存入银行；

（2）销售商品一批，售价为56 000元，按合同规定下月收回货款；

（3）收到甲公司预付的货款45 000元，下月发货；

（4）收到乙单位上月欠货款84 000元；

（5）以银行存款支付银行本季度短期借款利息24 000元；

（6）以银行存款支付9—12月房租36 000元；

（7）以银行存款支付广告费9 000元；

（8）计提固定资产折旧5 000元。

要求：在权责发生制和收付实现制下，分别计算弘毅公司2021年9月的收入和费用，并将其填入表1-1中。

表1-1　权责发生制和收付实现制下收入和费用的确认

单位：元

业务序号	权责发生制		收付实现制	
	收　入	费　用	收　入	费　用
(1)	25 000		25 000	
(2)	56 000			
(3)			45 000	
(4)			84 000	
(5)		8 000（24 000÷3）		24 000
(6)		9 000（36 000÷4）		36 000
(7)		9 000		9 000
(8)		5 000		
合计	81 000	31 000	154 000	69 000

模块四　会计信息使用者和会计信息质量要求

一、会计信息使用者

会计信息是指会计通过一系列的确认、计量和报告程序，为政府部门、投资者、债权人及其他各个方面提供的有关企业财务状况、经营成果和现金流量的重要信息。会计信息使用者主要包括投资人、债权人、企业管理者、政府及其相关部门和社会公众等。

二、会计信息质量要求

会计信息质量要求是指对企业财务报告中所提供高质量会计信息的基本规范，是使财务报告所提供会计信息对投资者等使用者决策有用应具备的基本特征，主要包括可靠性、相关性、可理解性、可比性、实质重于形式、重要性、谨慎性和及时性等。

（一）可靠性

可靠性要求企业应当以实际发生的交易或事项为依据进行会计确认、计量和报告，如实反映符合确认和计量要求的各项会计要素及其他相关信息，保证会计信息真实可靠、内容完整。

为了贯彻可靠性要求，企业应当做到以下几点：

（1）客观性：企业应当以实际发生的交易或者事项作为依据，进行会计信息的确认、计量和报告；

（2）完整性：企业应当在完全符合重要性和成本效益的前提下，保证其会计信息的完整性；

（3）中立性：财务报告中所列示的全部会计信息应当是客观中立、无偏向的。

（二）相关性

相关性要求企业提供的会计信息应当与财务会计报告使用者的经济决策需要相关，有助于财务报告使用者对企业过去、现在的情况做出评价，对未来的情况做出预测。

我国企业会计信息必须满足三方面的需要：

一是符合国家宏观经济管理的要求。

二是满足有关各方了解企业财务状况和经营管理的需要。

三是满足企业内部加强经营管理的需要。

（三）可理解性

可理解性要求企业提供的会计信息应当清晰明了，便于财务会计报告使用者理解和使用。

在会计核算工作中，会计记录应当准确、清晰，填制会计凭证、登记会计账簿必须做到依据合法、账户对应关系清楚、文字摘要完整；在编制会计报表时，项目勾稽关系清楚、项目完整、数字准确。只有这样，才能保证会计信息的清晰明了，方便财务报告使用者的理解和使用。

（四）可比性

可比性要求企业提供的会计信息应当相互可比，保证同一企业不同时期可比、不同企业相同会计期间可比。

企业提供的会计信息应当具有可比性。具体包括以下两个方面：

（1）同一企业不同时期可比。同一企业不同时期发生的相同或相似的交易或事项，应当采用一致的会计政策，不得随意变更。有关会计政策确需变更的，应当在附注中予以说明。

（2）不同企业相同会计期间可比。不同企业发生的相同或相似的交易或事项，应当采用一致的会计政策，确保会计信息口径一致、相互可比。不同的企业可能处于不同行业、不同地区，经济业务发生于不同时点，为了保证会计信息能够满足决策的需要，便于比较不同企业的财务状况、经营成果和现金流量，只要是相同的交易或事项，就应当采用相同的会计处理方法。

值得注意的是，前者强调的是同一企业会计方法前后应保持一致，是纵向比较；后者强调的是不同企业之间会计核算口径应保持一致，是横向比较。

（五）实质重于形式

实质重于形式要求企业按照交易或事项的经济实质进行会计确认、计量和报告，不应仅以交易或事项的法律形式为依据。

企业发生的交易或事项在多数情况下，其经济实质和法律形式是一致的，但在有些情况下会出现不一致。这就要求会计信息不能仅仅根据它们的法律形式进行反映。如企业以融资租赁方式租入的固定资产，虽然从法律形式来讲企业并不拥有其所有权，但是由于租赁合同中规定的租赁期相当长，接近于该资产的使用寿命，租赁期结束时承租企业有优先购买该资产的选择权，在租赁期内承租企业有权支配资产并从中受益，所以从其经济实质来看，企业能够控制其创造的未来经济利益，因此会计核算上将以融资租赁方式租入的固定资产视为企业的资产。又如，企业按照销售合同销售商品又签订了售后回购协议，虽然在法律形式上看实现了收入，但如果企业没有将商品所有权上的主要风险和报酬转移给购货方，没有满足确认收入的各项条件，即使签订了商品销售合同已将商品交付给购货方，也不能确认销售收入。

（六）重要性

重要性要求企业提供的会计信息应当反映与企业财务状况、经营成果和现金流量等有关的所有重要交易或事项。如企业发生的诸如报刊费等某些金额较小的费用，从费用的收益期来看，可能要在若干会计期间进行分摊，但根据重要性要求，可以一次性计入当期损益。

（七）谨慎性

谨慎性要求企业对交易或事项进行会计确认、计量和报告应当保持应有的谨慎，不应高估资产或收益、低估负债或费用。

在市场经济条件下，企业面对的是有风险的市场，其经营活动都存在着大量的不确定因素，为了避免风险和不确定因素的发生给企业正常的生产经营活动带来的不利影响，在企业的会计核算工作中应当保持谨慎性，一方面不高估资产或者收益，另一方面不低估负债或者费用。如企业在会计期末对可能发生的各项资产计提减值准备，对常年处于强震动状态下的固定资产采用加速折旧法计提折旧，对售出商品可能发生的保修业务确认预计负债，以及对应收款项计提坏账准备等，都体现了谨慎性的要求。

（八）及时性

及时性要求企业对已经发生的交易或事项，应当及时进行会计确认、计量和报告，不得提前或延后。

会计信息的价值在于帮助所有者或其他方做出经济决策。在会计核算过程中坚持这一原则，一是要求及时收集会计信息；二是及时处理会计信息；三是及时传递会计信息。

【例 1-17】（单选题）企业将融资租入固定资产作为自有固定资产管理，体现了（　　）会计信息质量要求。

A. 谨慎性　　B. 重要性　　C. 相关性　　D. 实质重于形式

【答案】 D

【解析】 实质重于形式要求企业按照交易或事项的经济实质进行会计确认、计量和报告，不应仅以交易或事项的法律形式为依据。

【例 1-18】（多选题）可理解性要求企业做到的是（　　）。

A. 企业提供的会计信息应当清晰明了

B. 便于财务报告使用者理解和使用

C. 为不同的投资者提供不同的会计信息

D. 会计信息符合国家宏观管理的要求

【答案】 AB

【解析】可理解性要求企业提供的会计信息应当清晰明了，便于财务报告使用者理解和使用。

【例 1-19】（多选题）下列会计事项体现会计信息质量谨慎性要求的是（　　）。

A. 对常年处于强震动状态下的固定资产采用加速折旧法

B. 对可能取得的收入进行确认

C. 对售出的商品可能发生的保修义务确认预计负债

D. 对应收账款计提坏账准备

【答案】ACD

【解析】企业在会计期末对可能发生的各项资产损失计提减值准备、对常年处于强震动状态下的固定资产采用加速折旧法计提折旧，对售出商品可能发生的保修义务确认预计负债，以及对应收款项计提坏账准备等，都体现了谨慎性原则。

【例 1-20】（单选题）企业不同时期的固定资产采用相同的方法计提折旧，遵循了会计信息质量要求的（　　）。

A. 可靠性　　B. 相关性　　C. 谨慎性　　D. 可比性

【答案】D

【解析】同一企业不同时期发生的相同或相似的交易或事项，应当采用一致的会计政策，不得随意变更。

【例 1-21】（判断题）及时性要求企业对已经发生的交易或事项，应当及时进行会计确认、计量和报告，不得提前或延后。（　　）

【答案】对

【解析】及时性要求企业对已经发生的交易或事项，应当及时进行会计确认、计量和报告，不得提前或延后。

项目训练

一、单项选择题

1. 下列有关会计的说法中，不正确的是（　　）。

A. 会计是一种经济管理活动

B. 会计以货币为唯一计量单位

C. 会计的主要职能是核算与监督

D. 会计的对象是特定主体能以货币表现的经济活动

2. 企业融资租入的固定资产视同自有固定资产核算，这体现了（　　）原则。

A. 重要性　　B. 客观性

C. 实质重于形式　　D. 相关性

3. 会计的基本职能包括（　　）。

A. 会计控制与会计决策　　B. 会计预测与会计控制

C. 会计核算与会计监督　　D. 会计计划与会计决策

4. 以货币为主要计量单位，通过确认、计量、报告等环节，对特定主体的经济活动进行记账、算账、报账，为各有关方面提供会计信息的功能是（　　）。

A. 会计核算职能　　B. 会计监督职能

C. 会计计划职能　　D. 会计预测职能

5. 下列关于会计基本特征的表述，正确的是（　　）。

A. 会计是以货币为计量单位，不能使用实物计量和劳动计量

B. 会计拥有一系列的专门方法，包括会计核算、管理和决策分析等

C. 会计具有会计核算和监督的基本职能

D. 会计的本质是核算活动

6. 下列关于会计对象的说法，不正确的是（　　）。

A. 会计对象是指会计所要核算与监督的内容

B. 特定主体能够以货币表现的经济活动，都是会计核算和监督的内容

C. 企业日常进行的所有活动都是会计对象

D. 会计对象就是社会再生产过程中的资金运动

7. 在我国，会计期间分为年度、半年度、季度和月度，它们均按（　　）确定。

A. 公历起讫日期　　B. 农历起讫日期

C. 7月制起讫日期　　D. 4月制起讫日期

8. 下列经济业务事项，既属于财物的收发、增减和使用，又属于收入、支出、费用和成本的计算的是（　　）。

A. 期末所得税的计算　　B. 支付职工工资和奖金

C. 生产车间和管理部门领用材料　　D. 购买原材料，款项尚未支付

9. 会计人员在进行会计核算的同时，对特定主体经济活动的合法性、合理性进行审查称为（　　）。

A. 会计控制职能　　B. 会计核算职能

C. 会计监督职能　　D. 会计分析职能

10. 下列有关会计主体的表述，不正确的是（　　）。

A. 会计主体是指会计所核算和监督的特定单位和组织

B. 会计主体就是法律主体

C. 由若干具有法人资格的企业组成的企业集团也是会计主体

D. 会计主体界定了从事会计工作和提供会计信息的空间范围

11. 企业固定资产可以按照其价值和使用情况，确定采用某一折旧方法计提折旧，它所依据的会计核算前提是（　　）。

A. 会计主体　　B. 持续经营　　C. 会计分期　　D. 货币计量

12. 我国实行公历制会计年度是基于（　　）的基本会计假设。

A. 会计主体　　B. 货币计量　　C. 会计分期　　D. 持续经营

13. 目前我国行政单位会计采用的会计基础主要是（　　）。

A. 权责发生制　　B. 应收应付制

C. 收付实现制　　D. 统收统支制

14. 某企业 2020 年 12 月发生下列支出:(1)年初支付本年度保险费 2 400 元，本月摊销 200 元;(2)支付下一年第一季度房屋租金 3 000 元;(3)支付本月办公开支 800 元，则在权责发生制下本月费用应为(　　)元。

A. 1 000　　B. 800　　C. 3 200　　D. 3 000

15. 某单位 6 月份预付第三季度财产保险费 1 800 元；支付本季度借款利息 3 900 元(其中 5 月份 1 300 元，4 月份 1 300 元)；用银行存款支付本月广告费 30 000 元。根据收付实现制，该单位 6 月份确认的费用应为 (　　)元。

A. 31 900　　B. 31 300　　C. 33 900　　D. 35 700

二、多项选择题

1. 会计方法是反映和监督会计对象、完成会计凭证的手段，是从事会计工作所使用的各种技术方法，一般包括(　　)。

A. 会计核算方法　　B. 会计分析方法
C. 会计检查方法　　D. 会计评价方法

2. 下列各项中，属于会计职能的是(　　)。

A. 预测经济前景　　B. 参与经济决策
C. 评价经营业绩　　D. 实施会计监督

3. 以下关于事中监督的描述，正确的是(　　)。

A. 事中监督是指在日常会计工作中，对正在发生的问题提出建议，促使有关部门和人员采取改进措施
B. 事中监督是对经济活动的日常监督和管理
C. 事中监督是指以事先制定的目标，利用会计核算提供的资料，对已发生的经济活动进行的考核和评价
D. 事中监督是对未来经济活动的指导

4. 下列关于会计监督的说法，正确的是(　　)。

A. 只是对特定主体的经济活动的真实性、合法性进行审查
B. 主要通过价值指标来进行
C. 包括事前监督和事中监督，不包括事后监督
D. 会计监督是会计核算质量的保障

5. 会计准则具有严密和完整的体系，我国已颁布的会计准则有(　　)。

A.《企业会计准则》　　B.《小企业会计准则》
C.《事业单位会计准则》　　D.《政府会计准则》

6. 下列项目中，可以作为一个会计主体进行核算的有(　　)。

A. 母公司　　B. 分公司
C. 母公司和子公司组成的企业集团　　D. 销售部门

7. 下列各项中，属于会计核算方法的是(　　)。

A. 登记会计账簿　　B. 填制和审核会计凭证
C. 成本计算　　D. 财产清查

8. 经济活动中，可以使用的计量单位有（　　）。
A. 劳动计量单位　　B. 实物计量单位
C. 货币计量单位　　D. 技术计量单位

9. 下列各项中，属于企业会计目标的有（　　）。
A. 反映企业管理层受托责任的履行情况
B. 向财务报告使用者提供有用的信息
C. 进行会计核算，实施会计监督
D. 进行财产物资的收发、增减和使用

10. 下列属于会计核算具体内容的是（　　）。
A. 款项和有价证券的收付、资本的增减
B. 财物的收发、增减和使用
C. 债权、债务的发生和结算，财务成果的计算和处理
D. 收入、支出、费用、成本的计算

11. 下列项目中，属于财务成果计算和处理内容的是（　　）。
A. 利润分配　　B. 利润的计算　　C. 亏损弥补　　D. 所得税费用的计算

12. 下列各项中，属于会计核算基本前提的是（　　）。
A. 会计主体　　B. 持续经营　　C. 会计分期　　D. 货币计量

13. 会计核算的环节包括（　　）。
A. 确认　　B. 计量　　C. 记录　　D. 报告

14. 会计分期这一基本前提的主要意义在于（　　）。
A. 可使会计原则建立在非清算基础之上
B. 为分期结算账目奠定理论与实务基础
C. 界定了提供会计信息的时间范围和空间范围
D. 为编制财务报告及使用相关会计原则确立了理论和实务基础

15. 根据权责发生制原则，应计入本期收入和费用的是（　　）。
A. 前期提供劳务未收款，本期收款　　B. 本期销售商品一批，尚未收款
C. 本期耗用的水电费尚未支付　　D. 预付下一年的报刊费

三、判断题（正确的打“√”，错误的打“×”）

1.（　　）会计的基本职能是会计核算和会计监督，会计监督是首要职能。

2.（　　）会计的监督职能是指会计人员在进行会计核算之前，对特定会计主体经济活动的合法性、合理性、完整性等进行审查。

3.（　　）企业会计的对象就是企业的资金运动。

4.（　　）财务成果具体表现为盈利或亏损。

5.（　　）款项是指作为支付手段的货币资金；有价证券是指表示一定财产拥有权或支配权的证券。款项和有价证券是企业流动性最差的资产。

6.（　　）企业必须根据实际发生的经济业务事项进行会计核算，编制财务报告。

7.（　　）会计科目和账户的设置、复式记账、填制会计凭证、登记会计账簿、进行成本计算、财产清查和编制财务会计报告等，国家有统一的会计制度要求。

8.（　　）会计中期，是指短于一个完整的会计年度的报告期间，一般指半年度。

9.（　　）由于有了持续经营这个会计核算的基本前提，才产生了本期与非本期的区别，从而出现了权责发生制与收付实现制。

10.（　　）权责发生制主要是从空间上规定会计确认的基础。

11.（　　）我国事业单位采用收付实现制核算。

12.（　　）按照权责发生制原则的要求，凡是本期实际收到款项的收入和付出款项的费用，不论是否归属于本期，都应当作为本期的收入和费用处理。

13.（　　）会计主体前提为会计核算确定了空间范围，会计分期前提为会计核算确定了时间范围。

14.（　　）银行汇票、银行本票和信用证存款都属于有价证券。

15.（　　）政府会计由预算会计和财务会计构成。

四、计算分析题

某企业 2021 年 6 月发生下列业务：

（1）5 日，向甲公司销售商品一批，售价为 35 000 元，货款本月尚未收到；

（2）7 日，以银行存款支付产品广告费 100 000 元；

（3）12 日，收到乙公司所欠货款 50 000 元，存入银行；

（4）15 日，向丙公司销售商品一批，售价为 200 000 元，款项收到，存入银行；

（5）25 日，以银行存款支付第四季度财产保险费 90 000 元；

（6）30 日，以银行存款支付第二季度贷款利息 39 000 元（4 月、5 月各预提 13 000 元）。

要求：计算下列各项目：

（1）权责发生制下 6 月份的收入=

（2）权责发生制下 6 月份的费用=

（3）收付实现制下 6 月份的收入=

（4）收付实现制下 6 月份的费用=

扫一扫

第一次亲密接触　　　　会计基本假设

项目二

会计要素与会计等式

本项目知识体系

会计要素与会计等式	模块一　会计要素及其确认与计量	一、会计要素及其确认条件★★★★
		二、会计要素计量属性及其应用原则★★★★
	模块二　会计等式	一、会计等式的表现形式★★★★★
		二、经济业务对会计等式的影响★★★★★

模块一　会计要素及其确认与计量

一、会计要素及其确认条件

会计要素是会计核算对象的具体化，是指根据交易或事项的经济特征对会计对象所做出的基本分类。

前述的资金运动是对会计对象的第一层次划分，本节的会计要素是对会计对象的第二层次划分，后续的会计科目是对会计对象的第三层次划分。会计要素的界定和分类可以使财务会计系统更加科学严密，为投资者等财务报告使用者提供更加有用的信息。

会计要素按照其性质分为资产、负债、所有者权益、收入、费用和利润六类。其中，资产、负债、所有者权益要素侧重于反映企业的财务状况，在资产负债表中列示；收入、费用、利润要素侧重于反映企业的经营成果，在利润表中列示。

（一）资产

1. 资产的含义

资产是指企业过去的交易或事项形成的、由企业拥有或控制的、预期会给企业带来经济利益的资源。它是企业从事生产经营活动必须拥有的物质基础，如库存现金、银行存款、厂房、机器设备、原材料、库存商品等。资产具有以下特征：

（1）资产是由企业过去的交易或事项形成的。资产必须是现实资产，而不是预期的资产，未来交易或未来事项及没有发生的交易或事项可能产生的结果不能确认为企业的资产。例如，企业 6 月份与销售方签订购买一辆汽车的合同，但该辆汽车实际是在 9 月份购买的，则企业不能在 6 月份将该辆汽车确认为本企业的资产。

（2）资产是企业拥有或控制的资源。一般情况下，企业要将一项资源确认为资产，必须对该项资源拥有所有权。但在特殊情况下，企业对某一资源虽然不拥有所有权但能对其实际控制的，也应当将其确认为企业的资产。如经营性租入资产不是企业的资产，因为不是由企业拥有或控制，而是由出租方拥有或控制；再如临时性出租给别人的资产是企业拥有或控制的资产。

（3）资产预期会给企业带来经济利益。资产预期会给企业带来经济利益，是指资产直接或间接导致现金或现金等价物等流入企业的潜力。这种潜力既可以来自企业日常的生产经营活动，也可以来自企业的非日常活动；给企业带来经济利益的形式既可以是现金或者现金等价物的形式，也可以是能够转化为现金或现金等价物的形式，还可以是减少现金或者现金等价物流出的形式。如企业采购的原材料和购置的固定资产在企业的生产经营过程中用于生产产品，生产出的产品对外销售后收回销售货款，销售货款即为企业所获得的经济利益。由于该原材料和固定资产能给企业带来经济利益，符合资产的定义，因此，应当确认为企业的资产。

2. 资产的确认条件

将一项资源确认为资产，需要符合资产的定义，还应同时满足以下两个条件：

（1）与该资产有关的经济利益很可能流入企业。会计上将某项资源确认为一项资产的判断标准，除了确认该项资源是否为本企业拥有或控制外，还要看该项资源能否预期为企业带来经济利益。判断或衡量某项资源能否预期为企业带来经济利益，取决于与该项资源有关的经济利益流入企业的可能性。如果企业根据其取得的证据表明与某项资源相关的经济利益很可能流入企业，那么就应该确认为企业的资产；反之，不能确认为企业的资产。如企业一批库存原材料已经毁损变质且已无法使用或出售，其经济利益不可能流入企业，则不应当确认为企业资产并进行相应的账务调整。

（2）该资源的成本或价值能够可靠地计量。会计工作就是围绕着会计要素的确认、计量和报告展开的。其中，能够计量是所有会计要素确认的重要前提，资产的确认也是如此。如企业已经购入货物，但若发票账单尚未到达，不能可靠确定其成本，就暂不能确认为该企业资产。

3. 资产的分类

资产按其流动性，分为流动资产和非流动资产。

流动资产是指预计在一个正常营业周期中变现、出售或耗用的资产，主要包括库存现金、银行存款、应收账款、预付账款、其他应收款、原材料、库存商品、交易性金融资产等。

非流动资产是指流动资产以外的资产，主要包括长期股权投资、投资性房地产、固定资产、无形资产、在建工程、工程物资等。

资产要素的内容如图 2-1 所示。

- 资产
  - 流动资产
    - 库存现金、银行存款
    - 应收账款、预付账款、其他应收款
    - 原材料、库存商品、交易性金融资产等
  - 非流动资产
    - 长期股权投资
    - 投资性房地产
    - 固定资产
    - 无形资产
    - 在建工程
    - 工程物资

图 2-1　资产要素的内容

（二）负债

1. 负债的含义与特征

负债是指企业过去的交易或事项形成的，预期会导致经济利益流出企业的现时义务。负债具有以下特征：

（1）负债是由企业过去的交易或事项形成的。负债是企业过去已经发生的交易或事项所产生的结果。如企业发行债券后形成的应付债券款、销售业务发生后形成的应交税费等。只有过去发生的交易或事项才能作为企业的负债，不能根据谈判中的交易或事项，或者计划中的交易或事项来确认负债。

（2）负债是企业承担的现时义务。现时义务是指企业在现行条件下已承担的义务。未来发生的交易或事项形成的义务不属于现时义务，不应当确认为负债。如企业向银行借款所要支付的借款利息，假设每季度需要支付一次利息，那么每月都要将应付利息作为企业的一项负债来确认。

（3）负债预期会导致经济利益流出企业。负债通常是在未来某一日期通过交付资产或提供劳务来清偿，最终一般都会导致企业经济利益的流出。如企业支付职工薪酬必然导致企业银行存款的减少。

2. 负债的确认条件

将一项现时义务确认为负债，需要符合负债的定义，还应当同时满足以下两个条件：

（1）与该义务有关的经济利益很可能流出企业。类似于资产的确认，负债的确认应当与经济利益流出企业的不确定性程度的判断结合起来进行分析。如果根据其取得的证据，表明与现时义务有关的经济利益很可能流出企业，那么就应当将该义务确认为企业的负债；反之，不能确认为企业的负债。

（2）未来流出的经济利益的金额能够可靠地计量。负债的确认在考虑经济利益流出企业的同时，对于未来的经济利益的金额应当能够可靠地计量。

3. 负债的分类

- 负债
  - 流动负债
    - 短期借款
    - 应付账款、预收账款
    - 应付职工薪酬、应付股利
    - 应交税费、其他应付款
  - 非流动负债
    - 长期借款
    - 应付债券
    - 长期应付款

图 2-2 负债要素的内容

按偿还期限的长短，负债一般分为流动负债和非流动负债。

流动负债是指预计在一个正常营业周期中偿还的负债。流动负债主要包括短期借款、应付账款、预收账款、应付职工薪酬、应付股利、应交税费、其他应付款等。

非流动负债是指流动负债以外的负债，包括长期借款、应付债券、长期应付款等。

负债要素的内容如图 2-2 所示。

（三）所有者权益

1. 所有者权益的含义

所有者权益是指企业资产扣除负债后由所有者享有的剩余权益。公司的所有者权益又称为股东权益。

所有者权益体现的是所有者在企业中的剩余权益，它是企业的资产扣除债权人权益后应由所有者享有的部分，表明企业的产权关系，即企业归谁所有。在企业清算时，资产要先清偿债务，有剩余时才会分给投资者。

2. 所有者权益的构成

所有者权益包括所有者投入的资本、其他权益工具、其他综合收益、留存收益等，通常由股本（或实收资本）、其他权益工具、资本公积、其他综合收益、盈余公积和未分配利润构成，如图 2-3 所示。

所有者权益
- 股本（实收资本）
- 其他权益工具
- 资本公积
- 其他综合收益
- 盈余公积
- 未分配利润

图 2-3 所有者权益的构成

所有者投入的资本，是指所有者投入企业的资本部分，它既包括构成企业的注册资本或者股本的金额，也包括投入资本超过注册资本或股本部分的金额，即资本溢价或股本溢价，这部分投入资本作为资本公积反映。

其他权益工具是指企业发行的除普通股以外的归类为权益的各种金融工具。

其他综合权益，是企业根据会计准则规定未在当期损益中确认的各项利得和损失。

留存收益，是盈余公积和未分配利润的统称，是企业历年实现的净利润留在企业的部分。

3. 所有者权益的确认条件

所有者权益在数量上等于企业资产总额扣除债权人权益后的净额，即为企业净资产，反映所有者在企业资产中享有的经济利益，因此，所有者权益的确认、计量主要取决于资产和负债的确认和计量。

（四）收入

1. 收入的含义

收入是指企业在日常活动中形成的、会导致所有者权益增加的、与所有者投入资本无关的经济利益的总流入。收入具有以下特征：

（1）收入是企业在日常活动中形成的。日常活动是指企业为完成经营目标而从事的经常性活动及与之相关的其他活动。收入属于企业主要的、经常性的业务收入。如工业企业销售产品、出售多余的材料、出租固定资产等，均属于企业的日常活动。但是，有些交易或事项虽然也能为企业带来经济利益，但不属于企业的日常活动，则其流入的经济利益不能确认为收入，而应当计入利得，如企业接受其他企业捐赠利得，企业处置固定资产、无形资产利得等。

收入不包括为第三方或客户代收的款项，如增值税销项税额等。

收入属于日常活动发生的经济业务，而利得属于非日常活动发生的经济业务。

（2）收入会导致所有者权益的增加。收入导致的经济利益流入，既表现为企业资产的增加（如银行存款、应收账款等增加），也可能表现为负债的减少（如预收账款、应付账款等减少），或者二者兼而有之。由于所有者权益是企业资产扣除负债后的余额，因此，与收入相关的经济利益流入最终会导致所有者权益的增加。

（3）收入是与所有者投入资本无关的经济利益的总流入。收入的形成会导致经济利益的流入，但是，经济利益的流入有时是因所有者投入资本的增加而导致的，而所有者投入资本的增加不应当确认为收入，应当将其确认为所有者权益（或股东权益）。

2. 收入的确认条件

企业应当在履行了合同中的履约义务，即在客户取得相关商品控制权时确认收入。取得相关商品控制权，是指能够主导该商品的使用并从中获得几乎全部的经济利益。

当企业与客户之间的合同同时满足下列条件时，企业应当在客户取得相关商品控制时确认为收入：①合同各方已经批准该合同并承诺将履行各自义务；②该合同明确了合同各方与所转让商品或提供劳务相关的权利和义务；③该合同有明确的与所转让商品或劳务相关的支付条款；④该合同具有商业性质，即履行该合同将改变企业未来现金流量的风险、时间分布或金额；⑤企业因向客户转让商品或提供劳务而取得的款项很可能收回。

3. 收入的分类

按日常活动在企业中所处的地位，收入可分为主营业务收入和其他业务收入。主营业务收入是指企业为完成其经营目标所从事的经常性活动产生的经济利益的流入，如工业企业销售产品、商业企业销售商品、会计师事务所提供审计服务、租赁公司出租资产等实现的收入。其他业务收入是指企业为完成其经营目标所从事的与经常性活动相关的其他活动产生的经济利益流入，如工业企业出售多余的材料、出租固定资产等实现的收入。

按性质不同，收入可分为销售商品收入、提供劳务收入、让渡资产使用权收入等。销售商品收入是指企业通过销售商品实现的收入，如工业企业生产并销售商品等取得的收入；提供劳务收入是指企业通过提供劳务实现的收入，如会计师事务所提供审计服务实现的收入；让渡资产使用权收入是指企业通过让渡资产使用权实现的收入，如租赁公司出租资产实现的收入。

收入要素的内容如图2-4所示。

收入
- 主营业务收入（销售商品收入、提供劳务收入等）
- 其他业务收入（销售材料收入、出租固定资产收入等）

图2-4　收入要素的内容

（五）费用

1. 费用的含义

费用是指企业在日常活动中发生的、会导致所有者权益减少的、与向所有者分配利润无关的经济利益的总流出。费用具有以下特征：

（1）费用是企业在日常活动中发生的。费用必须是企业日常活动中主要的、经常性的耗费，如工业企业发生的职工薪酬，固定资产折旧费，已售产品的销售成本、销售费用等。但是，由于有些交易或事项也能使企业发生经济利益的流出，但不属于企业的日常经营活动，其经济利益的流出不属于费用，而应当计入损失，如企业对外进行公益性捐赠、处置固定资产净损失、上缴的相关部门的罚款等。

费用属于日常活动发生的经济业务，而损失属于非日常活动发生的经济业务。

（2）费用会导致所有者权益的减少。费用导致经济利益流出，既表现为企业资产的减少（如银行存款减少、固定资产耗费等），也表现为企业负债的增加（如应付利息的增加等），或者二者兼而有之。因此，与费用相关的经济利益的流出最终导致所有者权益的减少。

（3）费用是与向所有者分配利润无关的经济利益的总流出。费用的发生会导致经济利益的流出，但是企业向投资者分配利润也会导致经济利益的流出，而该经济利益的流出属于所有者权益的抵减项目，不应当确认为费用。

2. 费用的确认条件

费用的确认除了应当符合定义外，至少应当符合以下条件：

（1）与费用相关的经济利益应当很可能流出企业。

（2）经济利益流出企业的结果会导致资产的减少或负债的增加。

（3）经济利益的流出额能够可靠地计量。

3. 费用的分类

费用包括生产费用与期间费用。

生产费用是指与企业日常生产经营活动有关的费用，按其经济用途可分为直接材料、直接人工和制造费用。对于确认为生产费用的费用，应按其实际发生情况计入产品的生产成本；对于生产几种产品共同发生的生产费用，应当按照受益原则，采用适当的方法和程序分配计入相关产品的生产成本。

期间费用是指企业本期发生的、不能直接或间接归入产品生产成本，而应直接计入当期损益的各项费用。对于确认为期间费用的费用，必须进一步划分为管理费用、销售费用和财务费用。

费用要素的内容如图 2-5 所示。

费用
- 生产费用（直接材料、直接人工、制造费用）
- 期间费用（管理费用、销售费用、财务费用）

图 2-5　费用要素的内容

（六）利润

1. 利润的含义

利润是指企业在一定会计期间的经营成果。

利润反映收入减去费用后的净额、直接计入当期损益的利得和损失等。收入减去费用后的净额反映的是企业日常活动的业绩。直接计入当期损益的利得和损失，是指应当计入当期损益、会导致使用者权益发生增减变动、与所有者投入资本或者向所有者分配利润无关的利得或损失。其中，利得是指由非日常活动形成的、会导致所有者权益增加的、与所有者投入资本无关的经济利益的流入，如接受捐赠收入、处置固定资产净收入；损失是指企业非日常活动所发生的、会导致所有者权益减少、向所有者分配利润无关的经济利益的流出，如对外进行公益性捐赠支出、罚款支出、处置固定资产净损失等。

利润为正数，表明企业实现了利润，会使企业的所有者权益增加，业绩提升；反之利润为负数，表明企业发生了亏损，会使企业的所有者权益减少，业绩下降。利润是评价企业管理层业绩的指标之一，也是投资者等财务报告使用者进行决策时的重要参考依据。

2. 利润的确认条件

利润的确认主要依赖于收入和费用，以及直接计入当期利润的利得和损失，其金额的确定也主要取决于收入、费用、利得、损失的计量。

3. 利润的分类

按照构成，利润可分为营业利润、利润总额和净利润三个层次。

营业利润是指企业日常经营活动所产生的利润。营业利润一般是指营业收入减去营业成本、税金及附加、管理费用、销售费用、财务费用、资产减值损失，加上公允价值变动净损益、投资净收益后的金额。

利润总额是指营业利润加上营业外收入、减去营业外支出后的金额。

其中：营业外收入是指企业发生的与日常经营活动无关的各项利得；营业外支出是指企业发生的与日常经营活动无关的损失。

净利润是指利润总额减去所得税费用后的金额。所得税费用是指企业应负担的所得税。

利润要素三个层次的内容如图 2-6 所示。

利润
- 营业利润
- 利润总额
- 净利润

图 2-6　利润要素三个层次的内容

二、会计要素计量属性及其应用原则

会计要素的计量是指为了将符合确认条件的会计要素登记入账并列报于财务报表而确定其金额的过程。企业应当按照规定的会计计量属性进行计量，确定相关金额。

（一）会计计量属性

会计计量属性是指会计要素的数量特征或外在表现形式，反映了会计要素金额的确定基础，主要包括历史成本、重置成本、可变现净值、现值和公允价值等。

1. 历史成本

历史成本，又称实际成本，是指为取得或制造某项财产物资实际支付的现金或其他等价物。在历史成本计量下，资产按照其购置时支付的现金或现金等价物的金额，或者按照购置资产时所付出的对价的公允价值计算。负债按照因承担现时义务而实际收到的款项或资产的金额，或者承担现时义务的合同金额，或者按照日常活动中为偿还负债预期需要支付的现金或现金等价物的金额计量。会计计量一般采用历史成本计量。如甲企业购入材料一批，价款为 30 万元，增值税税额为 3.9 万元（取得增值税专用发票，进项税额可抵扣），另支付运输费 0.5 万元（未取得增值税专用发票，取得增值税普通发票，进项税额不能抵扣）。款项直接以银行存款支付。则该批材料的历史成本（实际成本）为 30.5 万元（30+0.5）。

2. 重置成本

重置成本，又称现行成本，是指按照当前市场条件，重新取得同一项资产所需要支付的现金或现金等价物金额。在重置成本计量下，资产按照现在购买相同或相似的资产所需支付的现金或现金等价物的金额计量。负债按照现在偿付该项负债所需支付的现金或现金等价物的金额计量。重置成本多应用于盘盈固定资产的计量等。如乙企业在年终财产清查中，发现一台全新设备未入账（资产盘盈），其同类设备的市场价格为 16 万元。该设备按重置成本计价，入账金额为 16 万元。

3. 可变现净值

可变现净值是指在正常的生产经营过程中，以预计售价减去进一步加工成本和预计销售费用及相关税费后的净值。在可变现净值计量下，资产按照其正常对外销售所能收到现金或现金等价物的金额扣减该资产至完工时估计将要发生的成本、估计的销售费用及相关税费后的金额计量。如丙公司库存商品的账面价值为 190 万元，该批商品属于次品，同期市场售价为 160 万元。估计进一步加工需要发生成本 25 万元，销售该批库存商品需要发生销售费用 10 万元。该批库存商品按可变现净值计价，金额为 125 万元（160−25−10）。

4. 现值

现值是指对未来现金流量以恰当的折现率进行折现后的价值，是考虑货币时间价值的一种计量属性。在现值计量下，资产按照预计从其持续使用和最终处置中所产生的未来净现金流入量的折现金额计量；负债按照预计期限内需要偿还的未来净现金流出量的折现金额计量。如丁公司采用分期付款方式购买A设备，总金额为500万元，在未来四年内每年年末支付125万元。假定折现率为10%，年金现值系数为2.486 9，则按现值计算该设备的入账价值为310.862 5万元（500÷4×2.485 9）。

5. 公允价值

公允价值是指市场参与者在计量日发生的有序交易中，出售一项资产所能收到或转移一项负债所需支付的价格。在公允价值计量下，资产和负债按照在公平交易中熟悉情况的交易双方自愿进行资产交换或债务清偿的金额计量。公允价值主要应用于交易性金融资产的计量等。如2021年5月11日乙公司从二级市场购入B公司股票60万股作为交易性金融资产，12月31日，该股票的收盘价格为每股12元，则该项资产在2021年12月31日按公允价值计价，金额为720万元（60×12）。

（二）会计计量属性的运用原则

企业在对会计要素进行计量时，一般应当采用历史成本。采用重置成本、可变现净值、现值、公允价值计量的，应当保证所确定的会计要素金额能够持续取得并可靠计量。

【例2-1】（单选题）下列属于企业流动资产的是（　　）。

A. 预收账款　　B. 应收票据　　C. 预付账款　　D. 无形资产

【答案】 C

【解析】 流动资产是指预计在一个正常营业周期中变现、出售或耗用，或者主要为交易目的而持有，或者预计在资产负债表日起一年内（含一年）变现的资产，以及自资产负债表日起一年内交换其他资产或清偿负债的能力不受限制的现金或现金等价物，包括货币资金、交易性金融资产、应收及预付款项、存货等。

【例2-2】（单选题）下列会计要素中，不反映企业财务状况的是（　　）。

A. 资产　　B. 负债　　C. 所有者权益　　D. 利润

【答案】 D

【解析】 反映财务状况的会计要素包括资产、负债和所有者权益；反映经营成果的会计要素包括收入、费用和利润。

【例2-3】（单选题）下列关于所有者权益的说法，不正确的是（　　）。

A. 所有者权益包括实收资本（或股本）、资本公积、盈余公积和未分配利润等

B. 所有者权益的金额等于资产减去负债后的余额

C. 盈余公积和未分配利润统称为留存收益

D. 所有者权益包括实收资本（或股本）、资本公积、盈余公积和留存收益等

【答案】 D

【解析】 所有者权益包括实收资本（或股本）、资本公积、盈余公积和未分配利润，盈余公积和未分配利润又统称为留存收益。所以，也可以表述为所有者权益包括实收资本（或股本）、

资本公积和留存收益等。

【例 2-4】（多选题）下列说法不正确的是（　　）。

A. 收入是指企业在销售商品、提供劳务及让渡资产使用权等活动中形成的经济利益的总流入

B. 所有者权益增加一定表明企业取得了收入

C. 狭义的收入包括营业外收入

D. 收入按照性质不同，分为销售商品收入、提供劳务收入和让渡资产使用权收入

【答案】 ABC

【解析】 收入是指企业在销售商品、提供劳务及让渡资产使用权等日常活动中形成的经济利益的总流入；所有者权益增加不一定表明企业取得了收入；狭义的收入指的是企业的营业收入，不包括营业外收入。

【例 2-5】（多选题）下列项目中，属于费用要素特点的是（　　）。

A. 企业在日常活动中发生的经济利益的总流入

B. 会导致所有者权益减少

C. 与向所有者分配利润无关

D. 会导致所有者权益增加

【答案】 BC

【解析】 费用是指企业日常经营活动中发生的、会导致所有者权益减少的、与向所有者分配利润无关的经济利益的总流出。

【例 2-6】（多选题）下列项目中，构成所有者权益来源的项目有（　　）。

A. 实收资本　　B. 资本公积　　C. 盈余公积　　D. 未分配利润

【答案】 ABCD

【解析】 所有者权益的来源包括所有者投入的资本，直接计入所有者权益的利得和损失、留存收益等，具体表现为实收资本（或股本）、资本公积（含资本溢价或股本溢价、其他资本公积）、盈余公积和未分配利润。

【例 2-7】（多选题）下列各项中，属于收入要素的有（　　）。

A. 提供劳务收入　　B. 商品销售收入

C. 罚款收入　　D. 原材料销售收入

【答案】 ABD

【解析】 提供劳务收入、商品销售收入、原材料销售收入都属于收入的范畴，罚款收入属于直接计入当期利润的利得。

【例 2-8】（判断题）企业向所有者分配利润会导致经济利益流出，因此该事项确认为企业日常发生的费用。（　　）

【答案】 错

【解析】 企业向所有者分配利润会导致经济利益流出，属于投资者回报的分配，是所有者权益的减少项目，不应确认为费用。

【例 2-9】（单选题）企业某批存货账面成本为 390 000 元，同期市场价格为 360 000 元，为达到销售需要进一步加工的成本为 50 000 元，预计销售费用为 10 000 元，预计售价为 390 000 元，则该批存货可变现净值为（　　）元。

A. 390 000　　B. 330 000　　C. 300 0000　　D. 360 000

【答案】 C

【解析】 可变现净值是指在正常的生产经营过程中，以预计售价减去进一步加工成本和预计销售费用及相关税费后的净值，即 360 000−50 000−10 000=300 000（元）。

模块二　会 计 等 式

会计等式，又称会计恒等式、会计方程式或会计平衡公式，它是表明各会计要素之间基本关系的等式。会计等式包括财务状况等式和经营成果等式。

一、会计等式的表现形式

（一）财务状况等式

任何企业从事生产经营活动，都必须拥有一定数量和质量的能给企业带来经济利益的经济资源，这些资源要么是本企业从债权人借入的资金，要么是本企业所有者投入的资本。这些资源对于企业来说就属于企业的资产。因此，每一项资产都有其来源，都代表着相应的权益。也就是说，债权人和所有者将拥有的资源提供给企业使用，这些资源就作为企业的资产，债权人和所有者就应该相应地对企业的资产享有一种要求权，这种要求权在会计上称为“权益”。

企业有多少金额的资产必有其等量的权益，即资产与权益在任何时点上都必然保持金额上的恒等关系，这种恒等关系用公式表示为：

资产=权益

企业的资产来源于企业的债权人和所有者，因此权益又分为债权人权益和所有者权益。在会计上债权人权益称为负债。所以，会计恒等式也可表示为：

资产=负债+所有者权益

这一等式反映了企业在某一时点的资产、负债和所有者权益三者之间的平衡关系，也反映了企业资金的相对静止状态。因此，该等式又称为财务状况等式或静态等式。由于该等式是会计中最通用、最一般的等式，因此它通常也称为会计基本等式，它既是复式记账法的理论依据，也是编制资产负债表的基本依据。

（二）经营成果等式

企业经营的目的之一是获得收入，并最终实现盈利。企业取得收入的同时，必然要发生相应的费用。通过收入与费用的比较，才能确定一定时期的盈利或者亏损水平，即确定最终实现利润的利润总额。在不考虑利得和损失的情况下，收入、费用、利润会计要素之间的关系用公式表示为：

收入−费用=利润

这一等式反映了企业某一时期收入、费用和利润三者之间的关系，也反映了企业资金运动的成果。因此，该等式又称为经营成果等式或动态等式。它是编制利润表的基本依据。

财务状况等式与经营成果等式相结合的等式为：

资产=负债+所有者权益+利润

资产=负债+所有者权益+（收入-费用）

资产+费用=负债+所有者权益+收入

二、经济业务对会计等式的影响

经济业务，又称会计事项，是指在经济活动中使会计要素发生增减变动的交易或事项。企业在生产经营活动中，每天都会发生各种各样的经济业务，并引起各个会计要素在数量上发生增减变化，但无论怎样变化都不会破坏会计恒等式的平衡关系，即企业在任何时点资产总额始终等于负债和所有者权益总额。

【例 2-10】 假定弘毅公司 2020 年 12 月 31 日资产负债表（简表）如表 2-1 所示。

表 2-1 资产负债表（简表）

编制单位：弘毅公司　　2020 年 12 月 31 日　　单位：元

资　产	金　额	负债和所有者权益	金　额
货币资金	1 450 000	短期借款	1 000 000
应收账款	1 250 000	应付账款	600 000
存　货	1 600 000	实收资本	7 000 000
固定资产	5 700 000	盈余公积	1 400 000
合　计	10 000 000	合　计	10 000 000

该资产负债表说明，弘毅公司 2020 年 12 月 31 日资产总额为 10 000 000 元，拥有四种资产即货币资金 1 450 000 元、应收账款 1 250 000 元、存货 1 600 000 元、固定资产 5 700 000 元，这些资产的来源即权益总额为 10 000 000 元。负债为 1 600 000 元，包括短期借款 1 000 000 元、应付账款 600 000 元。所有者权益为 8 400 000 元，包括投资者投入的实收资本 7 000 000 元、盈余公积 1 400 000 元。资产总额等于权益总额，金额为 10 000 000 元。

经济业务类型（1）：一项资产增加，一项所有者权益等额增加

2021 年 1 月 10 日，弘毅公司收到甲投资者投入资金 500 000 元，款项存入银行。

这笔经济业务引起弘毅公司资产（银行存款）增加 500 000 元，同时所有者权益（实收资本）增加 500 000 元，由于资产与所有者权益以相等的金额同时增加，因此并没有改变会计等式的平衡关系。

经济业务类型（2）：一项资产减少，一项所有者权益等额减少

2021 年 1 月 15 日，因某种原因，乙投资者要求退股，弘毅公司按规定办妥减资手续，退还该投资者的投资 1 000 000 元并以银行存款支付。

这笔经济业务引起弘毅公司资产（银行存款）减少 1 000 000 元，同时所有者权益（实收资本）减少 1 000 000 元，由于资产与所有者权益以相等的金额同时减少，因此并没有改变会计等式的平衡关系。

经济业务类型（3）：一项资产增加，一项负债等额增加

2021 年 1 月 16 日，弘毅公司以银行存款购入不需要安装的设备一台，需支付货款 250 000 元，货款尚未支付。

这笔经济业务引起弘毅公司资产（固定资产）增加 250 000 元，同时负债（应付账款）增加 250 000 元，由于资产和负债以相等的金额同时增加，因此并没有改变会计等式的平衡关系。

经济业务类型（4）：一项资产减少，一项负债等额减少

2021 年 1 月 17 日，弘毅公司以银行存款 500 000 元，偿还银行三年期借款 500 000 元。

这笔经济业务引起弘毅公司资产（银行存款）减少 500 000 元，同时负债（长期借款）减少 500 000 元，由于资产和负债以相等的金额减少，因此并没有改变会计等式的平衡关系。

经济业务类型（5）：一项资产增加，另一项资产等额减少

2021 年 1 月 18 日，弘毅公司购入原材料一批，货款为 300 000 元，以银行存款支付，原材料验收入库。

这笔经济业务引起弘毅公司资产（银行存款）减少 300 000 元，同时资产（原材料）增加 300 000 元，由于资产内部项目等额此增彼减，因此并没有改变会计等式的平衡关系。

经济业务类型（6）：一项负债增加，另一项负债等额减少

2021 年 1 月 20 日，弘毅公司签发银行承兑汇票 150 000 元，支付前欠 C 公司货款。

这笔经济业务引起弘毅公司负债（应付债券）增加 150 000 元，同时负债（应付账款）减少 150 000 元，由于负债内部项目等额此增彼减，因此并没有改变会计等式的平衡关系。

经济业务类型（7）：一项所有者权益增加，另一项所有者权益等额减少

2021 年 1 月 20 日，弘毅公司经批准将盈余公积 1 000 000 元转增资本。

这笔经济业务使弘毅公司所有者权益（实收资本）增加 1 000 000 元；同时所有者权益（盈余公积）减少 1 000 000 元，由于所有者权益内部等额此增彼减，因此并没有改变会计等式的平衡关系。

经济业务类型（8）：一项所有者权益增加，一项负债等额减少

2021 年 1 月 25 日，弘毅公司与债权人协商并经有关部门批准，将所欠 400 000 元债务转为资本。

这项经济业务引起弘毅公司负债（应付账款）减少 400 000 元，同时所有者权益（实收资本）增加 400 000 元，该业务属于负债和所有者权益等额此增彼减，因此并没有改变会计等式的平衡关系。

经济业务类型（9）：一项负债增加，一项所有者权益等额减少

2021 年 1 月 30 日，弘毅公司经研究决定，向投资者分配利润 900 000 元。

这项经济业务发生引起弘毅公司负债（应付利润）增加 900 000 元，同时所有者权益（未分配利润）减少 900 000 万元，该业务属于负债和所有者权益等额此增彼减，因此并没有改变会计等式的平衡关系。

表 2-2 所示为 9 种经济业务对会计等式影响汇总表。

表 2-2　9 种经济业务对会计等式影响汇总表

单位：元

项目（序号）	经济业务类型	资　产	负　债	所有者权益
期初余额		10 000 000	1 600 000	8 400 000
(1)	一项资产增加，一项所有者权益等额增加	+500 000		+500 000
(2)	一项资产减少，一项所有者权益等额减少	-1000 000		-1000 000
(3)	一项资产增加，一项负债等额增加	+250 000	+250 000	
(4)	一项资产减少，一项负债等额减少	-500 000	-500 000	
(5)	一项资产增加，另一项资产等额减少	+300 000; -300 000		
(6)	一项负债增加，另一项负债等额减少		+150 000; -150 000	
(7)	一项所有者权益增加，另一项所有者权益等额减少			+1 000 000; -1 000 000
(8)	一项所有者权益增加，一项负债等额减少		+400 000	-400 000
(9)	一项负债增加，一项所有者权益等额减少		+900 000	-900 000
变化后结果（期末余额）		9 250 000	2 650 000	6 600 000

根据上述情况得出结论，企业的经济业务无论怎样错综复杂，能够引起资产和权益发生增减变动，归纳起来不外乎 9 种基本类型，而这些经济业务无论怎样变化都不会破坏会计等式的平衡关系。企业在任何时点所有资产总额总是等于负债总额和所有者权益总额之和。

【例 2-11】（单选题）某公司资产总额为 500 000 元，负债除应交税费项目外为 120 000 元，所有者权益为 300 000 元，则该公司应交税费应为（　　）元。

A. 200 000　　B. 380 000　　C. 80 000　　D. 120 000

【答案】 C

【解析】 资产（500 000）=负债（120 000+x）+所有者权益（300 000），x=80 000

【例 2-12】（多选题）根据会计等式可知，下列经济业务不会发生的是（　　）。

A. 资产增加，负债减少，所有者权益不变

B. 资产不变，负债增加，所有者权益增加

C. 资产有增有减，权益不变

D. 债权人权益增加，所有者权益减少，资产不变

【答案】 AB

【解析】“资产增加，负债减少，所有者权益不变”结果导致资产大于权益，会计等式被破

坏，显然不可能发生这样的经济业务，所以选A；“资产不变，负债增加，所有者权益增加”结果导致资产小于权益，会计等式被破坏，显然也不可能发生这样的业务，所以选B。

【例2-13】（判断题）企业任何经济业务的发生，都不会引起会计等式两边的总额发生变化，资产总额总是等于负债和所有者权益总额。（　　）

【答案】 错

【解析】 企业任何经济业务的发生，都不会破坏资产总额与负债、所有者权益总额的平衡关系，资产总额总是等于负债和所有者权益总额。会计等式两边的总额可能会发生变化但平衡关系不会被破坏。

项目训练

一、单项选择题

1. 下列属于流动负债的是（　　）。
   A. 预收账款　B. 应收账款　C. 应收票据　D. 应付债券
2. 下列属于企业流动资产的是（　　）。
   A. 预收账款　B. 累计折旧　C. 预付账款　D. 无形资产
3. 投资人投入的资金和债权人投入的资金投入企业后，形成企业的（　　）。
   A. 成本　B. 费用　C. 资产　D. 负债
4. 下列不属于反映企业财务状况的会计要素是（　　）。
   A. 资产　B. 负债　C. 所有者权益　D. 利润
5. 下列关于所有者权益的说法，不正确的是（　　）。
   A. 所有者权益包括实收资本（或股本）、资本公积、盈余公积和未分配利润等
   B. 所有者权益的金额等于资产减去负债后的余额
   C. 盈余公积和未分配利润统称为留存收益
   D. 所有者权益包括实收资本（或股本）、资本公积、盈余公积和留存收益等
6. 下列说法正确的是（　　）。
   A. 收入是指企业在销售商品、提供劳务及让渡资产使用权等活动中形成的经济利益的总流入
   B. 所有者权益增加一定表明企业取得了收入
   C. 狭义的收入包括营业外收入
   D. 收入按照性质不同，分为销售商品收入、提供劳务收入和让渡资产使用权收入
7. 下列等式不正确的是（　　）。
   A. 资产=负债+所有者权益=权益
   B. 期末资产=期末负债+期初所有者权益
   C. 期末资产=期末负债+期初所有者权益+本期增加的所有者权益−本期减少的所有者权益
   D. 债权人权益+所有者权益=负债+所有者权益

8. 下列属于会计基本等式的是（　　）。
A. 资产=负债+所有者权益
B. 资产=负债+所有者权益+（收入–费用）
C. 资产=负债+所有者权益+利润
D. 收入–费用=利润

二、多项选择题

1. 计入产品成本的费用包括（　　）。
A. 财务费用　B. 制造费用　C. 管理费用　D. 直接人工费用
2. 下列反映资金运动静态表现的会计要素是（　　）。
A. 资产　B. 负债　C. 收入　D. 利润
3. 下列项目中，属于费用要素特点的是（　　）。
A. 企业在日常活动中发生的经济利益的总流入
B. 会导致所有者权益减少
C. 与向所有者分配利润无关
D. 会导致所有者权益增加
4. 下列属于资产的特征的是（　　）。
A. 资产是由过去或现在的交易或事项所形成的
B. 资产是由企业拥有或控制的
C. 资产能够给企业带来未来经济利益
D. 资产一定具有具体的实物形态
5. 下列各项反映企业经营成果的会计要素是（　　）。
A. 利润　B. 费用　C. 收入　D. 所有者权益
6. 收入取得后可能表现为（　　）。
A. 增加资产
B. 减少负债
C. 减少所有者权益
D. 增加所有者权益
7. 可变现净值是指在正常生产经营过程中，以预计售价减去（　　）后的净值。
A. 进一步加工成本
B. 预计销售所必需的税费
C. 销售所必需的费用
D. 最终处置收入
8. 下列会计要素中，称为动态会计要素的是（　　）。
A. 资产　B. 负债　C. 收入　D. 费用
9. 下列等式正确的是（　　）。
A. 资产=负债+所有者权益
B. 资产=负债+所有者权益+（收入–费用）
C. 资产=负债+所有者权益+利润
D. 资产–负债=所有者权益+利润
10. 根据会计等式可知，下列经济业务不会发生的是（　　）。
A. 资产增加，负债减少，所有者权益不变
B. 资产不变，负债增加，所有者权益增加
C. 资产有增有减，权益不变
D. 债权人权益增加，所有者权益减少，资产不变
11. 下列属于会计等式的是（　　）。
A. 本期借方发生额合计=本期贷方发生额合计

B. 本期借方余额合计=本期贷方余额合计

C. 资产=负债+所有者权益

D. 收入-费用=利润

三、判断题（正确的打“√”，错误的打“×”）

1.（　　）利润包括收入减去费用后的净额、直接计入当期利润的利得和损失等。

2.（　　）会计上所称的“资产”仅指过去的交易或事项形成的、由企业拥有、预期会给企业带来经济利益流入的资源。

3.（　　）按照我国的会计准则，负债不仅指现时已经存在的债务责任，还包括某些将来可能发生的、偶然事项形成的债务责任。

4.（　　）费用是企业发生的各项开支，以及在正常生产经营活动以外的支出和损失。

5.（　　）收入要素包括主营业务收入、其他业务收入及营业外收入等。

6.（　　）企业对会计要素采用重置成本、可变现净值、现值和公允价值计量的，应当保证所确定的会计要素金额能够取得并可靠计量。

7.（　　）只有企业拥有某项财产物资的所有权才能将其确认为企业的资产。

8.（　　）会计要素中既有反映财务状况的要素，也有反映经营成果的要素。

9.（　　）“收入-费用=利润”反映的是资金运动的动态方面，反映的是某一会计期间的经营成果，反映的是一个过程，是编制利润表的依据。

10.（　　）经济业务的发生，可能引起资产与权益总额发生变化，但是不会破坏会计基本等式的平衡。

扫一扫

分门别类辨兵种　　会计要素（一）　　会计要素（二）　　万物皆永恒

项目三

会计科目和借贷记账法

本项目知识体系

会计科目和借贷记账法	模块一　会计科目	一、会计科目的概念与分类★★★★★
		二、会计科目设置★★★
	模块二　账户	一、账户的概念与分类★★★★★
		二、账户的功能与结构★★★★★
		三、账户与会计科目的关系★★★
	模块三　复式记账法和借贷记账法	一、复式记账法★★★★
		二、借贷记账法★★★★★

模块一　会 计 科 目

一、会计科目的概念与分类

（一）会计科目的概念

会计科目，是指对会计要素的具体内容进行分类核算的项目名称。

如前所述的资金运动是对会计对象的第一层次划分，会计要素是对会计对象的第二层次划分，但会计要素将会计对象分为资产、负债、所有者权益、收入、费用和利润六项，仍比较抽象。在实际工作中，往往还需要提供更具体、更详尽的资料以满足有关各方对会计信息的需要，这就有必要对会计要素的具体内容进行再分类，即会计科目。会计科目是为了满足会计确认、计量和报告的要求，根据企业内部会计管理和外部信息需要，对会计要素的具体内容进行分类的项目，是对会计对象进行的第三层次划分。

（二）会计科目的分类

会计科目可按其反映的经济内容（所属会计要素）、所提供信息的详细程度及其统驭关系分类。

1. 按反映的经济内容分类

会计科目按其反映的经济内容不同，可分为资产类科目、负债类科目、共同类科目、所有者权益类科目、成本类科目和损益类科目。

（1）资产类科目，是对资产要素的具体内容进行分类核算的项目，按资产的流动性分为反映流动资产的科目和反映非流动资产的科目。反映流动资产的科目主要有“库存现金”、“银行存款”、“原材料”、“库存商品”和“应收账款”等；反映非流动资产的科目主要有“固定资产”、“无形资产”、“在建工程”和“长期应收款”等；在资产科目中，还有些反映资产价值损耗或损失的科目，如“累计折旧”和“坏账准备”等科目，被称为“备抵科目”。

（2）负债类科目，是对负债要素的具体内容进行分类核算的项目，按负债的偿还期限分为反映流动负债的科目和反映非流动负债的科目。反映流动负债的科目主要有“短期借款”、“应付账款”、“应交税费”和“应付职工薪酬”等科目；反映非流动负债的科目主要有“长期借款”和“长期应付款”等。

（3）共同类科目，是既有资产性质又有负债性质的科目，主要有“清算资金往来”和“外汇买卖”等科目。

（4）所有者权益类科目，是对所有者权益要素的具体内容进行分类核算的项目，按所有者权益的形成和性质可分为反映资本的科目和反映留存收益的科目。反映资本的科目主要有“实收资本”（或股本）和“资本公积”等科目；反映留存收益的科目主要有“盈余公积”、“本年利润”和“利润分配”等科目。

（5）成本类科目，是对可归属于产品生产成本、劳务成本等的具体内容进行分类核算的项目，按成本的内容和性质的不同可分为反映制造成本的科目、反映劳务成本的科目等。反映制造成本的科目有“生产成本”和“制造费用”等；反映劳务成本的科目主要有“劳务成本”等。

（6）损益类科目，是对收入、费用等的具体内容进行分类核算的项目。反映收入的科目主要有“主营业务收入”和“其他业务收入”等科目；反映费用的科目主要有“主营业务成本”、“其他业务成本”、“管理费用”、“销售费用”和“财务费用”等科目。

除共同类科目外，会计要素与会计科目之间的关系如图 3-1 所示。

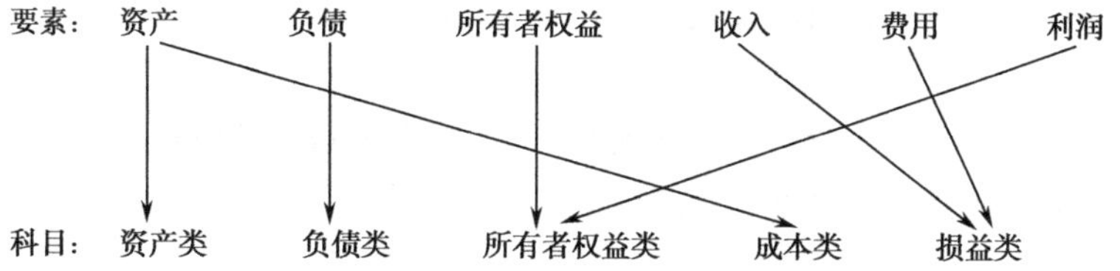

图 3-1　会计要素与会计科目之间的关系

2. 按所提供信息的详细程度及其统驭关系分类

会计科目按其所提供信息的详细程度及其统驭关系，可以分为总分类科目和明细分类科目。

（1）总分类科目，又称总账科目或一级科目，是对会计要素的具体内容进行总括分类，提供总括信息的会计科目。例如，“库存现金”“应收账款”“应交税费”“生产成本”“管理费用”等科目都是总分类科目。在我国，总分类会计科目由财政部统一制定。总分类科目与明细分类科目设置如表 3-1 所示。

（2）明细分类科目，又称明细科目，是对总分类科目做进一步分类，提供更为详细和具体会计信息的科目。如“应收账款”科目按债务人名称设置明细科目，反映应收账款的具体对象；“库存商品”科目按商品的种类、规格设置明细科目，反映各种库存商品的具体构成内容。如果某一总分类科目所属的明细分类科目较多，可在总分类科目下设置二级明细科目，在二级明细科目下设置三级明细科目。如“生产成本”科目先按生产车间大类设置二级明细科目，再按产品或车间名称设置三级明细科目（见表3-1）。

表3-1　总分类科目与明细分类科目设置

总分类科目（一级科目）	明细分类科目	
	二级明细科目	三级明细科目
生产成本	基本生产成本	甲产品
		乙产品
		丙产品
	辅助生产成本	供电车间
		机修车间

需要注意的是，在实际工作中，并不是所有的总分类科目都要设置明细分类科目，如“累计折旧”和“本年利润”等总分类科目，就不需要设置明细分类科目。

明细分类科目除《企业会计制度》已有规定外，企业可根据需要自行确定。

总分类科目对其所辖的明细分类科目起着统驭和控制作用，明细分类科目是对其所归属的总分类科目的补充和详细说明，且总分类科目与其明细分类科目在总金额上应该相等。

二、会计科目设置

（一）会计科目设置的原则

各单位由于经济业务活动的具体内容、规模大小与业务繁简程度等情况不尽相同，在具体设置会计科目时，应考虑其自身特点和具体情况，但设置会计科目时都应遵循以下原则：

（1）合法性原则。会计科目的设置应当符合国家统一的会计制度的规定，以保证会计信息的规范、统一和可比性。

（2）相关性原则。会计科目的设置应为有关各方提供所需要的会计信息，满足对外报告与对内管理的要求。

（3）实用性原则。在满足统一性的基础上，会计科目的设置还应符合单位经济业务的特点和管理需要。企业在不违反会计准则的前提下，可以根据本单位的实际情况自行增设、分拆、合并会计科目。

（二）常用会计科目

常用会计科目参照表如表3-2所示。

表3-2　常用会计科目参照表

编　号	名　称	编　号	名　称
	一、资产类		二、负债类
1001	库存现金	2001	短期借款
1002	银行存款	2201	应付票据
1012	其他货币资金	2202	应付账款
1101	交易性金融资产	2203	预收账款
1121	应收票据	2211	应付职工薪酬
1122	应收账款	2221	应交税费

续表

编　号	名　称	编　号	名　称
	一、资产类		二、负债类
1123	预付账款	2231	应付利息
1131	应收股利	2232	应付股利
1132	应收利息	2241	其他应付款
1221	其他应收款	2501	长期借款
1231	坏账准备	2502	应付债券
1401	材料采购	2701	长期应付款
1402	在途物资	2711	专项应付款
1403	原材料	2801	预计负债
1404	材料成本差异	2901	递延所得税负债
1405	库存商品		三、共同类（略）
1406	发出商品		四、所有者权益类
1407	商品进销差价	4001	实收资本
1408	委托加工物资	4002	资本公积
1471	存货跌价准备	4101	盈余公积
1501	持有至到期投资	4103	本年利润
1502	持有至到期投资减值准备	4104	利润分配
1503	可供出售金融资产		五、成本类
1511	长期股权投资	5001	劳务成本
1512	长期股权投资减值准备	5101	制造费用
1521	投资性房地产	5201	劳务成本
1531	长期应收款	5301	研发支出
1601	固定资产		六、损益类
1602	累计折旧	6001	主营业务收入
1603	固定资产减值准备	6051	其他业务收入
1604	在建工程	6101	公允价值变动损益
1605	工程物资	6111	投资收益
1606	固定资产清理	6301	营业外收入
1701	无形资产	6401	主营业务成本
1702	累计摊销	6402	其他业务成本
1703	无形资产减值准备	6403	税金及附加
1711	商誉	6601	销售费用
1801	长期待摊费用	6602	管理费用
1811	递延所得税资产	6603	财务费用
1901	待处理财产损溢	6701	资产减值损失
		6711	营业外支出
		6801	所得税费用
		6901	以前年度损益调整

【例3-1】（单选题）会计科目是指对（　　）的具体内容进行分类的项目。

A. 会计信息　B. 会计要素　C. 会计对象　D. 经济业务

【答案】B

【解析】会计科目是对会计要素的具体内容进行分类核算的项目。

【例3-2】（单选题）所设置的会计科目应符合单位自身特点，满足单位实际需要，这一点符合（　　）原则。

A. 实用性　B. 合法性　C. 谨慎性　D. 相关性

【答案】A

【解析】企业应该在合法性原则的基础上，根据企业自身的特点，设置符合企业实际情况的会计科目，这是会计科目设置原则中实用性的要求。

【例3-3】（单选题）总分类科目一般按（　　）进行设置。

A. 企业管理的需要　B. 统一会计制度的规定

C. 会计核算的需要　D. 经济业务的种类不同

【答案】B

【解析】总分类科目也称总账科目或一级科目，一般按照财政部制定的统一会计制度的规定设置。

【例3-4】（多选题）以下有关明细分类科目的表述中，正确的是（　　）。

A. 明细分类科目也称一级会计科目

B. 明细分类科目是对总分类科目做进一步分类的科目

C. 明细分类科目是对会计要素具体内容进行总括分类的科目

D. 明细分类科目是能提供更加详细、更加具体会计信息的科目

【答案】BD

【解析】总分类科目是一级会计科目；总分类科目是对会计要素具体内容进行总括分类的科目。

【例3-5】（多选题）下列项目中，属于会计科目设置原则的有（　　）。

A. 相关性原则　B. 实用性原则

C. 合法性原则　D. 重要性原则

【答案】ABC

【解析】设置会计科目时应遵循合法性原则、相关性原则、实用性原则。

【例3-6】（多选题）下列会计科目中，属于资产类科目的有（　　）。

A. 预付账款　B. 预收账款

C. 短期借款　D. 库存商品

【答案】AD

【解析】预收账款和短期借款属于负债类科目。

模块二　账　　户

一、账户的概念与分类

（一）账户的概念

账户是根据会计科目设置的，具有一定格式和结构，用于分类反映会计要素增减变动情况及其结果的工具。

会计科目只是对会计要素具体内容进行分类核算的项目，不能进行具体的会计核算。为了连续、系统、全面地记录和反映经济业务的增减变动和结存情况，必须根据会计科目在账簿中设置账户。

（二）账户的分类

账户可根据其核算的经济内容、提供信息的详细程度及其统驭关系进行分类。

（1）根据核算的经济内容，账户分为资产类账户、负债类账户、共同类账户、所有者权益类账户、成本类账户和损益类账户。

（2）根据提供信息的详细程度及其统驭关系，账户分为总分类账户和明细分类账户。

总分类账户和所属明细分类账户核算的内容相同，只是反映内容的详细程度有所不同，两者相互补充、相互制约、相互核对。总分类账户统驭和控制所属明细分类账户，明细分类账户从属于总分类账户。

二、账户的功能与结构

（一）账户功能

账户功能在于连续、系统、完整地提供企业经济活动中各会计要素增减变动及其结果的具体信息。其中，会计要素在特定会计期间增加和减少的金额，分别称为账户的“本期增加发生额”和“本期减少发生额”，二者统称为账户的“本期发生额”；会计要素在会计期末的增减变动结果，称为账户的“余额”，具体表现为期初余额和期末余额，账户上期的期末余额转入本期，即为本期的期初余额；账户本期的期末余额转入下期，即为下期的期初余额。

账户的期初余额、期末余额、本期增加发生额和本期减少发生额统称为账户的四个金额要素。对于同一账户而言，它们之间的基本关系为：

期末余额=期初余额+本期增加发生额-本期减少发生额

（二）账户结构

账户结构是指账户的组成部分及其相互关系。账户通常由以下内容组成：

（1）账户名称，即会计科目。

（2）日期，即所依据记账凭证中注明的日期。

（3）凭证字号，即所依据记账凭证的编号。

（4）摘要，即经济业务的简要说明。

（5）金额，即增加额、减少额和余额。

在借贷记账法下，账户的基本格式如表3-3所示。

表3-3　账户的基本格式

账户名称：　　　　　　　　　　　　　　　　　　　　　　　　　　　　总页次　　分页次

年		记账凭证		摘　要	借　方	贷　方	借或贷	余　额
月	日	种类	号数					

从账户名称、记录增加额和减少额的左右两方来看，账户结构在整体上类似于汉字“丁”或大写的英文字母“T”，因此，账户的基本结构在会计教学中被形象地称为“丁”字形账户或“T”字形账户。

在借贷记账法下“T”字形账户的格式如图3-2所示。

图3-2　在借贷记账法下“T”字形账户的格式

三、账户与会计科目的关系

账户和会计科目之间存在着密切的联系，在实际工作中，人们常常将它们不加区别。但从理论上讲，两者既有联系，又有区别。

账户和会计科目的联系：会计科目与账户都是对会计对象具体内容的分类，两者核算内容一致，性质相同。会计科目是账户的名称，也是设置账户的依据；账户则是根据会计科目设置的，是会计科目的具体运用。

账户与会计科目的区别：会计科目仅仅是账户的名称，不存在结构；而账户则具有一定的格式和结构，并通过其结构反映某项经济业务内容的增减变动及其结果。

【例3-7】（单选题）某账户的期初余额为500元，期末余额为3 000元，本期减少发生额为800元，则本期增加发生额为（　　）元。

A. 2 200　　B. 1 700　　C. 4 300　　D. 3 300

【答案】 D

【解析】 3 000−500+800=3 300（元）

【例3-8】（单选题）有关会计科目与账户的关系，下列说法不正确的是（　　）。

A. 两者核算内容一致，性质相同

B. 会计科目是设置账户的依据

C. 会计科目是账户的名称

D. 会计科目是账户的具体运用，具有一定的格式和结构

【答案】D

【解析】账户是会计科目的具体运用，具有一定的格式和结构。

【例 3-9】（多选题）关于总分类账户和所属明细分类账户的关系，下列说法错误的有（　　）。

A. 两者反映内容的详细程度有所不同

B. 总分类账户从属于明细分类账户

C. 明细分类账户统驭和控制总分类账户

D. 两者相互补充、相互制约、相互核对

【答案】BC

【解析】明细分类账户从属于总分类账户；总分类账户统驭和控制明细分类账户。

【例 3-10】（判断题）账户的四个金额要素包括账户的期初余额、期末余额、本期增加发生额和本期减少发生额。（　　）

【答案】正确

【解析】账户的期初余额、期末余额、本期增加发生额和本期减少发生额统称为账户的四个金额要素。

模块三　复式记账法和借贷记账法

一、复式记账法

记账方法是指在账簿中登记经济业务的方法。按照记录经济业务方式不同，记账方法可以分为单式记账法和复式记账法。单式记账法是一种不完整的会计记账方法，这种记账方法仅适用于简单或单一的经济个体和家庭。

（一）复式记账法的概念

复式记账法是指对于每一笔经济业务，都必须用相等的金额在两个或两个以上相互联系的账户中进行登记，全面、系统地反映会计要素增减变化的一种记账方法。现代会计运用复式记账法。如以银行存款 10 000 元购入原材料，这项经济业务运用复式记账的原理，既要在“银行存款”账户中登记减少 10 000 元，同时又要在“原材料”账户中登记增加 10 000 元，以此反映该项经济业务的来龙去脉。又如，从银行取得为期 6 个月的贷款 500 000 元，这项经济业务运用复式记账的原理，既要在“银行存款”账户中登记增加 500 000 元，同时又要在“短期借款”账户中登记增加 500 000 元，以此反映该项经济业务的来龙去脉。

（二）复式记账法的优点

复式记账法对于每一项经济业务，都要在两个或两个以上的账户中进行相互联系的记录，不仅可以通过账户记录完整、系统地反映经济业务活动的过程和结构，还能清楚地反映资金运动的来龙去脉。复式记账法对于每一项经济业务都以相等的金额进行对应记录，便于核对和检查账户记录结果，防止和纠正错误记录。

因此，与单式记账法相比，复式记账法的优点主要有：

（1）能够全面反映经济业务内容和资金运动的来龙去脉。

（2）能够进行试算平衡，便于查账和对账。

（三）复式记账法的种类

复式记账法可分为借贷记账法、增减记账法和收付记账法等。我国会计准则规定，企业、行政单位、事业单位会计核算采用借贷记账法。

【例3-11】（单选题）下列关于单式记账法的说法，不正确的是（　　）。

A. 单式记账法是一种比较简单、不完整的记账方法

B. 在单式记账法下，账户之间没有直接联系和相互平衡关系

C. 单式记账法可以全面、系统地反映各项会计要素的增减变动和经济业务的来龙去脉

D. 单式记账法适用于业务简单或很单一的经济个体和家庭

【答案】 C

【解析】 单式记账法没有一套完整的账户体系，不能全面、系统地反映各项会计要素的增减变动和经济业务的来龙去脉。

【例3-12】（多选题）下列有关复式记账法的表述中，正确的有（　　）。

A. 复式记账法对于每一项经济业务，都要在两个或两个以上相互联系的账户中进行记录

B. 复式记账法能全面反映资金运动的来龙去脉

C. 复式记账法便于查账和对账

D. 复式记账法记账手续简单

【答案】 ABC

【解析】 记账手续简单是单式记账法的优点。

二、借贷记账法

（一）借贷记账法的概念

借贷记账法是以“借”和“贷”作为记账符号，记录经济业务引起的会计要素增减变动情况的一种复式记账方法。

借贷记账法最初起源于13世纪的意大利。在这个时期，西方资本主义的商品经济有了较快的发展，在商品交换中，为了适应商业资本和借贷资本经营者的管理需要，逐步形成了借贷记账法。“借”“贷”二字的含义，最初是从借贷资本家的角度来解释的。借贷资本家以经营货币资金的借入和贷出为主要业务，对于借进的款项，记在贷主名下，反映其自身债务的增加；对于贷出的款项，则记在借主的名下，反映其自身债权的增加。这样“借”“贷”二字分别表示债权和债务的变化。随着商品经济的进一步发展，经济业务不再仅局限于货币资金借贷业务，也利用“借”“贷”二字反映其变化情况。这样，“借”“贷”二字因适应客观需要而逐渐失去了原有的含义，演变成一对纯粹的记账符号。到15世纪，借贷记账法已日臻完善，并因其科学的理论基础，被世界各国广泛采用。

（二）借贷记账法下账户的结构

借贷记账法下，账户的左方称为借方，右方称为贷方。所有账户的借方和贷方按相反方向

记录增加数和减少数，即一方登记增加额，另一方就登记减少额。至于“借”表示增加，还是“贷”表示增加，则取决于账户的性质与所记录经济内容的性质。

通常而言，资产、成本和费用类账户的增加用“借”表示，减少用“贷”表示；负债、所有者权益和收入类账户的增加用“贷”表示，减少用“借”表示。备抵账户的结构与所调整账户的结构正好相反。“借”和“贷”所表示增减的含义如表 3-4 所示。

表 3-4 “借”和“贷”所表示增减的含义

账户类别	借	贷
资产类账户	+	−
成本类账户	+	−
费用类账户	+	−
负债类账户	−	+
所有者权益类账户	−	+
收入类账户	−	+

根据“资产（含成本）+费用=负债+所有者权益+收入”等式，等号左边的会计要素，借方表示增加、贷方表示减少；等号右边的会计要素，贷方表示增加、借方表示减少。

1. 资产和成本类账户的结构

在借贷记账法下，资产和成本类账户的借方登记增加额；贷方登记减少额；期末余额一般在借方。其余额计算公式为：

期末借方余额 = 期初借方余额+本期借方发生额−本期贷方发生额

资产和成本类账户的结构用“T”字形账户表示，如图 3-3 所示。

借方	资产和成本类会计科目		贷方
期初余额	×××		
本期增加数	×××	本期减少数	×××
	……		……
本期发生额	×××	本期发生额	×××
期末余额	×××		

图 3-3 资产和成本类账户的结构

现以“库存现金”账户结构（见图 3-4）为例说明资产类账户结构。

借方	库存现金		贷方
期初余额	2 500		
（1）提取现金	18 000	（1）支付工资	18 000
（2）销售产品	600	（2）支付差旅费	1 200
（3）收回备用金	200		
本期发生额	18 800	本期发生额	19 200
期末余额	2 100		

图 3-4 “库存现金”账户结构

"库存现金"账户期末借方余额=2 500+18 800−19 200=2 100（元）

2. 负债和所有者权益类账户的结构

在借贷记账法下，负债和所有者权益类账户的借方登记减少额；贷方登记增加额；期末余额一般在贷方。其余额计算公式为：

期末贷方余额 = 期初贷方余额 + 本期贷方发生额 − 本期借方发生额

负债和所有者权益类账户的结构用"T"字形账户表示，如图 3-5 所示。

借方	负债和所有者权益类会计科目		贷方
		期初余额	×××
本期减少数	×××	本期增加数	×××
	……		……
本期发生额	×××	本期发生额	×××
		期末余额	×××

图 3-5　负债和所有者权益类账户的结构

现以"应付账款"账户为例说明负债类账户结构的运用，如图 3-6 所示。

借方	应付账款		贷方
		期初余额	180 000
（1）归还甲单位前欠货款	300 000	（1）购丙单位材料款未付	250 000
（2）归还乙单位前欠货款	100 000	（2）购丁单位材料款未付	170 000
本期发生额	400 000	本期发生额	420 000
		期末余额	200 000

图 3-6　"应付账款"账户结构

"应付账款"账户期末贷方余额=180 000+420 000−400 000=200 000（元）

3. 损益类账户的结构

损益类账户主要包括收入类账户和费用类账户。

（1）收入类账户的结构

在借贷记账法下，收入类账户的借方登记减少额；贷方登记增加额；本期收入净额在期末转入"本年利润"账户，用于计算当期损益，结转后无余额。

收入类账户的结构用"T"字形账户表示，如图 3-7 所示。

借方	收入类科目		贷方
本期减少数	×××	本期增加数	×××
期末转入"本年利润"账户的数据	×××		
	……		……
本期发生额	×××	本期发生额	×××
		期末余额	0

图 3-7　收入类账户的结构

现以"主营业务收入"账户为例说明收入类账户结构的运用，如图 3-8 所示。

借方	主营业务收入		贷方
（1）期末转入“本年利润”账户	1 400 000	（1）销售A产品收入	600 000
		（2）销售A产品收入	300 000
		（3）销售B产品收入	500 000
本期发生额	1 400 000	本期发生额	1 400 000
		期末余额	0

图 3-8 “主营业务收入”账户结构

（2）费用类账户的结构

在借贷记账法下，费用类账户的借方登记增加额；贷方登记减少额；本期费用净额在期末转入“本年利润”账户，用于计算当期损益，结转后无余额。

费用类账户的结构用“T”字形账户表示，如图 3-9 所示。

借方	费用类会计科目		贷方
本期增加数	×××	本期减少数	×××
	……		……
		期末转入“本年利润”账户的数额	×××
本期发生额	×××	本期发生额	×××
期末余额	0		

图 3-9 费用类账户的结构

现以“财务费用”账户为例说明费用类账户结构的运用，如图 3-10 所示。

借方	财务费用		贷方
期末转入本年利润	4 600	计提借款利息	4 600
本期发生额	4 600	本期发生额	4 600
期末余额	0		

图 3-10 “财务费用”账户结构

在借贷记账法下，可以根据需要设置双重性质账户。所谓双重性质账户，是指既可以用来核算资产，又可以用来核算负债的账户。这类账户余额可能在借方，也可能在贷方。如果余额在借方，就是资产类账户；如果余额在贷方，就是负债类账户。例如，企业可以将资产类账户“应收账款”与负债类账户“预收账款”合并设置“应收账款”账户，核算与本企业既有债权（应收账款）同时又有债务（预收账款）的经济业务。当该账户期末余额在贷方时，表明本企业承担了债务，是一种“预收”的性质，属于负债；当该账户期末余额在借方时，表明本企业对对方的债权，是一种“应收”的性质，属于资产。

（三）借贷记账法的记账规则

记账规则是指采用某种记账方法登记具体经济业务时应当遵循的规律。借贷记账法的记账规则是“有借必有贷，借贷必相等”。这一记账规则可以具体表述为：

（1）每一项经济业务发生引起会计要素的增减变动，都必须至少在两个相互联系的账户中进行记录。

（2）记录经济业务的账户必须是有关账户的借方和对应账户的贷方。这一般存在三种情形：第一，计入一个账户的借方，同时计入另一个账户的贷方；第二，计入一个账户的借方，同时计入几个账户的贷方；第三，计入几个账户的借方，同时计入一个账户的贷方。

（3）每一笔经济业务计入借方的金额必须与计入贷方的金额相等。

【例 3-13】 下面以弘毅公司 2021 年 1 月份有关经济业务为例，说明借贷记账法的记账规则。

业务 1：收到 A 公司追加投入资金 200 000 元，款项已存入银行。

该笔经济业务的发生，使得资产类要素和所有者权益要素发生变化，两类要素等额增加。一方面，投资者投入资金存入银行使得资产增加，应计入“银行存款”账户借方；另一方面，因投资者投入资金，使得所有者权益增加，应计入“实收资本”账户贷方，如图 3-11 所示。

借方　银行存款	贷方
200 000	

借方　实收资本	贷方
	200 000

图 3-11　业务 1

业务 2：以银行存款 300 000 元偿还前欠 C 公司货款。

该笔经济业务的发生，使得资产类要素和负债类要素发生变化，两类要素等额减少。一方面，用银行存款归还欠货款使得资产减少 300 000 元，应计入“银行存款”账户贷方；另一方面，因归还欠款使得负债减少 300 000 元，应计入“应付账款”账户借方，如图 3-12 所示。

借方　银行存款	贷方
	300 000

借方　应付账款	贷方
300 000	

图 3-12　业务 2

业务 3：收到 B 公司偿还前欠货款 50 000 元，款项存入银行。

该笔经济业务的发生，使得资产要素内部等额此增彼减。一方面，收到欠货款存入银行使得资产增加 50 000 元，应计入“银行存款”账户借方；另一方面，因收回货款使得资产减少 50 000 元，应计入“应收账款”账户贷方，如图 3-13 所示。

借方　银行存款	贷方
50 000	

借方　应收账款	贷方
	50 000

图 3-13　业务 3

业务 4：从银行借入为期 6 个月的借款 500 000 元，款项存入银行。

该笔经济业务的发生，资产要素和负债要素等额此增彼减。一方面，从银行借入款项使资产增加 500 000 元，应计入“银行存款”账户借方；另一方面，从银行借款使得负债增加 500 000 元，应计入“短期借款”账户贷方，如图 3-14 所示。

借方　银行存款	贷方
500 000	

借方　短期借款	贷方
	500 000

图 3-14　业务 4

业务 5：签发银行承兑汇票 150 000 元支付前欠 C 公司欠货款。

该笔经济业务的发生，使得负债要素内部此减彼增。一方面，支付了欠货款使得负债要素减少 150 000 元，应计入“应付账款”账户借方；另一方面，以银行承兑汇票支付使负债要素增加 150 000 元，应计入“应付票据”账户借方，如图 3-15 所示。

借方	应付账款	贷方
150 000		

借方	应付票据	贷方
		150 000

图 3-15　业务 5

业务 6：销售产品一批，售价 200 000 元（不考虑增值税），货款存入银行。

该笔经济业务的发生，使得资产要素和收入要素等额增加。一方面，款项存入银行使得银行存款增加 200 000 元，应计入“银行存款”账户借方；另一方面，销售产品使得收入要素增加 200 000 元，应计入“主营业务收入”账户贷方，如图 3-16 所示。

借方	银行存款	贷方
200 000		

借方	主营业务收入	贷方
		200 000

图 3-16　业务 6

业务 7：经批准将盈余公积 200 000 元转增资本金。

该笔经济业务的发生，使得所有者权益内部要素发生等额变化。一方面，实收资本增加 200 000 元，应计入“实收资本”账户贷方；另一方面，盈余公积减少 200 000 元，计入“盈余公积”账户借方，如图 3-17 所示。

借方	实收资本	贷方
		200 000

借方	盈余公积	贷方
200 000		

图 3-17　业务 7

业务 8：偿还到期的银行短期借款本金 300 000 元，利息 4 500 元。

该笔经济业务的发生，使得资产要素和负债要素发生等额变化。一方面，以银行存款偿还借款本金和利息使得银行存款减少 304 500 元，应计入“银行存款”账户贷方；另一方面，偿还借款本金和借款利息使得负债分别减少 300 000 元和 4 500 元，应分别计入“短期借款”和“应付利息”账户借方，如图 3-18 所示。

借方	银行存款	贷方
		304 500

借方	短期借款	贷方
300 000		

借方	应付利息	贷方
4 500		

图 3-18　业务 8

业务 9：收到投资者投入不需要安装的设备，价值 180 000 元，其中作为资本金投入为 150 000 元，其余作为资本公积。

该笔经济业务的发生，使得资产要素和所有者权益要素发生等额变化。一方面，收到投入的设备使得资产增加 180 000 元，应计入“固定资产”账户借方；另一方面，因投资者投入资金，使得所有者权益分别增加 150 000 元和 30 000 元，应分别计入“实收资本”和“资本公积”账户贷方，如图 3-19 所示。

借方	固定资产	贷方
180 000		

借方	实收资本	贷方
		150 000

借方	资本公积	贷方
		30 000

图 3-19　业务 9

通过上述业务可以看出，在借贷记账法下，无论任何经济业务的发生，都是遵循“有借必有贷，借贷必相等”的记账规则。以上列举的经济业务中，所涉及的账户有三种类型：一是一个借方和一个贷方（业务7）；二是多个借方和一个贷方（业务8）；三是一个借方和几个贷方（业务9）。当然还可能出现多个账户的借方和多个账户的贷方的情况（本课程不涉及）。

（四）借贷记账法下账户的对应关系与会计分录

1. 账户的对应关系

账户的对应关系是指采用借贷记账法对每笔交易或事项进行记录时，相关账户之间形成的应借、应贷的相互关系。存在对应关系的账户称为对应账户。

通过账户间的这种关系，可以了解每笔经济业务的内容，掌握经济业务的来龙去脉，检查经济业务的会计处理是否合理合法。

2. 会计分录

上述经济业务发生后，根据经济业务的内容，确定所涉及的账户名称、记账方向和账户记录的金额，直接计入相应的账户。但按会计工作规范要求，为保证账户记录的正确性，在登记账户之前，应先在记账凭证上编制会计分录，再经过过账的步骤，将每项经济业务涉及的借方和贷方发生额，从会计分录转记到相应的账户中。

（1）会计分录的含义

会计分录简称分录，是对每项经济业务列示出应借、应贷的账户名称及其金额的一种记录。会计分录由应借应贷方向、相互对应的科目及其金额三个要素构成。在我国，会计分录记载于记账凭证中。

（2）会计分录的分类

按照所涉及账户的多少，会计分录分为简单会计分录和复合会计分录。简单会计分录是指只涉及一个账户借方和另一个账户贷方的会计分录，即一借一贷的会计分录。复合会计分录是指由两个以上（不含两个）对应账户组成的会计分录，即一借多贷、多借一贷的会计分录，对特殊经济业务也可以编制多借多贷的复合会计分录。

（3）会计分录的编制步骤

运用借贷记账法编制会计分录，可按下列步骤进行：

① 分析经济业务事项涉及的是资产（费用、成本），还是权益（收入）。

② 确定影响到哪些要素项目，是增加，还是减少。

③ 确定计入哪个（或哪些）账户的借方，哪个（或哪些）账户的贷方。

④ 确定应借应贷账户是否正确，借贷方金额是否相等。

编制会计分录时，习惯上是先借后贷、上借下贷，每一账户占一行；借方与贷方应错位表示，金额也要错开写，以便醒目、清晰。

会计分录编制举例如下。

【例3-14】 以【例3-13】中所述的9笔经济业务为例，其会计分录编制如下：

业务1：

借：银行存款　　　　200 000

　　贷：实收资本　　　　200 000

业务 2：

借：应付账款　　　　　　　　　　300 000

　　贷：银行存款　　　　　　　　　　300 000

业务 3：

借：银行存款　　　　　　　　　　 50 000

　　贷：应收账款　　　　　　　　　　 50 000

业务 4：

借：银行存款　　　　　　　　　　500 000

　　贷：短期借款　　　　　　　　　　500 000

业务 5：

借：应付账款　　　　　　　　　　150 000

　　贷：应付票据　　　　　　　　　　150 000

业务 6：

借：银行存款　　　　　　　　　　200 000

　　贷：主营业务收入　　　　　　　　200 000

业务 7：

借：盈余公积　　　　　　　　　　200 000

　　贷：实收资本　　　　　　　　　　200 000

业务 8：

借：短期借款　　　　　　　　　　300 000

　　应付利息　　　　　　　　　　　4 500

　　贷：银行存款　　　　　　　　　　304 500

业务 9：

借：固定资产　　　　　　　　　　180 000

　　贷：实收资本　　　　　　　　　　150 000

　　　　资本公积　　　　　　　　　　 30 000

以上编制的业务 1 ~ 业务 7 的会计分录为简单会计分录，即“一借一贷”的会计分录；业务 8、业务 9 的会计分录为复合会计分录，即“一借多贷”或“多贷一借”的会计分录。特殊经济业务可以编制“多借多贷”的会计分录。

需要注意的是，多借多贷会计分录，只有在某一项经济业务比较繁杂，确实需要编制时才可以编制，一般不能将两项或两项以上不同类型的经济业务合并在一起编制“多借多贷”的会计分录。

（4）过账

过账是指根据记账凭证中已编制的会计分录，将每项经济业务涉及的借方账户和贷方账户的发生额，分别登记到分类账簿中开设的相应账户的过程。

【例 3-15】 弘毅公司 2021 年 1 月 1 日总分类账户余额如表 3-5 所示，1 月份相关经济业务编制的会计分录见【例 3-14】。

表 3-5　弘毅公司 2021 年 1 月 1 日总分类账户余额表

单位：元

账户名称	借方金额	账户名称	贷方金额
银行存款	568 000	短期借款	300 000
应收账款	96 000	应付账款	455 500
原材料	124 000	应付利息	4 500
生产成本	200 000	实收资本	1 200 000
库存商品	252 000	资本公积	80 000
固定资产	1 200 000	盈余公积	400 000
合计	2 440 000	合计	2 440 000

过账过程如下：

（1）根据期初余额开设“T”字形账户，并登记期初余额，如图 3-20 所示。

（2）根据【例 3-14】编制的会计分录登记“T”字形账户，如图 3-20 所示。

（3）结出各账户的发生额及余额，如图 3-20 所示。

借方　银行存款　贷方

期初余额	568 000		
（1）	200 000	（2）	300 000
（2）	50 000	（8）	304 500
（4）	500 000		
（6）	200 000		
本期发生额	950 000	本期发生额	604 500
期末余额	913 500		

借方　应收账款　贷方

期初余额	96 000	（3）	50 000
本期发生额	0	本期发生额	50 000
期末余额	46 000		

借方　原材料　贷方

期初余额	124 000		
本期发生额	0	本期发生额	0
期末余额	124 000		

借方　生产成本　贷方

期初余额	200 000		
本期发生额	0	本期发生额	0
期末余额	200 000		

借方　库存商品　贷方

期初余额	252 000		
本期发生额	0	本期发生额	0
期末余额	252 000		

借方　固定资产　贷方

期初余额	1 200 000		
（9）	180 000		
本期发生额	180 000	本期发生额	0
期末余额	1 380 000		

图 3-20　各“T”字形账户期初余额、发生额、期末余额

短期借款

借方			贷方
		期初余额	300 000
		（4）	500 000
（8）	300 000		
本期发生额	300 000	本期发生额	500 000
		期末余额	500 000

应付账款

借方			贷方
		期初余额	455 500
（2）	300 000		
（5）	150 000		
本期发生额	450 000	本期发生额	0
		期末余额	5 500

应付利息

借方			贷方
		期初余额	4 500
（8）	4 500		
本期发生额	4 500	本期发生额	0
		期末余额	0

应付票据

借方			贷方
		期初余额	0
		（5）	150 000
本期发生额	0	本期发生额	150 000
		期末余额	150 000

实收资本

借方			贷方
		期初余额	1 200 000
		（1）	200 000
		（7）	200 000
		（9）	150 000
本期发生额	0	本期发生额	550 000
		期末余额	1 750 000

资本公积

借方			贷方
		期初余额	80 000
		（9）	30 000
本期发生额	0	本期发生额	30 000
		期末余额	110 000

盈余公积

借方			贷方
		期初余额	400 000
（7）	200 000		
本期发生额	200 000	本期发生额	0
		期末余额	200 000

主营业务收入

借方			贷方
		（6）	200 000
本期发生额	0	本期发生额	200 000
		期末余额	200 000

图 3-20　各“T”字形账户期初余额、发生额、期末余额（续）

（五）借贷记账法下的试算平衡

1. 试算平衡的含义

试算平衡是指根据借贷记账法的记账规则和资产与权益的恒等关系，通过对所有账户的发生额和余额的汇总计算和比较，来检查记录是否正确的一种方法。

2. 试算平衡的分类

试算平衡的方法有两种：发生额试算平衡法和余额试算平衡法。

（1）发生额试算平衡法

发生额试算平衡是指全部账户本期借方发生额合计与全部账户本期贷方发生额合计保持平衡，即：

全部账户本期借方发生额合计 = 全部账户本期贷方发生额合计

发生额试算平衡法是基于“有借必有贷，借贷必相等”这一借贷记账法的记账规则。在借贷记账法下，每一笔经济业务都要以相等的金额，分别计入两个或两个以上相关账户的借方和贷方，借贷双方的发生额必然相等。由此可以推出，将一定时期内的经济业务全部计入有关账户之后，所有账户的借方发生额合计与贷方发生额合计必然相等。

发生额试算平衡法通过编制“本期发生额试算平衡表”方式进行。本期发生额试算平衡表如表3-6所示。

表3-6　本期发生额试算平衡表

2021年1月　　单位：元

账户名称	借方发生额	贷方发生额
银行存款	950 000	604 500
应收账款	0	50 000
原材料	0	0
生产成本	0	0
库存商品	0	0
固定资产	180 000	0
短期借款	300 000	500 000
应付账款	450 000	0
应付利息	4 500	0
应付票据		150 000
实收资本		550 000
资本公积		30 000
盈余公积	200 000	
主营业务收入		200 000
合计	2 084 500	2 084 500

（2）余额试算平衡法

余额试算平衡是指全部账户借方期末（初）余额合计与全部账户贷方期末（初）余额合计保持平衡。

余额试算平衡法的依据是财务状况等式。根据余额时间不同，又分为期初余额平衡和期末余额平衡两类。期初余额平衡是指期初所有账户借方余额合计与贷方余额合计相等；期末余额平衡是指期末所有账户借方余额合计与贷方余额合计相等，这是基于“资产=负债+所有者权益”的恒等关系决定的。这种平衡关系可用公式表示如下：

全部账户借方期末（初）余额合计＝全部账户贷方期末（初）余额合计

在实际工作中，余额试算平衡法通过编制“试算平衡表”方式进行。试算平衡表如表3-7所示。

表3-7　试算平衡表

2021年1月　　单位：元

账户名称	期初余额		本期发生额		期末余额	
	借方	贷方	借方	贷方	借方	贷方
银行存款	568 000		950 000	604 500	913 500	
应收账款	96 000			50 000	46 000	
原材料	124 000				124 000	
生产成本	200 000				200 000	

续表

账户名称	期初余额		本期发生额		期末余额	
	借方	贷方	借方	贷方	借方	贷方
库存商品	252 000				252 000	
固定资产	1 200 000		180 000		1 380 000	
短期借款		300 000	300 000	500 000		500 000
应付账款		455 500	450 000			5 500
应付利息		4 500	4 500			0
应付票据				150 000		150 000
实收资本		1 200 000		550 000		1 750 000
资本公积		80 000		30 000		110 000
盈余公积		400 000	200 000			200 000
主营业务收入				200 000		200 000
合计	2 240 000	2 440 000	2 084 500	2 084 500	2 915 500	2 915 500

在编制试算平衡表时，应注意以下几点：

（1）必须保证所有账户的发生额或余额均已计入试算平衡表。因为会计等式是针对六项会计要素整体而言的，缺少任何一个账户的余额，都会造成期初或期末借方余额合计与贷方余额合计不相等。

（2）如果试算平衡表中借贷方不相等，则账户记录肯定有错误，应认真查找，直到实现平衡为止。

（3）即使实现了试算平衡表中三栏的平衡关系，并不能说明账户记录绝对正确，因为有些错误并不会影响借贷双方的平衡关系。

通常发生以下记账错误的情况，借贷双方平衡关系不受影响：

① 漏记某项经济业务，将使本期借贷双方的发生额发生等额减少，借贷仍然保持平衡；

② 重记某项经济业务，将使本期借贷双方的发生额发生等额增加，借贷仍然保持平衡；

③ 某项经济业务记录的应借应贷科目正确，但借贷双方金额同时多记或少记，且金额一致，借贷仍然平衡；

④ 某项经济业务记错相关账户，借贷仍然平衡；

⑤ 某项经济业务在账户记录中，借贷方向颠倒，借贷仍然平衡；

⑥ 借方或贷方发生额中，偶然发生多记或少记并相互抵销的情况，借贷仍然保持平衡。

【例 3-16】（单选题）“应付账款”账户的期初贷方余额为 30 000 元，本期贷方发生额为 50 000 元，本期借方发生额为 65 000 元，则期末余额为（　　）。

A. 借方 15 000　　B. 贷方 15 000　　C. 借方 45 000　　D. 贷方 45 000

【答案】 B

【解析】 期末余额=30 000+50 000−65 000=15 000（元）

【例 3-17】（单选题）运用借贷记账法登记账户时，相关账户之间形成应借应贷的相互关系称为（　　）。

A. 平行关系　　B. 从属关系　　C. 对应关系　　D. 控制关系

【答案】C

【解析】账户的对应关系是指采用借贷记账法对每笔交易或事项进行记录时，相关账户之间形成应借应贷的相互关系。

【例3-18】（单选题）下列关于试算平衡的说法，不正确的是（　　）。

A. 包括发生额平衡和余额平衡

B. 试算平衡了，说明账户记录正确无误

C. 重记某笔经济业务，不会影响试算平衡关系

D. 财务状况等式和记账规则是试算平衡的理论依据

【答案】B

【解析】试算不平衡，说明记账一定有错误，但试算平衡时，不能表明记账一定正确。

【例3-19】（多选题）下列各类账户中，期末结转后无余额的有（　　）。

A. 收入类　　B. 费用类　　C. 资产和成本类　　D. 负债和所有者权益类

【答案】AB

【解析】收入类、费用类账户期末转入“本年利润”账户，结转后无余额。

【例3-20】（多选题）经济业务发生后，编制的会计分录要列示出（　　）。

A. 应计入的账户名称　　B. 应借或应贷的方向

C. 应计入的金额　　D. 经济业务的性质

【答案】ABC

【解析】会计分录简称分录，是对每项经济业务列示出应借、应贷的账户名称及其金额的一种记录。

【例3-21】（多选题）在进行试算平衡时，下列错误不会影响借贷双方平衡关系的是（　　）。

A. 漏记了应记借方发生额的发生额　　B. 重记某项经济业务

C. 借贷记账方向彼此颠倒　　D. 将某一账户的发生额记错

【答案】BC

【解析】有些错误不影响借贷双方的平衡，如漏记或重记某项经济业务，或者借贷科目用错或借贷方向颠倒，或者借方和贷方多记或少记相等的金额等。

【例3-22】（判断题）资产和成本类账户的借方登记增加数，贷方登记减少数，期末余额一定在借方。（　　）

【答案】错

【解析】资产和成本类账户的借方登记增加数，贷方登记减少数，期末余额一般在借方。

【例3-23】（判断题）借贷记账法下，发生额平衡的直接依据是财务状况等式。（　　）

【答案】错

【解析】发生额试算平衡的直接依据是记账规则。

【例3-24】（计算分析题）请根据表3-8中各账户的已知数据计算每个账户的未知数。

表 3-8　试算平衡表

单位：元

账户名称	期初余额		本期发生额		期末余额	
	借方	贷方	借方	贷方	借方	贷方
预收账款		15 000	6 000	9 000		(1)
预付账款	25 000		10 000	(2)	5 000	
应付账款		(3)	14 000	12 000		40 000
应收账款	70 000		40 000	(4)	80 000	
应收账款——C公司	10 000		10 000	15 000	(5)	
应收账款——D公司	60 000		30 000	15 000	75 000	

【答案】（1）=15 000+9 000−6 000=18 000

（2）=25 000+10 000−5 000=30 000

（3）=40 000+14 000−12 000=42 000

（4）=70 000+40 000−80 000=30 000

（5）=10 000+10 000−15 000=5 000 或 8 000−75 000=50 000

项目训练

一、单项选择题

1. 所设置的会计科目应符合单位自身特点，满足单位实际需要，这一点符合（　　）原则。
   A. 实用性　　B. 合法性　　C. 谨慎性　　D. 相关性
2. “其他业务成本”科目按其所归属的会计要素不同，属于（　　）类科目。
   A. 成本　　B. 资产　　C. 损益　　D. 所有者权益
3. 在下列项目中，与“制造费用”属于同一类科目的是（　　）。
   A. 固定资产　　B. 其他业务成本　　C. 生产成本　　D. 主营业务成本
4. 某企业设置了“原材料——燃料——焦炭”会计科目，其中“燃料”属于（　　）。
   A. 总分类科目　　B. 一级明细科目　　C. 二级明细科目　　D. 三级明细科目
5. 下列会计科目中，不属于资产类科目的是（　　）。
   A. “应收账款”　　B. “累计折旧”　　C. “预收账款”　　D. “预付账款”
6. “预付账款”科目按其所归属的会计要素不同，属于（　　）类科目。
   A. 资产　　B. 负债　　C. 所有者权益　　D. 成本
7. 下列各项中，既属于费用要素又属于损益类科目的是（　　）。
   A. 劳务成本　　B. 制造费用　　C. 生产成本　　D. 销售费用
8. 下列不属于总账科目的是（　　）。
   A. “固定资产”　　B. “应交税费”　　C. “应交增值税”　　D. “预付账款”
9. 某科目的期初余额为 900 元，期末余额为 5 000 元，本期减少发生额为 600 元，则本期增加发生额为（　　）元。
   A. 3 500　　B. 300　　C. 4 700　　D. 5 300

10. 根据总分类科目设置的，用于对会计要素具体内容进行总括分类核算的账户称为（　　）。

A. 备查账　　B. 总账　　C. 综合账　　D. 明细账

11. 某账户的期初余额为 1 000 元，期末余额为 3 500 元，本期减少发生额为 1 300 元，则本期增加发生额为（　　）元。

A. 2 700　　B. 2 200　　C. 4 800　　D. 3 800

12. 下列关于试算平衡法的说法，不正确的是（　　）。

A. 包括发生额试算平衡法和余额试算平衡法

B. 试算不平衡，表明账户记录肯定有错误

C. 试算平衡了，说明账户记录一定正确

D. 理论依据是“有借必有贷，借贷必相等”

13. 对于所有者权益类账户而言，（　　）。

A. 增加记借方　　B. 增加记贷方　　C. 减少记贷方　　D. 期末无余额

14. 下列关于单式记账法的说法，不正确的是（　　）。

A. 单式记账法是一种比较简单、不完整的记账方法

B. 在单式记账法下，账户之间没有直接联系和相互平衡关系

C. 单式记账法可以全面、系统地反映各项会计要素的增减变动和经济业务的来龙去脉

D. 这种方法适用于业务简单或很单一的经济个体和家庭

15. 资产类账户的期末余额一般在（　　）。

A. 借方　　B. 借方或贷方　　C. 贷方　　D. 借方和贷方

16. 下列账户中，期末结转后无余额的账户是（　　）。

A. “实收资本”　　B. “应付账款”　　C. “固定资产”　　D. “管理费用”

17. 企业计算应交所得税时，正确的会计分录是（　　）。

A. 借：本年利润
　　贷：所得税费用

B. 借：管理费用
　　贷：所得税费用

C. 借：所得税费用
　　贷：银行存款

D. 借：所得税费用
　　贷：应交税费——应交所得税

18. 符合资产类账户记账规则的是（　　）。

A. 增加额记借方　　B. 增加额记贷方

C. 减少额记借方　　D. 期末无余额

19. 年初资产总额为 100 万元，本期负债减少 5 万元，所有者权益增加 20 万元，则期末资产总额为（　　）万元。

A. 100　　B. 120　　C. 115　　D. 125

20. 借贷记账法下的“借”表示（　　）。

A. 费用增加　　B. 负债增加　　C. 所有者权益增加　　D. 收入增加

21. “应收账款”账户期初借方余额为 35 400 元，本期借方发生额为 26 300 元，本期贷方发生额为 17 900 元，该账户期末余额为（　　）。

A. 借方 43 800 元　　B. 借方 27 000 元

C. 贷方 43 800 元　　D. 贷方 27 000 元

22. 在借贷记账法下，“原材料”账户的余额（　　）。
A. 既可能在借方，也可能在贷方　　B. 只能在借方
C. 肯定为零　　D. 只能在贷方

二、多项选择题

1. 下列各项中，属于账户内容的有（　　）。
A. 账户名称　B. 凭证字号　C. 摘要和日期　D. 金额
2. 以下有关明细分类科目的表述中，正确的是（　　）。
A. 明细分类科目也称一级会计科目
B. 明细分类科目反映各项经济业务的详细情况
C. 明细分类科目是对会计要素具体内容进行总括分类的科目
D. 明细分类科目是能提供更加详细、具体的会计信息的科目
3. 下列会计科目中，属于成本类科目的是（　　）。
A. “生产成本”　B. “主营业务成本”　C. “制造费用”　D. “销售费用”
4. 下列属于负债类科目的是（　　）。
A. “应付票据”　B. “应交税费”　C. “材料成本差异”　D. “其他应付款”
5. 关于总分类科目与明细分类科目的表述，正确的是（　　）。
A. 明细分类科目概括地反映会计对象的具体内容
B. 总分类科目详细地反映会计对象的具体内容
C. 总分类科目对明细分类科目具有控制作用
D. 明细分类科目是对总分类科目的补充和说明
6. 以下有关明细分类科目的表述，正确的是（　　）。
A. 能提供更加详细、具体的会计信息的科目
B. 除国家统一会计制度规定设置的以外，各单位可以根据实际需要自行设置
C. 也称一级会计科目
D. 是对总分类科目做进一步分类的科目
7. 下列账户的四个金额要素中，属于本期发生额的是（　　）。
A. 本期减少金额　　B. 期末余额
C. 期初余额　　D. 本期增加金额
8. 下列等式错误的是（　　）。
A. 期末余额=本期增加发生额+期初余额−本期减少发生额
B. 期初余额=本期增加发生额+期末余额−本期减少发生额
C. 期初余额=本期增加发生额+期末余额+本期减少发生额
D. 期初余额=本期减少发生额+期末余额−本期增加发生额
9. 下列关于账户的表述中，正确的是（　　）。
A. 账户具有一定格式和结构
B. 账户是根据会计要素开设的
C. 一级账户以下的账户均为明细账户
D. 设置账户是会计核算的重要方法之一

10. 下列说法正确的是（　　）。

A. 资产类账户增加记贷方，减少记借方　B. 负债类账户增加记贷方，减少记借方

C. 收入类账户增加记贷方，减少记借方　D. 费用类账户增加记贷方，减少记借方

11. 会计分录的内容包括（　　）。

A. 经济业务内容摘要　B. 账户名称

C. 经济业务发生额　D. 应借应贷方向

12. 下列错误不会影响借贷双方平衡关系的是（　　）。

A. 漏记某项经济业务　B. 重记某项经济业务

C. 记错方向，把借方计入贷方　D. 借贷错误巧合，正好抵销

13. 下列会计分录格式正确的是（　　）。

A. 先借后贷

B. 贷方的文字和数字要比借方后退两格书写

C. 在一借多贷和多借多贷的情况下，借方或贷方的文字要对齐

D. 在一借多贷和多借多贷的情况下，借方或贷方的数字要对齐

14. 下列账户中期末余额在贷方的是（　　）。

A. “预收账款”　B. “应收账款”　C. “应付账款”　D. “累计摊销”

15. 下列计入贷方的是（　　）。

A. 资产的增加额　B. 负债的增加额

C. 所有者权益的增加额　D. 费用的增加额

16. 下列用公式表示的试算平衡关系，正确的是（　　）。

A. 全部账户本期借方发生额合计=全部账户本期贷方发生额合计

B. 全部账户本期借方余额合计=全部账户本期贷方余额合计

C. 负债类账户借方发生额合计=负债类账户贷方发生额合计

D. 资产类账户借方发生额合计=资产类账户贷方发生额合计

17. 在借贷记账法下，可以在账户借方登记的是（　　）。

A. 资产的增加　B. 负债的增加

C. 收入的增加　D. 所有者权益的减少

18. 与单式记账法相比，复式记账法的优点是（　　）。

A. 有一套完整的账户体系

B. 可以清楚地反映经济业务的来龙去脉

C. 可以对记录的结果进行试算平衡，以检查账户记录是否正确

D. 记账手续简单

三、判断题（正确的打“√”，错误的打“×”）

1.（　　）总分类科目与其所属的明细分类科目的核算内容相同，所不同的是前者提供的信息比后者更加详细。

2.（　　）二级科目（子目）不属于明细分类科目。

3.（　　）成本类科目包括制造费用、生产成本及主营业务成本等科目。

4.（　　）在不违反国家统一会计制度的前提下，明细分类科目可以根据企业内部管理的

需要自行制定。

5.（　　）总分类科目对明细分类科目起着补充说明和统驭控制的作用。

6.（　　）设置会计科目的相关性原则是指所设置的会计科目应当符合国家统一的会计制度的规定。

7.（　　）账户基本结构的内容仅包括增减金额及余额。

8.（　　）如果某一账户的期初余额为 50 000 元，本期增加额为 80 000 元，本期减少额为 40 000 元，则期末余额为 90 000 元。

9.（　　）账户中，上期的期末余额转入本期即为本期的期初余额。

10.（　　）编制试算平衡表时，也应该包括只有期初余额而没有本期发生额的账户。

11.（　　）记账时，将借贷方向记错，不会影响借贷双方的平衡关系。

12.（　　）试算平衡时，如果试算平衡了，则说明账户记录是绝对正确的。

13.（　　）复式记账法是指对于发生的每一项经济业务都要以相等的金额同时在相互联系的两个账户中进行登记的一种记账方法。

14.（　　）核算期间费用的各账户期末结转入“本年利润”账户后应无余额。

15.（　　）发生额试算平衡是根据资产与权益的恒等关系，检验本期发生额记录是否正确的方法。

16.（　　）运用单式记账法记录经济业务，可以反映每项经济业务的来龙去脉，也可以检查每笔经济业务是否合理、合法。

17.（　　）资产、负债与所有者权益的平衡关系是企业资金运动处于相对静止状态下出现的，如果考虑收入、费用等动态要素，则资产与权益总额的平衡关系必然被破坏。

18.（　　）某企业银行存款期初借方余额为 10 万元，本期借方发生额为 5 万元，本期贷方发生额为 3 万元，则期末借方余额为 12 万元。

四、计算分析题

请根据下表中各账户的已知数据计算每个账户的未知数。

单位：元

账户名称	期初余额		本期发生额		期末余额	
	借　方	贷　方	借　方	贷　方	借　方	贷　方
短期借款		400 000	200 000	700 000		(1)
应付账款		500 000	(2)	250 000		600 000
库存商品	(3)		450 000	550 000		210 000
原材料	300 000		500 000	(4)		320 000
原材料——A材料	180 000		350 000	(5)		120 000
原材料——B材料	120 000		150 000	70 000		200 000

扫一扫

会计人心中的两杆秤

项目四

借贷记账法下主要经济业务的账务处理

本项目知识体系

借贷记账法下主要经济业务的账务处理	模块一　企业的主要经济业务	企业的主要经济业务★★
	模块二　资金筹集业务的账务处理	一、所有者权益筹资业务★★★★★
		二、负债筹资业务★★★★★
	模块三　固定资产业务的账务处理	一、固定资产的概念与特征★★★
		二、固定资产的成本构成★★
		三、账户设置★★★
		四、账务处理★★★★★
	模块四　材料采购业务的账务处理	一、材料的采购成本★★★
		二、账户设置★★★
		三、账务处理★★★★★
	模块五　生产业务的账务处理	一、生产费用的构成★★★
		二、账户设置★★★
		三、账务处理★★★★★
	模块六　销售业务的账务处理	一、商品销售收入的确认★★★
		二、账户设置★★★
		三、账务处理★★★★★
	模块七　期间费用的账务处理	一、期间费用的构成★★★
		二、账户设置★★★
		三、账务处理★★★★★
	模块八　利润形成和分配的账务处理	一、利润形成的账务处理★★★★★
		二、利润分配的账务处理★★★★★

模块一　企业的主要经济业务

经济业务又称会计事项，是指在企业、行政事业等单位的生产经营活动或业务执行过程中发生的，能引起会计要素增减变化的事项。

不同企业的经济业务各有特点，其生产经营业务流程也不尽相同，本项目以制造企业为例，介绍其资金运动过程。制造企业的资金运动表现为资金投入、资金运用和资金退出三个过程。

1. 资金投入

企业要从事生产经营活动，必须投入一定数量的资金。资金投入是企业资金运动的起点。企业资金投入主要有两个渠道：一是由投资者投入资金，即由企业所有者提供；二是向银行等金融机构借入资金，即由债权人提供。资金投入的主要表现为货币资金，但有时也表现为存货、固定资产、无形资产等非货币性资金。

2. 资金运用（资金循环与周转）

企业将资金运用于生产经营活动就意味着资金循环与周转。以制造业为例，其生产经营过程包括供应、生产、销售等环节的循环与周转。

（1）供应过程。供应过程是指企业为进行日常生产经营活动获取所需经济资源的过程。其主要内容是将投入的资金用于建造或购置厂房、购买设备、采购原材料等，为生产产品做必要的准备。

（2）生产过程。生产过程是指企业生产工人利用机器设备对原材料进行加工和装配，生产出产品的过程。其主要内容是发生原材料耗费、固定资产磨损、支付职工薪酬和其他生产费用，同时生产出产品。

（3）销售过程。销售过程是指企业将生产的产品对外进行出售取得销售收入的过程。其主要内容是企业销售产品、结算销售货款、发生销售费用和销售税金等。

在生产经营过程中，劳动对象的实物形态在供应、生产和销售等环节依次发生转变，即货币→原材料→在产品→库存商品→货币；资金形态也相应地发生变化，即货币资金→储备资金→生产资金→成品资金→货币资金。资金运动从货币资金形态开始又回到货币资金形态，称之为资金循环，资金的不断循环就是资金周转。

3. 资金退出

资金退出就是资金离开本单位，退出资金的循环与周转。资金退出是资金运动的终点，主要包括偿还各项债务、依法缴纳各种税金、向投资者支付现金股利（利润）等。制造企业资金循环与周转如图 4-1 所示。

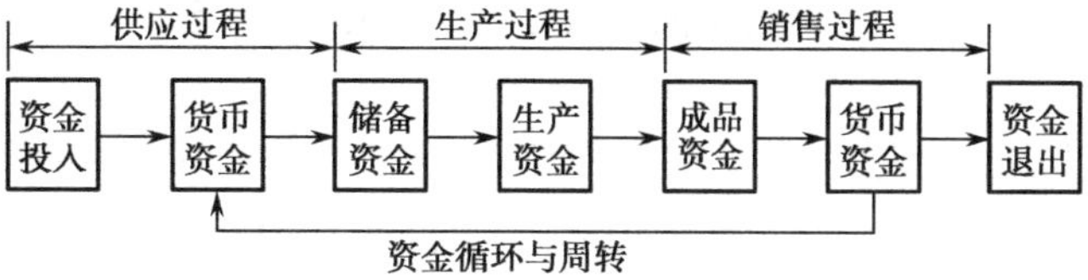

图 4-1 制造企业资金循环与周转

在企业资金投入、资金循环与周转、资金退出过程中，由于资金的取得、运用和退出等经济活动，引起的各项财产物资增减变动、各项生产费用的支出和产品成本的形成情况，以及销售收入的取得和利润实现与分配情况，就构成了工业企业会计的具体对象。

针对制造企业生产经营活动中发生的上述经济业务，其账务处理的主要内容包括：

（1）资金筹集业务的账务处理。

（2）固定资产业务的账务处理。

（3）材料采购业务的账务处理。

（4）生产业务的账务处理。

（5）销售业务的账务处理。

（6）期间费用的账务处理。

（7）利润形成与分配的账务处理。

【例4-1】（多选题）资金退出包括（　　）。

A. 偿还各种债务　　B. 发放职工工资

C. 缴纳各种税费　　D. 向投资者支付利润

【答案】ACD

【解析】选项B发放职工工资属于资金运用过程，不属于资金退出。

【例4-2】（判断题）资金运动从货币资金形态开始又回到货币资金形态称为资金周转。（　　）

【答案】错

【解析】资金运动从货币资金形态开始又回到货币资金形态称为资金循环。

模块二　资金筹集业务的账务处理

资金的筹集业务按其资金来源通常分为所有者权益筹资和负债筹资。所有者权益筹资形成的权益（通常称为权益资本），包括投资者的投资和增值，这部分资金的所有者既享有企业的经营收益，也承担企业的经营风险；负债筹资形成债权人的权益（通常称为债务资本），主要包括企业向债权人借入的资金和结算形成的负债资金等，这部分资金的所有者享有按约收回本金和利息的权利。

一、所有者权益筹资业务

（一）所有者投入资本的构成

所有者投入资本按照投资主体的不同可以分为国家资本金、法人资本金、个人资本金和外商资本金等。

国家资本金是指有权代表国家投资的政府部门或国有资产投入企业的资本金。

法人资本金是指其他法人单位以其依法可以支配的资产投入企业形成的资本金。

个人资本金是指社会公众以个人合法财产投入企业形成的资本金。

外商资本金是指外国投资者及中国香港、澳门和台湾地区投资者向境内企业投资形成的资本金。

所有者投入的资本按其来源主要包括实收资本（或股本）和资本公积。

实收资本（或股本）是指企业的投资者按照企业章程、合同或协议的约定，实际投入企业的资本金及按照有关规定由资本公积、盈余公积等转增的资本金。

资本公积是指企业收到投资者投入的超出其在企业注册资本（或股本）中所占份额的投资，以及直接计入所有者权益的利得和损失等。资本公积作为企业所有者权益的重要部分，主要用于转增资本。如A有限责任公司于2020年1月1日由甲和乙两位投资者各出资200万元设立。为扩大经营规模，经批准，2021年10月A有限责任公司注册资本增加至600万元，并增加一位新投资者丙，按照投资协议，新投资者丙需投入现金资产220万元，同时享有A有限责任公司1/3的股份。则丙投资者投入的资金中，200万元属于新投资者丙在注册资本中享有的份额，作为实收资本，20万元（220-200）属于资本溢价，作为资本公积。

（二）账户设置

1. “实收资本”（或股本）账户

（1）账户的性质：所有者权益类账户（股份有限公司一般设置“股本”账户）。

（2）账户的用途：用于核算企业接受投资者投入的实收资本。

（3）账户的结构：如图4-2所示。

借方　　　　实收资本（股本）	贷方
按法定程序报经批准减少的注册资本金	① 投资者投入的注册资本增加额 ② 以资本公积和盈余公积转增资本的金额
	余额：企业实收资本（或股本）总额

图4-2 “实收资本”（股本）账户的结构

（4）明细分类账的设置：该账户应按投资者的不同设置明细账，进行明细分类核算。

2. “资本公积”账户

（1）账户的性质：所有者权益类账户。

（2）账户的用途：用于核算企业收到投资者出资额超出其在注册资本或股本中所占份额的部分，以及直接计入所有者权益的利得和损失。

（3）账户的结构：如图4-3所示。

借方　　　　资本公积	贷方
资本公积的减少数	资本公积的增加数
	余额：资本公积的结余数额

图4-3 “资本公积”账户的结构

（4）明细分类账的设置：该账户可按资本公积的来源不同，分别设置“资本溢价（或股本溢价）”“其他资本公积”进行明细核算。

3. “银行存款”账户

（1）账户的性质：资产类账户。

（2）账户的用途：用于核算企业存入银行或其他金融机构的各种存款。

（3）账户的结构：如图4-4所示。

借方　　　　银行存款	贷方
存入的款项	提取或支出的存款
余额：企业存在银行或其他金融机构的各种存款	

图4-4 “资本公积”账户的结构

（4）明细分类账的设置：按照开户银行、存款种类等分别进行明细核算。

（三）账务处理

1. 企业接受投资者投资

企业接受投资者投入资本，借记“银行存款”“固定资产”“无形资产”等科目；按其在注册资本或股本中所占份额，贷记“实收资本”（或股本）科目；按其差额，贷记“资本公积——资本溢价（或股本溢价）”科目。

弘毅有限责任公司是由甲、乙、丙三人共同投资设立的有限责任公司（以下简称“弘毅公司”），为增值税一般纳税人，注册资本为6 000 000元。发生如下与筹资相关的经济业务事项。

【例4-3】 公司收到甲、乙投资者投入货币资金各2 000 000元，投入的货币资金已存入企业开户银行。弘毅公司应根据公司章程及银行收账通知编制如下会计分录：

借：银行存款　　4 000 000
　　贷：实收资本——甲投资者　　2 000 000
　　　　　　　　——乙投资者　　2 000 000

【例4-4】 公司收到丙投资者投入的一套全新设备，合同约定的公允价值为2 000 000元，并办理了实物产权和有关凭证的交接手续。公司应根据公司章程、相关发票编制如下会计分录：

借：固定资产　　2 000 000
　　贷：实收资本——丙投资者　　2 000 000

【例4-5】 公司为扩大经营规模，经批准，公司注册资本扩大为8 000 000元，假定丁投资者愿意出资2 500 000元占1/4的股份。并以一批设备作为资本投入，该批设备投资合同约定价值为2 500 000元，并办理了实物产权和有关凭证的交接手续。弘毅公司应根据公司章程、相关发票编制如下会计分录：

借：固定资产　　2 500 000
　　贷：实收资本——丁投资者　　2 000 000
　　　　资本公积——资本溢价　　500 000

2. 实收资本减少

企业减少实收资本的原因有两种：一是资本过剩；二是发生重大亏损需要减少实收资本。实收资本的减少应按法定程序报经批准。企业返还投资者资本时，按实际返还金额借记“实收资本”科目，贷记“银行存款”等科目。

【例4-6】 2020年12月31日，弘毅公司经批准减少投资者甲、乙、丙、丁实收资本各250 000元，以银行存款支付。弘毅公司应根据相关协议和银行付款凭证编制如下会计分录：

借：实收资本——甲投资者　　250 000
　　　　　　——乙投资者　　250 000
　　　　　　——丙投资者　　250 000
　　　　　　——丁投资者　　250 000
　　贷：银行存款　　1 000 000

二、负债筹资业务

（一）负债筹资的构成

负债筹资主要包括短期借款、长期借款及结算中形成的债务。

短期借款是指企业为了满足其生产经营对资金的临时性需要而向银行或其他金融机构等借入的偿还期限在一年以内（含一年）的各种借款。

长期借款是指企业向银行或其他金融机构借入的偿还期限在一年以上（不含一年）的各种借款。

结算中形成的负债主要有应付账款、应付职工薪酬、应交税费等。

（二）账户设置

1. “短期借款”账户

（1）账户的性质：负债类账户。

（2）账户的用途：用于核算企业向银行或其他金融机构等借入的期限在一年以内（含一年）的各种借款。

（3）账户的结构：如图 4-5 所示。

短期借款

借方	贷方
偿还的短期借款的本金	借入的短期借款的本金
	余额：企业尚未偿还的短期借款的本金

图 4-5 “短期借款”账户的结构

（4）明细分类账的设置：该账户一般按借款种类、贷款人、币种进行明细核算。

2. “长期借款”账户

（1）账户的性质：负债类账户。

（2）账户的用途：用于核算企业向银行或其他金融机构等借入的期限在一年以上（不含一年）的各种借款。

（3）账户的结构：如图 4-6 所示。

长期借款

借方	贷方
偿还的长期借款的本息数额	① 借入的长期借款的本金 ② 到期一次还本付息的长期借款应付利息
	余额：企业尚未偿还的长期借款本息

图 4-6 “长期借款”账户的结构

（4）明细分类账的设置：该账户一般按贷款人和贷款种类进行明细核算。

3. “财务费用”账户

（1）账户的性质：损益类账户。

（2）账户的用途：用于核算企业为筹集生产经营资金而发生的费用，包括利息支出及相关手续费等。

（3）账户的结构：如图 4-7 所示。

借方	财务费用	贷方
企业发生的各种筹资费用		期末结转到“本年利润”账户的金额

图 4-7 “财务费用”账户的结构

（4）明细分类账的设置：该账户按费用项目进行明细核算。

4. “应付利息”账户

（1）账户的性质：负债类账户。

（2）账户的用途：用于核算企业按照合同约定应支付的利息。

（3）账户的结构：如图 4-8 所示。

借方	应付利息	贷方
实际支付的利息		企业按合同利率计算确定的应付未付利息
		余额：企业应付未付利息

图 4-8 “应付利息”账户的结构

（4）明细分类账的设置：该账户按债权人进行明细核算。

（三）账务处理

1. 短期借款的账务处理

（1）短期借款的借入。

企业从银行或其他金融机构取得短期借款时，借记“银行存款”科目，贷记“短期借款”科目。

【例 4-7】 2020 年 4 月 1 日，弘毅公司向中国银行梁溪分行借款 500 000 元，期限 6 个月，年利率 6%，企业收到借款存入银行。弘毅公司应根据银行收账通知编制如下会计分录：

借：银行存款　　　　　　　　　　500 000

　　贷：短期借款——中国银行　　　　　　500 000

（2）计提短期借款利息及支付利息。

按相关规定短期借款利息是企业按月计提并按季支付。资产负债表日，企业应按照借款本金和实际利率确定短期借款利息，借记“财务费用”科目，贷记“应付利息”科目。支付利息时根据已计提的利息，借记“应付利息”科目，根据实际支付的利息与已计提利息的差额借记“财务费用”科目，根据应付利息总额，贷记“银行存款”科目。

【例 4-8】 2020 年 4 月 30 日，弘毅公司计提本月应负担的短期借款利息 2 500 元（500 000×6%÷12）。弘毅公司应根据预提利息计算表编制如下会计分录：

借：财务费用　　　　　　　　　　2 500

　　贷：应付利息——中国银行　　　　　　2 500

2020 年 5 月 31 日计提短期借款账务处理与 4 月 30 日相同。

【例 4-9】 2020 年 6 月 30 日，接到银行通知应支付二季度短期借款利息 7 600 元，款项已从企业账户中划出。弘毅公司应根据银行利息支付通知单编制如下会计分录：

借：应付利息　　　　　　　　　　　　5 000（4、5 月份计提数）
　　财务费用　　　　　　　　　　　　2 600（6 月份负担的利息）
　　贷：银行存款　　　　　　　　　　　7 600

注：短期借款利息一般按月预提、按季支付。

（3）短期借款到期归还本金及利息。

【例 4-10】 2020 年 9 月 30 日，以银行存款归还到期的短期借款本金 5 000 000 元、三季度的季度利息 7 550 元（其中 7、8 月份分别已预提 2 500 元）。弘毅公司应根据预提利息计算表及银行付款通知编制如下会计分录：

借：短期借款——中国银行　　　　　　5 000 000（借款本金）
　　应付利息——中国银行　　　　　　　　5 000（7、8 月份计提数）
　　财务费用　　　　　　　　　　　　　　2 550（9 月份负担的利息）
　　贷：银行存款　　　　　　　　　　　5 007 550

2. 长期借款的账务处理

（1）长期借款的借入。

企业借入长期借款，应按实际收到的金额，借记“银行存款”科目，贷记“长期借款——本金”科目，如存在差额，还应计入“长期借款——利息调整”科目。

【例 4-11】 2018 年 1 月 1 日，弘毅公司向南京银行梁溪分行借款 1 000 000 元用于生产经营周转，企业收到借款存入银行，该借款期限为 3 年，年利率 6%，每年年末支付利息，到期一次还本，每年年初付息。弘毅公司应根据银行收账通知编制如下会计分录：

借：银行存款　　　　　　　　　　　　1 000 000
　　贷：长期借款——南京银行（本金）　　1 000 000

（2）计提长期借款利息及支付利息的账务处理。

资产负债表日，应按照摊余本金和实际利率计算确定长期借款的利息费用，借记“管理费用”“在建工程”“财务费用”等科目，按合同利率计算确定应付未付的利息，贷记“应付利息”科目，按其差额，贷记“长期借款——利息调整”科目。

长期借款利息应按以下原则将计算确定的利息计入有关成本、费用科目。

① 属于筹建期间的，计入“管理费用”科目；属于生产经营期间的，计入“财务费用”科目。

② 用于构建固定资产等符合资本化条件的资产，在资产尚未达到预定可使用状态前，所发生的利息费用应当资本化，计入“在建工程”科目；资产达到预定可使用状态后的利息费用，计入“财务费用”科目。

【例 4-12】 2018 年 12 月 31 日，弘毅公司计提本年度长期借款利息 60 000 元（1 000 000×6%）。弘毅公司根据预提利息计算表编制如下会计分录：

借：财务费用　　　　　　　　　　　　60 000
　　贷：应付利息　　　　　　　　　　　60 000

2019 年年初支付利息时编制的会计分录为：

借：应付利息　　　　　　　　　　　　　　60 000

　　贷：银行存款　　　　　　　　　　　　　　60 000

（3）长期借款归还的账务处理。

企业归还长期借款的本金时，按应归还的金额，借记“长期借款——本金”科目，贷记“银行存款”科目。

【例 4-13】 2021 年 1 月 1 日，弘毅公司归还到期的长期借款本金 1 000 000 元和 2021 年度利息 60 000 元。弘毅公司应根据预提利息计算表及银行付款通知编制如下会计分录：

借：长期借款——本金　　　　　　　　1 000 000

　　应付利息　　　　　　　　　　　　　60 000

　　贷：银行存款　　　　　　　　　　　　1 060 000

【例 4-14】（单选题）投资者出资额超过其在注册资本或股本中占有的份额部分，应计入（　　）科目。

A.“营业外收入”　　B.“资本公积”　　C.“盈余公积”　　D.“实收资本”

【答案】 B

【解析】 投资者加入有限责任公司时，其出资额超出其在注册资本的份额应当计入“资本公积”。

【例 4-15】（多选题）长期借款利息可能计入的科目有（　　）。

A.“财务费用”　　B.“固定资产”　　C.“管理费用”　　D.“在建工程”

【答案】 ACD

【解析】 属于筹建期间的，计入“管理费用”科目；属于生产经营期间的，计入“财务费用”科目；用于构建固定资产等符合资本化条件的资产，在资产尚未达到预定可使用状态前，计入“在建工程”科目。

【例 4-16】（计算分析题）资料一，假设 A、B、C 三公司共同组成 ABC 有限责任公司。按 ABC 公司章程规定，注册资本为 900 万元，A、B、C 三方各占 1/3 的股份。假设 A 公司以厂房投资，该厂房价值 500 万元，已提折旧 300 万元，投资各方确认的价值为 300 万元（同公允价值）；B 公司以价值 200 万元的设备和价值 100 万元的一项专利权投资，其价值已被投资方确认，并已向 ABC 有限责任公司移交了专利权有关证明；C 公司以货币资金 300 万元投资，已存入 ABC 有限责任公司的开户银行。

资料二，假设 D 公司有意投资 ABC 有限责任公司，经 A、B、C 三公司协商，将 ABC 有限责任公司变更为 ABCD 有限责任公司，注册资本增加到 1 200 万元，A、B、C、D 四方各占 1/4 股权。D 公司需以货币资金出资 400 万元，以取得 25%的股份，协议签订后，修改了公司章程，D 公司出资 400 万元已存入 ABCD 有限责任公司的开户银行，并办理了变更登记手续。

要求：（1）根据资料一编制 ABC 有限责任公司收到 A 公司投资的有关会计分录。

（2）根据资料一编制 ABC 有限责任公司收到 B 公司投资的有关会计分录。

（3）根据资料一编制 ABC 有限责任公司收到 C 公司投资的有关会计分录。

（4）根据资料二编制实际收到 D 公司投资的会计分录。

（会计分录的数字金额为元）

【答案】

（1）借：固定资产 3 000 000
　　贷：实收资本 3 000 000

（2）借：固定资产 2 000 000
　　无形资产 1 000 000
　　贷：实收资本 3 000 000

（3）借：银行存款 3 000 000
　　贷：实收资本 3 000 000

（4）借：银行存款 4 000 000
　　贷：实收资本 3 000 000
　　　　资本公积 1 000 000

模块三　固定资产业务的账务处理

一、固定资产的概念与特征

固定资产是指企业为生产商品、提供劳务、出租或经营管理而持有的、使用寿命超过一个会计年度的有形资产。

固定资产同时具有以下特征：

（1）为生产商品、提供劳务、出租或经营管理而持有。企业持有固定资产的目的，是为生产商品、提供劳务、出租或经营管理的需要而持有，而不像存货是为了对外出售，这一特征是固定资产区别于存货的重要标志。

（2）使用时间超过一个会计年度。企业使用固定资产的期限较长，使用寿命一般超过一个会计年度，这一特征表明固定资产属于非流动资产，其给企业带来的收益期超过一年，能在一年以上的时间里为企业创造经济利益。

（3）属于一种有形资产。企业的资产按是否有实物形态，可分为有形资产和无形资产两种。有形资产是指那些具有实物形态的资产。固定资产属于有形资产，如企业的房屋建筑物、机器、机械、运输工具及其他与生产经营有关的设备、器具、工具等具有实物形态的资产。这一特征将固定资产与无形资产区别开来。

二、固定资产的成本构成

固定资产的成本是指企业构建某项固定资产达到预定可使用状态前而发生的一切合理、必要的支出。

企业可以通过外购、自行建造、投资者投入、非货币性支出交换、债务重组、企业合并和融资租赁等方式取得固定资产。不同取得方式下，固定资产成本的具体构成内容及其确定方法不同。

外购固定资产的成本，包括购买价款、相关税费、使固定资产达到预定可使用状态前发生的可归属于该项资产的运输费、装卸费、安装费和专业人员服务费等。

若企业为增值税一般纳税人，则企业购进机器设备等固定资产的进项税额不纳入固定资产成本核算，可以在销项税额中抵扣。如弘毅公司购入设备一台，取得的增值税专用发票上注明的设备价款为 85 000 元，取得增值税专用发票上增值税税额为 11 050 元，另外发生运输费 2 600 元，取得增值税专用发票上增值税税额 234 元，上述款项共计 98 884 元，已通过银行转账支付，购入后设备进行安装，以银行存款支付安装费 21 000 元，设备安装完毕交付使用，则该设备的成本为 85 000（买价）+2 600（运输费）+21 000（安装费）=108 600（元）。

三、账户设置

1. “在建工程”账户

（1）账户的性质：资产类账户。

（2）账户的用途：用于核算企业基建、更新改造等在建工程发生的支出。

（3）账户的结构：如图 4-9 所示。

借方　　　　在建工程	贷方
企业各项在建工程支出	工程达到预定可使用状态时转出的成本
余额：在建工程的成本	

图 4-9 “在建工程”账户的结构

（4）明细分类账的设置：可按“建筑工程”、“安装工程”及单项工程等进行明细核算。

2. “工程物资”账户

（1）账户的性质：资产类账户。

（2）账户的用途：用于核算企业为在建工程准备的各种物资的成本。

（3）账户的结构：如图 4-10 所示。

借方　　　　工程物资	贷方
购入的工程物资成本	领用工程物资的成本
余额：为在建工程准备的各种物资	

图 4-10 “工程物资”账户的结构

（4）明细分类账的设置：可按“专用材料”“专用设备”“工器具”等进行明细核算。

3. “固定资产”账户

（1）账户的性质：资产类账户。

（2）账户的用途：用于核算企业持有的固定资产原价。

（3）账户的结构：如图 4-11 所示。

（4）明细分类账的设置：可按固定资产类别和项目进行明细核算。

借方　　　　工程物资	贷方
购入的工程物资成本	领用工程物资的成本
余额：为在建工程准备的各种物资	

图 4-11 “固定资产”账户的结构

4. “累计折旧”账户

（1）账户的性质：资产类备抵账户。

（2）账户的用途：用于核算企业固定资产计提的累计折旧。

（3）账户的结构：如图 4-12 所示。

借方	累计折旧　　贷方
转出固定资产而转出的折旧额	按月提取的折旧额
	余额：固定资产的累计折旧额

图 4-12 “累计折旧”账户的结构

（4）明细分类账的设置：可按固定资产的类别或项目进行明细核算。

四、账务处理

（一）固定资产的购入

1. 企业购入不需要安装的固定资产

企业购入不需要安装的固定资产时应按计入固定资产成本的金额，借记“固定资产”“应交税费——应交增值税（进项税额）”科目，贷记“银行存款”等科目。

【例 4-17】 弘毅公司购入一台不需安装的设备，取得的增值税专用发票上注明的设备价款为 90 000 元，增值税税额 11 700 元，另外发生运输费 6 500 元，增值税税额 585 元，上述款项共计 108 785 元，已通过网银支付。弘毅公司应根据增值税专用发票和网银回单编制如下会计分录：

借：固定资产　　96 500

　　应交税费——应交增值税（进项税额）　　12 285

　　贷：银行存款　　108 785

　　固定资产成本=90 000+6 500=96 500（元）

　　增值税进项税额=11 700+585=12 285（元）

2. 企业购入需要安装的固定资产

企业购入需要安装的固定资产的支出及发生的安装费用等均应通过“在建工程”科目核算，待安装完毕达到预定可使用状态时，按其实际成本由“在建工程”科目转入“固定资产”科目。

【例 4-18】 弘毅公司用银行存款购入一台需要安装的设备，增值税专用发票上注明的价款为 300 000 元，取得增值税专用发票上增值税税额为 39 000 元，以银行存款支付安装费 60 000 元，取得增值税专用发票上增值税税额为 6 600 元，设备安装完毕达到预定可使用状态。弘毅公司应分别根据相关凭证编制如下会计分录：

（1）购入设备待安装时：

借：在建工程　　300 000

　　应交税费——应交增值税（进项税额）　　39 000

　　贷：银行存款　　339 000

（2）支付安装费时：

借：在建工程　　60 000

　　应交税费——应交增值税（进项税额）　　6 600

　　贷：银行存款　　66 600

（3）设备安装完毕交付使用时：

该设备成本=300 000+60 000=360 000（元）

借：固定资产　　　　　　　　　　　　　　　　360 0000

　　贷：在建工程　　　　　　　　　　　　　　　　360 000

（二）固定资产的折旧

1. 固定资产折旧的概述

（1）固定资产折旧的概念。

固定资产折旧是指在固定资产使用寿命内，按照确定的方法对应计折旧额进行系统的分摊。其中，应计折旧额是指应当计提折旧的固定资产的原价扣除其预期净残值后的金额。已计提减值准备的固定资产，还应当扣除已计提的固定资产减值准备累计金额。

（2）影响固定资产折旧的因素。

影响固定资产折旧的因素主要有以下几个方面：

① 固定资产原价，是指固定资产的成本。

② 固定资产的预计净残值，是指假定固定资产预计使用寿命已满并处于使用寿命终了时的预期状态，企业目前从该项固定资产处置中获得的扣除预计清理费用后的余额。预计净残值率是指固定资产预计净残值占原值的比率。

③ 固定资产的使用寿命，即固定资产的预计寿命，是指企业固定资产使用的预计期间或者该固定资产所能生产产品或提供劳务的数量。

④ 固定资产减值准备，是指固定资产已计提的固定资产减值准备累计金额。

（3）固定资产折旧的计提范围。

企业应当按月对所有的固定资产计提折旧，但是，已提足折旧仍继续使用的固定资产、单独入账的土地和持有待售的固定资产除外。在确定固定资产折旧计提范围时，还应注意以下几点：

① 固定资产应当按月计提折旧，当月增加的固定资产，当月不提折旧，从下月起计提折旧；当月减少的固定资产，当月仍计提折旧，从下月起不计提折旧。

② 固定资产提足折旧后，不论能否继续使用均不再计提折旧；提前报废的固定资产，也不再补提折旧。所谓提足折旧，是指已经提足该项固定资产的应计折旧额。

③ 已达到预定可使用状态但尚未办理竣工决算的固定资产，应当按照估计价值确定成本，并计提折旧；待办理竣工决算后，再按实际成本调整原来的暂估价值，但不限于调整原已计提的折旧额。

④ 处于更新改造过程中停止使用的固定资产，应将其账面价值转入在建工程，不再计提折旧。更新改造项目达到预定可使用状态转为固定资产后，再按照重新确定的折旧方法和该项固定资产尚可使用寿命计提折旧。

⑤ 因进行大修理停用的固定资产，应照提折旧。

【例 4-19】（单选题）某公司 9 月月末计提固定资产折旧 15 800 元，9 月份固定资产没有发生增减变动，10 月份增加固定资产月折旧额 1 500 元，10 月份减少固定资产月折旧额 2 000 元，则 10 月月末应计提固定资产折旧金额为（　　）元。

A. 15 800　　　B. 15 300　　　C. 17 300　　　D. 13 800

【答案】A

【解析】10月份增加固定资产不提折旧，10月份减少固定资产照提折旧。

【例 4-20】（多选题）下列应计提固定资产折旧的项目有（　　）。

A. 经营出租固定资产　　B. 当月增加固定资产

C. 融资租入固定资产　　D. 大修理停用固定资产

【答案】ACD

【解析】当月增加固定资产当月不提折旧，从下月起计提折旧。

2. 固定资产折旧的计算方法

企业可选用的折旧方法有年限平均法、工作量法、双倍余额递减法和年数总和法等。其中双倍余额递减法和年数总和法属于加速折旧法，将在后续课程中介绍。本书重点介绍年限平均法和工作量法。

（1）年限平均法

年限平均法又称直线法，是指将固定资产的应计折旧额均匀地分摊到固定资产预计使用寿命内的一种方法。其计算公式如下：

① 预计净残值率=预计净残值÷原始价值×100%

② 年折旧率=（1-净残值率）÷预计使用年限

③ 月折旧率=年折旧率÷12

④ 月折旧额=固定资产原值×月折旧率

【例 4-21】 弘毅公司有一幢房屋，原价为 5 000 000 元，预计可使用 20 年，预计净残值率为 2%。采用年限平均法计提折旧。

年折旧率=（1-2%）÷20=4.9%

月折旧率=4.9%÷12=0.41%

月折旧额=5 000 000×0.41%=20 500（元）

采用年限平均法计提固定资产折旧，其特点是固定资产的应计折旧额均衡分摊到固定资产预计使用寿命内，采用这种方法计算的每期折旧额是相等的。

（2）工作量法

工作量法是根据每期实际工作量计算应提折旧额的一种方法。其计算公式如下：

（1）单位工作量折旧额=［固定资产原价×（1-净残值率）］÷预计总工作量

（2）固定资产本月折旧额=该固定资产当月工作量×单位工作量折旧额

【例 4-22】 弘毅公司一辆运货卡车的原价为 600 000 元，预计总行驶里程为 500 000 千米，预计净残值率 5%，本月行驶 4 000 千米。采用工作量计提折旧额。

单位工作量折旧额=［600 000×（1-5%）］÷500 000=1.14（元/千米）

本月折旧额=4 000×1.14=4 560（元）

不同的固定资产折旧方法，将会影响固定资产使用寿命期间内不同时期的折旧费用。其应当根据与固定资产有关的经济利益的预期实现方式合理选择折旧方法，固定资产的折旧方法一经确定，不得随意变更。

3. 固定资产折旧账务处理

在实际工作中，折旧的计算是通过编制折旧计算表进行的，在上月应计折旧额的基础上考虑上月份固定资产变动情况进行调整，其计算公式为：

当月应计提折旧额=上月固定资产计提的折旧额+上月增加固定资产应计提的折旧额-上月减少固定资产应计提的折旧额

企业按月计提的固定资产折旧，计提的折旧额应当计入"累计折旧"科目贷方，并根据固定资产的用途计入相关资产成本或当期损益：基本生产车间所使用的固定资产，其计提的折旧额应计入"制造费用"科目借方；管理部门所使用的固定资产，其计提的折旧额应计入"管理费用"科目借方；销售部门使用的固定资产，其计提的折旧额应计入"销售费用"科目借方；经营出租的固定资产，其计提的折旧额应计入"其他业务成本"科目借方；研发部门使用的固定资产，其折旧额应计入"研发支出"科目借方。

【例4-23】 弘毅公司2021年6月份固定资产折旧计算表如表4-1所示。

表4-1 固定资产折旧计算表

单位：元

部门（类别）	5月份折旧额	5月份增加固定资产应计提的折旧额	5月份减少固定资产应计提的折旧额	6月份固定资产计提的折旧额
生产车间	6 000	1 200		7 200
行政管理	8 000		700	7 300
销售部门	1 000			1 000
经营出租	800			800
合计	15 800	1 200	700	16 300

弘毅公司应根据"固定资产折旧计算表"编制如下会计分录：

借：制造费用　　7 200
　　管理费用　　7 300
　　销售费用　　1 000
　　其他业务成本　　800
　　贷：累计折旧　　16 300

【例4-24】（计算分析题）某公司2021年9月份发生下列业务：

（1）购入不需要安装的甲设备，取得的增值税专用发票上注明的价款为200 000元，增值税税额26 000元，另支付运输费5 000元，增值税税额450元，款项以网银支付，设备投入使用。甲设备预计使用10年，预计净残值率4%，按年限平均法计提折旧。

（2）企业乙设备原值78 000元，预计总工作台时为25万工时，预计净残值率5%，本月工作4 500工时，按工作量法计提折旧。

（3）月末计提固定资产折旧45 000元，其中生产车间25 000元，行政管理部门20 000元。

要求：

（1）编制购入甲设备的会计分录；

（2）计算甲设备2021年计提的折旧额；

（3）计算乙设备9月份折旧额；

（4）编制月末计提折旧的会计分录。

【答案】

（1）借：固定资产 205 000

应交税费——应交增值税（进项税额） 26 450

贷：银行存款 231 450

（2）甲设备2021年计提的折旧额：205 000×（1−4%）÷10×3/12=4 920（元）

（3）乙设备9月份折旧额：780 000×（1−5%）÷250 000×4 500=1 333.80（元）

（4）借：制造费用 25 000

管理费用 20 000

贷：累计折旧 45 000

模块四 材料采购业务的账务处理

材料采购业务所指的材料一般称为原材料。原材料是指企业在生产过程中经过加工改变其形态或性质并构成产品实体的各种原料与主要材料和不构成产品实体但有助于产品形成的辅助材料，以及外购半成品、修理备用件、包装材料、燃料等。

一、材料的采购成本

材料的采购成本是指企业物资从采购到入库前所发生的全部支出，包括购买价款、相关税费、运输费、装卸费、保险费及其他可归属于采购成本的费用。

其他可归属于采购成本的费用是指采购成本中除上述各项以外的可归属于材料采购的费用，如在材料采购过程中发生的仓储费、包装费、运输途中的合理损耗、入库前的挑选整理费等。若企业为增值税一般纳税人，则企业购进材料的进项税额不纳入材料采购成本核算，可以在销项税额中抵扣。

如2021年6月10日，弘毅公司从长江公司购入丁材料1 000千克，取得增值税专用发票上标明A材料的买价为45 000元，增值税税额5 850元，另外，发生运输费814元，取得增值税专用发票上增值税税额73.26元，保险费50元，款项通过银行网银支付，A材料运达企业，实际收到A材料980千克，短少20千克为途中合理损耗。A材料总成本和单位成本分别为：

丁材料采购成本=45 000（买价）+814（运输费）+50（保险费）=45 864（元）

丁材料单位成本=45 864÷（1 000−20）=45.80（元/千克）

（注：途中的合理损耗只影响A材料的单位成本而不影响总成本）

又如：2021年6月15日，弘毅公司从三元公司购入甲、乙两种材料，增值税专用发票上标明甲材料的买价为60 000元，乙材料的买价为40 000元，两种材料增值税税额为13 000元，同时发生运输费2 000元，增值税税额180元，企业规定按A、B材料的买价比例分配运杂费用。款项通过银行网银支付，材料验收入库。

（1）运输费用分配

分配率=2 000÷（60 000+40 000）=0.02

甲材料负担的运输费用=60 000×0.02=1 200（元）

乙材料负担的运输费用=40 000×0.02=800（元）

（2）材料的采购成本

甲材料采购成本=60 000+1 200=61 200（元）

乙材料采购成本=40 000+800=40 800（元）

（注：购入材料的运输费可以按材料的买价、重量、体积等比例进行分配）

二、账户设置

1. “原材料”账户

（1）账户的性质：资产类账户。

（2）账户的用途：用来核算企业库存的各种材料，包括原料及主要材料、辅助材料、外购半成品、修理用备件、包装材料、燃料等的计划成本或实际成本。

（3）账户的结构：如图 4-13 所示。

借方　　　　原材料	贷方
已验收入库材料的成本	发出材料的成本
余额：库存材料的计划成本或实际成本	

图 4-13 “原材料”账户的结构

（4）明细分类账的设置：该账户应按材料的保管地点、材料的类别、品种、规格分别进行明细核算。

2. “材料采购”账户

（1）账户的性质：资产类账户。

（2）账户的用途：用来核算企业采用计划成本进行材料日常核算而购入材料的采购成本。

（3）账户的结构：如图 4-14 所示。

借方　　　　材料采购	贷方
采购材料的实际成本 结转实际成本小于计划成本的节约差异	验收入库材料的计划成本 结转实际成本大于计划成本的超支差异
余额：在途材料的采购成本	

图 4-14 “材料采购”账户的结构

（4）明细分类账的设置：该账户可按供应单位和材料品种进行明细核算。

3. “材料成本差异”账户

（1）账户的性质：资产类账户。

（2）账户的用途：用来核算企业采用计划成本进行材料日常核算的材料计划成本与实际成本的差异额。

（3）账户的结构：如图 4-15 所示。

（4）明细分类账的设置：该账户可以分“原材料”“周转材料”等，按照类别或品种进行明细核算。

借方　　材料成本差异	贷方
入库材料实际成本大于计划成本的超支差异 转出的发出材料应负担的材料节约差异	入库材料实际成本小于计划成本的节约差异 转出的发出材料应负担的超支差异
余额：库存材料的超支差额	余额：库存材料的节约差额

图 4-15　“材料成本差异”账户的结构

4. “在途物资”账户

（1）账户的性质：资产类账户。

（2）账户的用途：用来核算企业材料已采购但尚未到达验收入库的材料采购成本。

（3）账户的结构：如图 4-16 所示。

借方　　在途物资	贷方
购入材料的采购成本	已验收入库材料的采购成本
余额：尚未验收入库的在途材料的采购成本	

图 4-16　“在途物资”账户的结构

（4）明细分类账的设置：该账户可按供货单位和物资的品种进行明细核算。

5. “应付账款”账户

（1）账户的性质：负债类账户。

（2）账户的用途：用来核算企业因购买材料、商品和接受劳务供应而应付给供货单位的款项。

（3）账户的结构：如图 4-17 所示。

借方　　应付账款	贷方
应付账款的偿还数	应付未付的款项数
	余额：企业尚未偿还的款项

图 4-17　“应付账款”账户的结构

（4）明细分类账的设置：该账户应按债权人进行明细核算。

6. “应付票据”账户

（1）账户的性质：负债类账户。

（2）账户的用途：用来核算企业购买材料、商品和接受劳务等开出、承兑的商业汇票，包括银行承兑汇票和商业承兑汇票。

（3）账户的结构：如图 4-18 所示。

借方　　应付票据	贷方
已经支付或者到期无力支付的商业汇票款	开出、承兑的商业汇票款
	余额：尚未到期的商业汇票的票面金额

图 4-18　“应付票据”账户的结构

（4）明细分类账的设置：该账户应按债权人进行明细核算。

7. “预付账款”账户

（1）账户的性质：资产类账户。

（2）账户的用途：用来核算企业按照合同规定预付的款项。

（3）账户的结构：如图 4-19 所示。

借方　　　　预付账款	贷方
因购货等业务预付的款项	收到货物后应支付的款项
余额：企业的预付款	余额：企业尚需补付的款项

图 4-19 “预付账款”账户的结构

（4）明细分类账的设置：该账户一般按照供货单位进行明细核算。

8. “应交税费”账户

（1）账户的性质：负债类账户。

（2）账户的用途：用来核算企业按照税法等规定计算应缴纳的各种税费。

（3）账户的结构：如图 4-20 所示。

借方　　　　应交税费	贷方
实际缴纳的各种税费	各种应交未交税费的增加额
余额：企业多交或尚未抵扣的税费	余额：企业期末尚未缴纳的税费

图 4-20 “应交税费”账户的结构

（4）明细分类账的设置：该账户可按应交的税费项目进行明细核算。

三、账务处理

材料的日常收发结存可以采用实际成本核算，也可以采用计划成本核算。

（一）实际成本法核算的账务处理

材料采用实际成本核算时，材料的收发及结存，无论是总分类核算还是明细分类核算，均按照实际成本计价，使用的会计科目有“原材料”“在途物资”等。采用实际成本核算，日常反映不出材料成本是节约还是超支，从而不能反映和考核物资采购业务的经营成果。因此这种方法通常适用于材料收发业务较少的企业。

由于支付方式不同，原材料入库的时间与付款的时间可能一致，也可能不一致，其账务处理也有所不同。

1. 货款已经支付，同时材料验收入库

【例 4-25】弘毅公司 2021 年 6 月 3 日从解放公司购入甲材料 5 000 千克，买价 125 000 元，增值税税额 16 250 元，另供货方代垫运输费 750 元，增值税税额为 67.50 元，款项已通过银行网银支付，甲材料收到并验收入库。弘毅公司应根据增值税专用发票、运费单据、网银回单和材料入库单编制如下会计分录：

借：原材料——甲材料　　125 750.00
　　应交税费——应交增值税（进项税额）　　16 317.50
　　贷：银行存款　　142 067.50

2. 货款以银行承兑汇票支付，同时材料验收入库

【例 4-26】 弘毅公司 2021 年 6 月 5 日从梁溪公司购入乙材料 3 000 千克，买价 135 000 元，增值税进项税额 17 550 元，梁溪公司代垫运杂费 800 元，增值税税额 72 元，乙材料收到并验收入库，货款以为期 3 个月的银行承兑汇票支付。弘毅公司应根据增值税专用发票、运费单据和材料入库单编制如下会计分录：

借：原材料——乙材料　　135 800
　　应交税费——应交增值税（进项税额）　　17 622
　　贷：应付票据——梁溪公司　　153 422

注：【例 4-33】中，如果货款尚未支付，则应通过“应付账款”科目核算。

【例 4-27】 弘毅公司 2021 年 7 月 5 日以转账支票支付到期的银行承兑汇票款 153 422 元。弘毅公司应根据支票存根编制如下会计分录：

借：应付票据——梁溪公司　　153 422
　　贷：银行存款　　153 422

3. 货款已经支付，材料尚未验收入库

【例 4-28】 弘毅公司 2021 年 6 月 9 日从胜利公司购入甲材料 4 000 千克，买价 104 000 元，购入乙材料 6 000 千克，买价 258 000 元，增值税进项税额 47 060 元；发生运输费 1 800 元，增值税税额 162 元，款项通过网银支付，材料尚未收到，该企业按材料重量比例分配采购费用。

（1）确定材料采购成本：

该笔业务发生的运输费是为购进甲、乙材料而共同发生的，因而需要在甲、乙材料之间进行分配，采用材料的重量作为分配标准。

材料运输费分配率=1 800÷（4 000+6 000）=0.18（元/千克）

甲材料应负担的运输费=4 000×0.18=720（元）

乙材料应负担的运输费=6 000×0.18=1 080（元）

甲材料采购成本=104 000+720=104 720（元）

乙材料采购成本=258 000+1 080=259 080（元）

（2）账务处理：

弘毅公司应根据增值税专用发票、运费单据和网银回单编制如下会计分录：

借：在途物资——甲材料　　104 720
　　　　　　——乙材料　　259 080
　　应交税费——应交增值税（进项税额）　　47 222
　　贷：银行存款　　411 022

【例 4-29】 2021 年 6 月 16 日，弘毅公司从胜利公司购进的甲、乙材料到达企业并验收入库。弘毅公司应根据材料入库单编制如下会计分录：

借：原材料——甲材料　　104 720
　　　　　——乙材料　　259 080
　贷：在途物资——甲材料　　104 720
　　　　　　　——乙材料　　259 080

4. 货款已经预付，材料尚未验收入库

【例 4-30】 2021 年 6 月 18 日，弘毅公司按购销协议，以转账支票预付从新明公司采购丙材料款 50 000 元。弘毅公司应根据支票存根编制如下会计分录：

借：预付账款——新明公司　　50 000
　贷：银行存款　　50 000

【例 4-31】 承【例 4-30】，弘毅公司 2021 年 6 月 20 日收到新明公司发来的丙材料，增值税专用发票标明的价款为 75 000 元，增值税进项税额为 9 750 元，丙材料验收入库。弘毅公司应根据增值税专用发票、材料入库单编制如下会计分录：

借：原材料——丙材料　　75 000
　　应交税费——应交增值税（进项税额）　　9 750
　贷：预付账款——新明公司　　84 750

在不设置"预付账款"科目的企业，发生的预付账款通过"应付账款"科目进行核算。

【例 4-32】 2021 年 6 月 23 日，弘毅公司开出转账支票补付新明公司的货款 34 750 元。弘毅公司应根据转账支票存根编制如下会计分录：

借：预付账款——新明公司　　34 750
　贷：银行存款　　34 750

在不设置"预付账款"科目的企业，发生的预付账款通过"应付账款"科目进行核算。

5. 材料验收入库，发票账单尚未收到

【例 4-33】 2021 年 6 月 30 日，弘毅公司从江南公司购入丙材料 2 000 千克，已验收入库，但发票账单尚未收到。每千克合同价格为 60 元。

材料验收入库，但发票账单尚未收到，平时可暂不进行账务处理。如果到了月末仍未收到结算凭证和发票账单的入库材料，可暂估入账，下月初做相反分录冲回，收到相关发票账单再按正常程序编制会计分录。

借：原材料——丙材料　　120 000
　贷：应付账款——暂估应付款　　120 000

下月初做相反分录予以冲回：

借：应付账款——暂估应付款　　120 000
　贷：原材料——丙材料　　120 000

【例 4-34】（计算分析题）某公司材料采用实际成本核算，2021 年 6 月发生下列经济业务：

（1）6 月 3 日，从甲公司购入 A 材料，增值税专用发票上注明价款 150 000 元，增值税税额 19 500 元，款项以银行承兑汇票支付，材料已验收入库。

（2）6 月 5 日，从乙公司购入 B 材料，增值税专用发票上注明价款 200 000 元，增值税税额 26 000 元，乙公司代垫运输费 1 500 元，增值税税额 135 元，款项通过网银支付，材料尚未收到。

（3）6 月 8 日，收到乙公司发来的 B 材料，验收入库。

（4）6 月 10 日，收到丙公司发来的 C 材料，增值税专用发票上注明价款 100 000 元，增值税税额 13 000 元。该笔货款在上月已预付 80 000 元。

（5）6 月 12 日，通过网银支付丙公司余款。

要求：根据上述经济业务编制会计分录。

【答案】

（1）借：原材料——A 材料	150 000	
应交税费——应交增值税（进项税额）	19 500	
贷：应付票据——甲公司		169 500
（2）借：在途物资——B 材料	201 500	
应交税费——应交增值税（进项税额）	26 135	
贷：银行存款		227 635
（3）借：原材料——B 材料	201 500	
贷：在途物资——B 材料		201 500
（4）借：原材料——C 材料	100 000	
应交税费——应交增值税（进项税额）	13 000	
贷：预付账款——丙公司		113 000
（5）借：预付账款——丙公司	33 000	
贷：银行存款		33 000

（二）计划成本法核算的账务处理

材料采用计划成本核算时，材料的收发及结存，无论是总分类核算还是明细分类核算，均按照计划成本计价，使用的会计科目有“原材料”“材料采购”“材料成本差异”等。材料实际成本与计划成本的差异，通过“材料成本差异”科目核算。采用计划成本核算，日常可以反映材料成本是节约还是超支，从而能反映和考核物资采购业务的经营成果。因此这种方法通常适用于存货品种繁多、收发频繁的企业。

由于支付方式不同，原材料入库的时间与付款的时间可能一致，也可能不一致，其账务处理也有所不同。

1. 货款已经支付，同时材料已入库

【例 4-35】 弘毅公司购入 M 材料一批，增值税专用发票上注明的价款为 300 000 元，增值税税额 39 000 元，发票账单已收到，计划成本 310 000 元，已验收入库，全部款项以银行存款支付。

注意：在计划成本法下，购入的材料无论是否验收入库，都要首先通过“材料采购”科目进行核算，以反映企业所购材料的实际成本，从而与“原材料”科目相比较，计算确定材料成本差异。

（1）购入材料时弘毅公司应根据发票和银行支付凭证编制如下会计分录（按实际成本）：

借：材料采购——M 材料	300 000
应交税费——应交增值税（进项税额）	39 000

贷：银行存款　　339 000

（2）验收入库时弘毅公司应根据材料入库单编制如下会计分录（按计划成本）：

借：原材料——M材料　　310 000

贷：材料采购——M材料　　310 000

（3）结转材料成本差异时弘毅公司应根据材料成本差异编制如下会计分录（按差异额）：

借：材料采购——M材料　　10 000

贷：材料成本差异——M材料　　10 000

2. 货款已支付，材料尚未到达

【例4-36】 弘毅公司购入N材料一批，增值税专用发票上注明的价款为400 000元，增值税税额52 000元，发票账单已收到，全部款项以网银支付，材料尚未收到。弘毅公司应根据发票和银行支付凭证编制如下会计分录（按实际成本）：

借：材料采购——N材料　　400 000

应交税费——应交增值税（进项税额）　　52 000

贷：银行存款　　452 000

【例4-37】 弘毅公司收到上述N材料，以计划成本380 000元验收入库。弘毅公司应根据材料入库单编制如下会计分录（材料入库与差异结转可以合起来编制会计分录）：

借：原材料——N材料　　380 000

材料成本差异——N材料　　20 000

贷：材料采购——N材料　　400 000

3. 货款尚未支付，材料验收入库

【例4-38】 弘毅公司购入K材料一批，增值税专用发票上注明的价款为500 000元，增值税税额65 000元，发票账单已收到，计划成本510 000元，已验收入库，款项通过银行承兑汇票支付。

（1）购入材料时弘毅公司应根据发票编制如下会计分录（按实际成本）：

借：材料采购——K材料　　500 000

应交税费——应交增值税（进项税额）　　65 000

贷：应付票据　　565 000

（2）验收入库时弘毅公司应根据材料入库单编制如下会计分录（按计划成本）：

借：原材料——K材料　　510 000

贷：材料采购——K材料　　510 000

（3）结转材料成本差异时弘毅公司应根据材料成本差异编制如下会计分录（按差异）：

借：材料采购——K材料　　10 000

贷：材料成本差异——K材料　　10 000

注：材料验收入库，发票账单尚未收到的情形，与实际成本处理一致。

【例4-39】（计算分析题）某公司材料采用计划成本核算，2021年8月发生如下经济业务：

（1）8月5日，购入A材料一批，增值税专用发票上注明价款为250 000元，增值税税额为32 500元，供货单位代垫运输费3 500元，增值税税额315元，款项以网银支付，材料尚未收到。

（2）8 月 10 日，购入 B 材料一批，增值税专用发票上注明价款 170 000 元，增值税税额 22 100 元，款项上月已预付 150 000 元，材料按计划成本 165 000 元验收入库。

（3）8 月 22 日，收到上述 A 材料，以计划成本 260 000 元验收入库。

（4）8 月 28 日，收到 C 材料 4 000 千克，验收入库，但发票账单尚未收到，该批材料合同价款为 200 000 元。

要求：根据业务编制 8 月 5 日、10 日、22 日、28 日、31 日的会计分录。

8 月 5 日：

借：材料采购——A 材料　　253 500

　　应交税费——应交增值税（进项税额）　　32 635

　　贷：银行存款　　286 135

8 月 10 日：

借：材料采购——B 材料　　170 000

　　应交税费——应交增值税（进项税额）　　22 100

　　贷：预付账款　　192 100

借：原材料——B 材料　　165 000

　　材料成本差异　　5 000

　　贷：材料采购——B 材料　　170 000

8 月 22 日：

借：原材料——A 材料　　260 000

　　贷：材料采购——A 材料　　253 500

　　　　材料成本差异　　6 500

8 月 28 日：

不做账务处理。

8 月 31 日：

借：原材料——C 材料　　200 000

　　贷：应付账款——暂估应付款　　200 000

模块五　生产业务的账务处理

企业产品的生产过程同时也是生产资料的消耗过程。企业在生产过程中发生的各种生产费用，是企业为获得收入而预先垫支并需要得到补偿的资金消耗。这些费用最终都要归集、分配给特定的产品，形成产品的成本。

产品成本的核算是指把一定时期内企业生产过程中所发生的费用，按其性质和发生地点分类归集、汇总、核算，计算出该时期内生产费用发生总额，并按适当方法分别计算出各种产品的实际成本和单位成本。

一、生产费用的构成

费用包括生产费用与期间费用，前者计入产品成本，后者应计入当期损益。

生产费用是指与企业日常生产经营活动有关的费用，按其经济用途可分为直接材料、直接人工和制造费用。

直接材料：构成产品实体的原材料及有助于产品形成的主要材料和辅助材料。

直接人工：直接从事产品生产的工人的薪酬。

制造费用：企业为了生产产品和提供劳务而发生的各项间接费用，包括企业生产部门（如生产车间）发生的水电费、固定资产折旧、无形资产摊销、管理人员薪酬、劳动保护费、国家规定的有关环保费用、季节性和修理期间的停工损失等。

二、账户设置

1. “生产成本”账户

（1）账户的性质：成本类账户。

（2）账户的用途：用来核算企业生产各种产品（产成品、自制半成品）、自制材料、自制工具、自制设备等发生的各项成本。

（3）账户的结构：如图4-21所示。

借方　　　　　生产成本	贷方
应计入产品成本的各项生产费用	完工入库产品的生产成本
余额：尚未完工产品（在产品）的实际成本	

图4-21 “生产成本”账户的结构

（4）明细分类账的设置：该账户可按基本生产成本和辅助生产成本进行明细核算。基本生产成本应当分别按照基本生产车间和成本核算对象（如产品品种、类别、订单、批别、生产阶段等）设置明细账，并按照规定的成本项目设置专栏。

2. “制造费用”账户

（1）账户的性质：成本类账户。

（2）账户的用途：用来核算企业生产车间（部门）为生产产品和提供劳务而发生的各项间接费用。

（3）账户的结构：如图4-22所示。

借方　　　　　制造费用	贷方
生产过程中发生的各项制造费用	月末分配结转的应由各种产品承担的制造费用

图4-22 “制造费用”账户的结构

“制造费用”账户期末结转后一般无余额，但在季节性生产企业，期末有余额，余额可能在借方，也可能在贷方。

（4）明细分类账的设置：该账户应按不同的生产车间、部门和费用项目进行明细核算。

3. “应付职工薪酬”账户

（1）账户的性质：负债类账户。

（2）账户的用途：用来核算企业根据有关规定应付给职工的各种薪酬。

（3）账户的结构：如图 4-23 所示。

借方	应付职工薪酬　　贷方
本月实际支付的职工薪酬数额	本月计算的应付给职工的薪酬总额
	余额：企业应付而未付的职工薪酬

图 4-23 “应付职工薪酬”账户的结构

（4）明细分类账的设置：该账户可按薪酬的类别或项目进行明细核算，如按“工资”“职工福利”“社会保险”“住房公积金”“工会经费”“职工教育经费”“非货币性福利”“辞退福利”“股份支付”等进行明细核算。

4. “库存商品”账户

（1）账户的性质：资产类账户。

（2）账户的用途：用来核算企业库存的各种商品的实际成本（或进价）或计划成本（或售价），包括库存产成品、外购商品、存放在门市部准备出手的商品、发出展览的商品及寄放在外的商品等。

（3）账户的结构：如图 4-24 所示。

借方　　库存商品	贷方
验收入库商品的成本	发出的商品成本
余额：期末库存商品的成本	

图 4-24 “库存商品”账户的结构

（4）明细分类账的设置：该账户应按库存商品的种类、品种和规格进行明细核算。

三、账务处理

（一）材料费用的归集与分配

在确定材料费用时，应根据领料凭证区分车间、部门和不同用途后，按照确定的结果将发出材料的成本借记“生产成本”“制造费用”“管理费用”等科目，贷记“原材料”等科目。

对于直接用于某种产品生产的材料费用，应直接计入该产品生产成本明细账中的直接材料费用项目；对于由多种产品共同耗用、应由这些产品共同负担的材料费用，应选择适当的标准在这些产品之间进行分配，按分担的金额计入相应的成本计算对象（生产成品的品种、类别等）；对于为提供生产条件等间接消耗的各种材料费用，应通过“制造费用”科目进行归集，期末再同其他间接费用一起按照一定的标准分别计入有关产品成本；对于行政管理部门领用的材料费用，应计入“管理费用”科目。

【例 4-40】 2021 年 6 月 30 日，弘毅公司根据本月的领料单、限额领料单编制“发料凭证汇总表”，如表 4-2 所示。

表 4-2　发料凭证汇总表　　附件：124 张

2021 年 6 月　　单位：元

领用部门及用途	甲材料	乙材料	丙材料	合计
生产车间生产 A 产品耗用	160 000	120 000		280 000
生产车间生产 B 产品耗用	60 000	80 000		140 000
小计	220 000	200 000		420 000
生产车间一般耗用	5 000		4 000	9 000
行政管理部门耗用			1 200	1 200
合计	225 000	200 000	5 200	430 200

弘毅公司应根据上述发料凭证汇总表编制如下会计分录：

借：生产成本——A 产品　　280 000
　　　　　　——B 产品　　140 000
　　制造费用　　9 000
　　管理费用　　1 200
　　贷：原材料　　430 200

（二）职工薪酬账务处理

职工薪酬是指企业为获得职工提供的服务或解除劳动合同关系而给予的各种形式的报酬或补偿。具体包括短期薪酬、离职后福利、辞退福利和其他长期职工福利。企业提供给职工配偶、子女、受赡养人、已故员工遗属及其他收益人等福利，也属于职工薪酬。

1. 计提应付职工薪酬的账务处理

对于当期职工薪酬，企业应当在职工为其提供服务的会计期间，按实际发生额确认为负债，并计入当期损益或相关资产成本。企业应当根据职工提供的受益对象，分别处理下列情况：

（1）应由生产产品、提供劳务负担的当期职工薪酬，计入产品成本或劳务成本。其中，生产车间的当期职工薪酬应借记“生产成本”科目，贷记“应付职工薪酬”科目；生产车间管理人员的当期职工薪酬属于间接费用，应借记“制造费用”科目，贷记“应付职工薪酬”科目。

当企业采用计件工资时，生产工人的当期职工薪酬属于直接费用，应直接计入有关产品成本；当企业采用计时工资制时，对于只生产一种产品的生产工人的当期职工薪酬也属于直接费用，应当直接计入产品成本，对于同时生产多种产品的生产工人的当期职工薪酬，则需采用一定的分配标准（实际生产工时或定额生产工时等）分配计入产品成本。

（2）应由在建工程、无形资产负担的当期职工薪酬，计入建造固定资产或无形资产成本。

（3）除上述两种情况之外的其他当期职工薪酬应计入当期损益。如企业行政管理部门人员和专设销售机构销售人员的当期职工薪酬均属于期间费用，应分别借记“管理费用”“销售费用”等科目，贷记“应付职工薪酬”科目。

【例 4-41】 2021 年 6 月 30 日，弘毅公司根据考勤记录和有关资料计算分配职工工资，编制“职工工资分配汇总表”，如表 4-3 所示。

表 4-3 职工工资分配汇总表

2021年6月 单位：元

项　　目	应付工资
生产A产品工人	45 000
生产B产品工人	24 000
小计	69 000
生产车间管理人员	16 000
企业行政管理人员	28 000
专设销售机构人员	14 000
合计	127 000

弘毅公司应根据“职工工资分配汇总表”编制如下会计分录：

借：生产成本——A 产品　　45 000
　　　　　　——B 产品　　24 000
　　制造费用　　16 000
　　管理费用　　28 000
　　销售费用　　14 000
　　贷：应付职工薪酬——职工工资　　127 000

2. 提取“五险一金”的账务处理

企业职工薪酬除了职工工资分配外，还应按工资总额的一定比例计提法定的职工养老保险、医疗保险、失业保险、工伤保险、生育保险五项社会保险费和非法定的住房公积金等。

【例 4-42】2021 年 6 月 30 日，弘毅公司根据国家有关规定，按照应付工资总额的 20%计提职工养老保险费，编制“职工养老保险费计算分配表”，如表 4-4 所示。

表 4-4 职工养老保险费计算分配表

2021年6月 单位：元

项　　目	应付工资	应提取的职工养老保险费（20%）
生产A产品工人	45 000	9 000
生产B产品工人	24 000	4 800
小计	69 000	13 800
生产车间管理人员	16 000	3 200
企业行政管理人员	28 000	5 600
专设销售机构人员	14 000	2 800
合计	127 000	25 400

弘毅公司应根据“职工养老保险费计算分配表”编制如下会计分录：

借：生产成本——A 产品　　9 000
　　　　　　——B 产品　　4 800
　　制造费用　　3 200

管理费用　　5 600
销售费用　　2 800
贷：应付职工薪酬——社会保险费　　25 400

3. 发放职工薪酬的账务处理

【例 4-43】 2021 年 5 月 12 日，弘毅公司通过银行转账形式发放职工 6 月份工资 127 000 元。弘毅公司应根据“职工工资发放汇总表”及银行付款通知编制如下会计分录：

借：应付职工薪酬——职工工资　　127 000
　　贷：银行存款　　127 000

（三）相关业务的账务处理

弘毅公司 2021 年 6 月有关经济业务如下所述。

【例 4-44】 2 日，开出现金支票从银行提取现金 20 000 元作为备用金。弘毅公司应根据支票存根编制如下会计分录：

借：库存现金　　20 000
　　贷：银行存款　　20 000

【例 4-45】 3 日，业务员张海因公出差，预借差旅费 3 000 元，出纳员以现金支付。弘毅公司应根据业务员填制的借款单编制如下会计分录：

借：其他应收款——张海　　3 000
　　贷：库存现金　　3 000

【例 4-46】 12 日，业务员张海回单位报销差旅费 2 800 元，交回现金 200 元。弘毅公司应根据差旅费报销单及收款收据编制如下会计分录：

借：管理费用　　2 800
　　库存现金　　200
　　贷：其他应收款——张海　　3 000

【例 4-47】 15 日，以银行存款支付下季度财产保险费 9 000 元。弘毅公司应根据保险费发票和银行付款单据编制如下会计分录：

借：预付账款——财产保险费　　9 000
　　贷：银行存款　　9 000

【例 4-48】 28 日，以银行存款支付本月电费 4 200 元，增值税税额 546 元，其中生产车间发生 3 000 元，行政管理部门发生 1 200 元。弘毅公司应根据电费发票和银行付款单据编制如下会计分录：

借：制造费用　　3 000
　　管理费用　　1 200
　　应交税费——应交增值税（进项税额）　　546
　　贷：银行存款　　4 746

【例 4-49】 30 日，摊销本月应负担的财产保险费 2 800 元，其中生产车间 1 600 元，企业管理部门 1 200 元（本月摊销的保险费系 3 月份预付）。弘毅公司应根据保险费摊销计算表编制如下会计分录：

借：制造费用　　　　　　　　　　1 600
　　管理费用　　　　　　　　　　1 200
　　贷：预付账款——财产保险费　　　　2 800

（四）制造费用的分配

企业发生的制造费用，应当按照合理的分配标准按月计入各成本核算对象的生产成本。企业可以采用的分配标准包括生产工人工时、机器工时、计划分配率等。结转或分摊时，借记“生产成本”等科目，贷记“制造费用”科目。

【例 4-50】 2021 年 6 月 30 日，弘毅公司汇总本月发生制造费用 41 600 元，假定弘毅公司按生产工人工时比例在 A、B 两种产品之间分配制造费用。本月统计的两种产品发生的生产工时为：A 产品 14 000 小时，B 产品 12 000 小时。

（1）弘毅公司应根据本期制造费用明细账户归集的制造费用全额编制制造费用分配表分配制造费用，如表 4-5 所示。

表 4-5　制造费用分配表

2021 年 6 月

产品名称	生产工人工时（小时）	分配率	分配金额（元）
A 产品	14 000		22 400
B 产品	12 000		19 200
合计	26 000	1.60	41 600

审核：凌云　　　　　　　　　　制表：成图

注：制造费用分配率=41 600÷（14 000+12 000）=1.60
　　A 产品负担的制造费用=14 000×1.60=22 400（元）
　　B 产品负担的制造费用=12 000×1.60=19 200（元）

（2）账务处理。

弘毅公司应根据制造费用分配表编制如下会计分录：

借：生产成本——A 产品　　　　　22 400
　　　　　　——B 产品　　　　　19 200
　　贷：制造费用　　　　　　　　　　41 600

（五）完工产品成本的计算与结转

产品成本计算是指将企业生产过程中为制造产品所发生的各种费用按照成本计算对象进行归集和分配，以便计算各种产品的总成本和单位成本。有关成本信息是进行库存商品计价和确定销售成本的依据，产品生产成本计算是会计核算的一项重要内容。

企业应设置生产成本明细账，用来归集应计入各种产品的生产费用。通过对材料费用、职工薪酬和制造费用的归集和分配，企业各月生产产品所发生的生产费用已计入“生产成本”科目中。

如果月末某种产品全部完工，该种产品生产成本明细账所归集的费用总额就是该种完工产品的总成本，用完工产品总成本除以该种产品的完工产量即可计算出该种产品的单位成本。如果月末某种产品全部未完工，该种产品生产成本明细账所归集的费用总额就是该种产品在产品的总成本。

如果月末某种产品一部分完工、一部分未完工，这时归集在产品明细分类账中的费用总额还要采取适当的分配方法在完工产品和在产品之间进行分配，然后才能计算出完工产品的总成本和单位成本。完工产品成本的基本计算公式为：

完工产品成本=期初在产品的成本+本月生产费用-期末在产品的成本

【例 4-51】 假设弘毅公司 A 产品 6 月初在产品成本为 6 950 元（其中直接材料为 4 800 元、直接人工为 1 400 元、制造费用为 750 元）；B 产品 6 月初无在产品成本。

本月发生的相关生产费用如下：

A 产品：领用原材料 280 000 元，生产工人工资 45 000 元，制造费用 22 400 元。

B 产品：领用原材料 140 000 元，生产工人工资 24 000 元，制造费用 19 200 元。

6 月末 A 产品完工入库 560 件，完工产品成本 348 920 元，期末还有 5 件尚未完工的在产品，在产品成本为 5 430 元，其中直接材料为 3 600 元、直接人工为 1 200 元、制造费用为 630 元；生产的 B 产品投产 350 件全部完工并验收入库，完工产品成本为 183 200 元。A、B 产品生产成本计算单如表 4-6、表 4-7 所示。

表 4-6　A 产品生产成本计算单

2021 年 6 月　　　　产品名称：A 产品

单位：元

摘　要	成本项目			成本合计
	直接材料	直接人工	制造费用	
月初在产品成本	4 800	1 400	750	6 950
本月生产成本	280 000	45 000	22 400	347 400
合计	284 800	46 400	23 150	354 350
完工产品成本	281 200	45 200	22 520	348 920
月末在产品成本	3 600	1 200	630	5 430

表 4-7　B 产品生产成本计算单

2021 年 6 月　　　　产品名称：B 产品

单位：元

摘　要	成本项目			成本合计
	直接材料	直接人工	制造费用	
本月生产成本	140 000	24 000	19 200	183 200
完工产品成本	140 000	24 000	19 200	183 200

弘毅公司应根据产品入库单编制如下会计分录：

借：库存商品——A 产品　　　　348 920
　　　　　　——B 产品　　　　183 200
　　贷：生产成本——A 产品　　　　348 920
　　　　　　　　——B 产品　　　　183 200

【例 4-52】（计算分析题）2021 年 9 月，甲公司某车间生产完成 A 产品 200 件和 B 产品 300

件，月末完工产品全部入库。

（1）领用原材料 6 000 吨，其中 A 产品耗用 4 000 吨、B 产品耗用 2 000 吨，该原材料单价为每吨 150 元。

（2）生产 A 产品发生的直接生产工人工时 5 000 小时，生产 B 产品发生的直接生产工人工时 3 000 小时，每工时的标准工资为 20 元。

（3）生产车间发生管理人员工资、折旧费、水电费等 100 000 元，该车间本月仅生产 A 产品和 B 产品，甲公司采用生产工人工时比例法对制造费用进行分配，月末均不存在在产品。

要求：

（1）计算 A 产品应分配的制造费用；

（2）计算 B 产品应分配的制造费用；

（3）计算 A 产品当月生产成本；

（4）计算 B 产品当月生产成本；

（5）编制完工产品入库的会计分录。

【答案】

制造费用分配率=100 000÷（5 000+3 000）=12.5（元/工时）

（1）A 产品应分配的制造费用=5 000×12.5=62 500（元）

（2）B 产品应分配的制造费用=3 000×12.5=37 500（元）

（3）A 产品当月生产成本=4 000×150（直接材料）+5 000×20（直接人工）+62 500（制造费用）=762 500（元）

（4）B 产品当月生产成本=2 000×150（直接材料）+3 000×20（直接人工）+37 500（制造费用）=397 500（元）

（5）借：库存商品——A 产品　　762 500
　　　　　　　　——B 产品　　397 500
　　　贷：生产成本——A 产品　　762 500
　　　　　　　　　——B 产品　　397 500

【例 4-53】（计算分析题）某公司生产甲、乙两种产品，6 月初甲产品在产品成本 5 800 元，乙产品无月初在产品成本。6 月份发生相关业务如下：

（1）月末发出材料汇总如下：甲产品领用材料 54 000 元，乙产品领用材料 26 000 元，生产车间一般耗用材料 5 000 元。

（2）月末分配本月职工工资如下：甲产品生产工人工资 28 000 元，乙产品生产工人工资 12 000 元，车间管理人员工资 8 000 元。

（3）月末计提固定资产折旧 5 000 元，其中生产车间 3 000 元，行政管理部门 2 000 元。

（4）月末按生产工人工时比例分配本月制造费用，甲产品生产工人工时 1 200 工时，乙产品生产工人工时 800 工时。

（5）本月甲产品全部没有完工，乙产品全部完工。

要求：

（1）根据业务（1）~（4）编制会计分录；

（2）计算甲产品月末在产品成本和乙产品完工产品成本。

【答案】

（1）借：生产成本——甲　　54 000
　　　　　　　　——乙　　26 000
　　　制造费用　　5 000
　　　贷：原材料　　85 000

（2）借：生产成本——甲　　28 000
　　　　　　　　——乙　　12 000
　　　制造费用　　8 000
　　　贷：应付职工薪酬——职工工资　　48 000

（3）借：制造费用　　3 000
　　　管理费用　　2 000
　　　贷：累计折旧　　5 000

（4）制造费用总额=5 000+8 000+3 000=16 000（元）

制造费用分配率=16 000÷（1 200+800）=8（元/工时）

甲产品应负担的制造费用=1 200×8=9 600（元）

乙产品应负担的制造费用=800×8=6 400（元）

借：生产成本——甲　　9 600
　　　　　　——乙　　6 400
　贷：制造费用　　16 000

（5）甲产品在产品成本=5 800+（54 000+28 000+9 600）=97 400（元）

乙产品完工产品成本=26 000+12 000+6 400=44 400（元）

模块六　销售业务的账务处理

销售业务的账务处理涉及商品销售、其他销售等业务收入、成本、费用和相关税费的确认与计量等内容。

一、商品销售收入的确认

企业销售商品收入的确认，必须同时符合以下条件：

（1）企业已将商品所有权上的主要风险和报酬转移给购货方，是指与商品所有权有关的主要风险和报酬同时转移给了购货方。其中，与商品所有权有关的风险，是指商品可能发生减值或毁损等形成的损失；与商品所有权有关的报酬，是指商品价值增值或通过使用商品等形成的经济利益。如甲公司销售一批商品给乙公司后，甲公司既不承担该商品带来的损失（降价等），也不享受该商品带来的经济利益（涨价等），说明该商品所有权上主要风险和报酬都转移给了乙公司。

（2）企业既没有保留通常与所有权相联系的继续管理权，也没有对已售出的商品实施有效控制。如果商品出售后，企业仍保留与商品所有权相联系的继续管理权或对商品仍可以实施有效控制，则说明此项销售交易尚未完成，不应确认为商品销售收入。如甲公司销售一批商品给乙公司后，甲公司又将该商品租回，这叫作“售后租回”，售后租回是一种融资行为。虽然甲公司将该商品销售给乙公司，但是甲公司仍能够对该商品实施有效控制，因此不满足收入确认条件，甲公司不能将该销售行为确认销售收入。

（3）收入的金额能够可靠地计量，是指收入的金额能够合理地估计，如果收入的金额不能够合理估计，则无法确认收入。如甲公司销售给乙公司商品但附有销售退回条件，当不能合理估计退货的可能性时，就不能合理地估计收入的金额，不应在发出商品时确认收入，而应当在售出商品退货期满，销售商品收入金额能够可靠计量时确认收入。

（4）相关的经济利益很可能流入企业，是指销售商品的价款收回的可能性大于不能收回的可能性，即销售商品价款收回的可能性超过50%。如甲公司销售丙公司商品，销售时已经得知丙公司资金周转十分困难，但为了减少存货积压，仍将该商品发出，该商品销售就不能确认为销售收入，要待丙公司经营情况得到好转并得到丙公司近期付款承诺时才能确认为收入。

（5）相关的已发生或将发生的成本能够可靠地计量。

在通常情况下，销售商品相关成本的发生或将要发生的成本能够合理地估计。如对于库存商品的成本来说，如果库存商品是本企业生产的，其生产成本能够可靠计量，如果是外购的，其购买成本能够可靠计量。

二、账户设置

1.“主营业务收入”账户

（1）账户的性质：损益类账户。

（2）账户的用途：用来核算企业销售商品、提供劳务等主营业务的收入。

（3）账户的结构：如图4-25所示。

借方　　主营业务收入	贷方
销售退回和销售折让冲减的主营业务收入 期末转入“本年利润”账户的主营业务收入	实现的主营业务收入

图4-25　“主营业务收入”账户的结构

（4）明细分类账的设置：该账户应按照主营业务的种类进行明细核算。

2.“其他业务收入”账户

（1）账户的性质：损益类账户。

（2）账户的用途：用来核算确认的除主营业务收入以外的其他经营活动实现的收入，包括出租固定资产、出租无形资产、出租包装物、销售材料等。

（3）账户的结构：如图4-26所示。

借方　　其他业务收入	贷方
期末转入“本年利润”账户的其他业务收入	实现的其他业务收入

图4-26　“其他业务收入”账户的结构

（4）明细分类账的设置：该账户应按其他业务种类设置明细账，进行明细分类核算。

3. “应收账款”账户

（1）账户的性质：资产类账户。

（2）账户的用途：用来核算企业因销售商品、提供劳务等经营活动应收取的款项。

（3）账户的结构：如图 4-27 所示。

借方 应收账款	贷方
销售商品以及提供劳务等方式的应收款项包括应收取的价款、税款和代垫款等	已经收回的应收款项
余额：期末尚未收回的应收账款	

图 4-27 “应收账款”账户的结构

（4）明细分类账的设置：该账户应按不同的债务人进行明细分类核算。

4. “应收票据”账户

（1）账户的性质：资产类账户。

（2）账户的用途：用来核算企业因销售商品、提供劳务等而收到的商业汇票。

（3）账户的结构：如图 4-28 所示。

借方 应收票据	贷方
企业收到的应收票据	票据到期收回的应收票据
余额：企业持有的商业汇票的票面金额	

图 4-28 “应收票据”账户的结构

（4）明细分类账的设置：该账户可按开出、承兑商业汇票的单位进行明细核算。

5. “预收账款”账户

（1）账户的性质：负债类账户。

（2）账户的用途：用来核算企业按照合同规定预收的款项。预收账款情况不多的，也可以不设置本账户，将预收账款直接计入“应收账款”账户。

（3）账户的结构：如图 4-29 所示。

借方 预收账款	贷方
销售实现时按实现的收入转销的预收账款	向购货单位预收的款项等
余额：企业已转销但尚未收取的款项	余额：企业预收的款项

图 4-29 “预收账款”账户的结构

（4）明细分类账的设置：该账户可按购货单位进行明细核算。

6. “主营业务成本”账户

（1）账户的性质：损益类账户。

（2）账户的用途：用来核算企业因销售商品、提供劳务等主营业务收入时应结转的成本。

（3）账户的结构：如图 4-30 所示。

借方	主营业务成本 贷方
主营业务的实际成本	期末转入“本年利润”账户的主营业务成本

图 4-30 “主营业务成本”账户的结构

（4）明细分类账的设置：该账户应按产品的类别进行明细核算。

7. “其他业务成本”账户

（1）账户的性质：损益类账户。

（2）账户的用途：用来核算企业确认的除主营业务活动以外的其他经营活动而发生的支出，包括销售材料成本、出租固定资产的折旧额、出租无形资产的摊销额、出租包装物的成本或摊销额等。

（3）账户的结构：如图 4-31 所示。

借方	其他业务成本 贷方
其他业务的支出额	期末转入“本年利润”账户的其他业务支出额

图 4-31 “其他业务成本”账户的结构

（4）明细分类账的设置：该账户应按其他业务的种类进行明细核算。

8. “税金及附加”账户

（1）账户的性质：损益类账户。

（2）账户的用途：用来核算企业日常活动中发生的消费税、城市维护建设税、资源税、教育费附加、房产税、车船税、城镇土地使用税、印花税等相关税费。

（3）账户的结构：如图 4-32 所示。

借方	税金及附加 贷方
企业应负担的与经营活动有关的相关税费	期末转入“本年利润”账户的与经营活动相关的税费

图 4-32 “税金及附加”账户的结构

（4）明细分类账的设置：该账户按应交的税费项目进行明细核算。

三、账务处理

（一）主营业务收入的账务处理

企业销售商品或提供劳务实现的收入，应按实际收到、应收或预收的金额，借记“银行存款”“应收账款”“应收票据”“预收账款”等科目，按确认的营业收入，贷记“主营业务收入”，对于增值税销项税额，一般纳税人应贷记“应交税费——应交增值税（销项税额）”科目；小规模纳税人应贷记“应交税费——应交增值税”科目。

【例 4-54】 2021 年 6 月 5 日，弘毅公司销售给新明公司 A 产品 50 件，每件售价 850 元，计 42 500 元，增值税税额为 5 525 元，款项已收存银行存款账户。弘毅公司应根据销售发票和银行进账单编制如下会计分录：

借：银行存款　　　　　　　　　　　　　48 025
　　贷：主营业务收入　　　　　　　　　　　42 500
　　　　应交税费——应交增值税（销项税额）　　5 525

【例4-55】2021年6月10日，弘毅公司销售给南方公司B产品200件，每件售价800元，计160 000元，增值税税额为20 800元，收到南方公司开来的银行承兑汇票。弘毅公司应根据销售发票编制如下会计分录：

借：应收票据——南方公司　　　　　　　180 800
　　贷：主营业务收入　　　　　　　　　　　160 000
　　　　应交税费——应交增值税（销项税额）　　20 800

【例4-56】2021年6月23日，弘毅公司按购销协议收到茂源公司预付B产品货款50 000元，款项存入银行。弘毅公司应根据银行进账单编制如下会计分录：

借：银行存款　　　　　　　　　　　　　50 000
　　贷：预收账款——茂源公司　　　　　　　50 000

【例4-57】弘毅公司于2021年6月25日向茂源公司发出B产品60件，每件售价800元，计48 000元，增值税税额为6 240元。弘毅公司应根据销售发票编制如下会计分录：

借：预收账款——茂源公司　　　　　　　54 240
　　贷：主营业务收入　　　　　　　　　　　48 000
　　　　应交税费——应交增值税（销项税额）　　6 240

【例4-58】2021年6月27日，弘毅公司收到茂源公司补付余款4 240元，款项存入银行。弘毅公司应根据银行进账单编制如下会计分录：

借：银行存款　　　　　　　　　　　　　4 240
　　贷：预收账款——茂源公司　　　　　　　4 240

在不设置“预收账款”科目的企业，发生的预收账款通过“应收账款”科目核算。

（二）主营业务成本的账务处理

期末，企业应根据本期销售各种商品、提供各种劳务等实际成本，计算应结转的主营业务成本，借记“主营业务成本”科目，贷记“库存商品”“劳务成本”等科目。

采用计划成本或售价核算库存商品的，平时的营业成本按计划成本或售价结转，月末还应结转本月销售商品应分摊的商品成本差异或商品进销差价。

【例4-59】2021年6月30日，结转本月已销售产品的生产成本：A产品销售数量450件，每件生产成本623元，计280 350元；B产品销售数量320件，每件成本524元，计167 680元。弘毅公司应根据产品销售成本计算单编制如下会计分录：

借：主营业务成本——A产品　　　　　　280 350
　　　　　　　　——B产品　　　　　　167 680
　　贷：库存商品——A产品　　　　　　　　280 350
　　　　　　　　——B产品　　　　　　　　167 680

（三）其他业务收入与成本的账务处理

主营业务和其他业务的划分并不是绝对的，一个企业的主营业务可能是另外一个企业的其他业务，即便在同一个企业，不同期间的主营业务和其他业务的内容也不是固定不变的。

当企业发生其他业务收入时，借记“银行存款”“应收账款”“应收票据”等科目，按确定的收入金额，贷记“其他业务收入”科目，同时确认有关税金；在结转其他业务收入的同一会计期间，企业应根据本期应结转的其他业务成本金额，借记“其他业务成本”科目，贷记“原材料”“累计折旧”“应付职工薪酬”等科目。

【例 4-60】 2021 年 6 月 15 日，销售给民光公司甲材料 100 千克，每千克售价 200 元，计 20 000 元，增值税税额为 2 600 元，货款收到，存入银行。弘毅公司应根据销售发票和银行进账单编制如下会计分录：

借：银行存款	22 600	
贷：其他业务收入		20 000
应交税费——应交增值税（销项税额）		2 600

【例 4-61】 2021 年 6 月 30 日，结转本月已销售甲材料的成本：甲材料销售数量 100 千克，每千克成本 150 元，计 15 000 元。弘毅公司应根据材料销售成本计算单编制如下会计分录：

借：其他业务成本	15 000	
贷：原材料——甲材料		15 000

【例 4-62】 2021 年 6 月 30 日，收到出租的厂房租金 50 000 元，增值税税额为 4 500 元，款项存入银行。同时计提出租厂房折旧费用 4 000 元。弘毅公司应根据银行收账通知、折旧计算表编制如下会计分录：

借：银行存款	54 500	
贷：其他业务收入		50 000
应交税费——应交增值税（销项税额）		4 500
借：其他业务成本	4 000	
贷：累计折旧		4 000

（四）税金及附加的账务处理

税金及附加是指企业经营活动应负担的相关税费，包括消费税、城市维护建设税、教育费附加、地方教育费附加、资源税、房产税、车船税、城镇土地使用税、印花税等。

城市维护建设税和教育费附加是对从事生产经营活动的单位和个人，以其实际缴纳的增值税、消费税等为依据，按照纳税人所在地使用不同税率计算征收的一种税。按规定计算确定的与经营活动相关的城市维护建设税和教育费附加，企业应借记“税金及附加”科目，贷记“应交税费”科目。

【例 4-63】 2021 年 6 月份，弘毅公司本月应交增值税税额为 350 000 元，应交消费税 150 000 元，城市维护建设税税率为 7%、教育费附加为 3%、地方教育费附加为 2%。

应交城市维护建设税=（350 000+150 000）×7%=35 000（元）

应交教育费附加=（350 000+150 000）×3%=15 000（元）

应交地方教育费附加=（350 000+150 000）×2%=10 000（元）

根据税费计算单编制如下会计分录：

借：税金及附加　　60 000
　　贷：应交税费——应交城市维护建设税　　35 000
　　　　　　　——应交教育附加费　　15 000
　　　　　　　——应交地方教育附加费　　10 000

【例4-64】 下列各项中，应通过“税金及附加”科目核算的有（　　）。

A. 签订合同缴纳的印花税　　B. 销售商品应缴纳的增值税

C. 销售商品应缴纳的消费税　　D. 应缴纳的城市维护建设税

【答案】 ACD

【解析】 销售商品的增值税属于价外税，应通过“应交税费”科目核算。

【例4-65】（计算分析题）甲公司2021年6月发生下列业务：

（1）7日，向A公司销售商品一批，开具的增值税专用发票上注明的售价为150 000元，增值税税额为19 500元，款项尚未收到。该批商品成本为115 000元。

（2）9日，根据与B公司签订的协议，预收B公司货款50 000元，款项存入银行。

（3）10日，向C公司销售多余材料一批，开具的增值税专用发票上注明的售价为80 000元，增值税税额为10 400元，款项存入银行，该批材料成本为52 000元。

（4）15日，收到D公司到期承兑的银行承兑汇票款145 000元，存入银行。

（5）30日，计算应交城市维护建设税7 000元，教育费附加3 000元，地方教育费附加2 000元。

要求：根据上述经济业务编制会计分录。

【答案】

（1）借：应收账款——A公司　　169 500
　　　　贷：主营业务收入　　150 000
　　　　　　应交税费——应交增值税（销项税额）　　19 500
　　借：主营业务成本　　115 000
　　　　贷：库存商品　　115 000

（2）借：银行存款　　50 000
　　　　贷：预收账款——B公司　　50 000

（3）借：银行存款　　90 400
　　　　贷：其他业务收入　　80 000
　　　　　　应交税费——应交增值税（销项税额）　　10 400
　　借：其他业务成本　　52 000
　　　　贷：原材料　　52 000

（4）借：银行存款　　145 000
　　　　贷：应收票据　　145 000

（5）借：税金及附加　　12 000
　　　　贷：应交税费——应交城市维护建设税　　7 000
　　　　　　　　　　——应交教育费附加　　3 000
　　　　　　　　　　——应交地方教育费附加　　2 000

模块七　期间费用的账务处理

一、期间费用的构成

期间费用是指企业日常活动中不能直接归属于某个特定产品成本核算对象的，在发生时应直接计入当期损益的各种费用。期间费用包括管理费用、销售费用和财务费用。

二、账户设置

1. “管理费用”账户

（1）账户的性质：损益类账户。

（2）账户的用途：用来核算企业为组织和管理企业生产经营活动所发生的费用。

（3）账户的结构：如图 4-33 所示。

借方　　　　管理	费用　　　　贷方
发生的各项管理费用	期末转入“本年利润”账户的管理费用额

图 4-33　“管理费用”账户的结构

（4）明细分类账的设置：该账户可按费用项目设置明细项目，进行明细分类核算。

2. “销售费用”账户

（1）账户的性质：损益类账户。

（2）账户的用途：用来核算企业发生的各项销售费用。

（3）账户的结构：如图 4-34 所示。

借方　　　　销售	费用　　　　贷方
发生的各项销售费用	期末转入“本年利润”账户销售费用额

图 4-34　“销售费用”账户的结构

（4）明细分类账的设置：该账户可按费用项目设置明细项目，进行明细分类核算。

3. “财务费用”账户

（1）账户的性质：损益类账户。

（2）账户的用途：用来核算企业为筹集生产经营资金等而发生的筹资费用。为购建或生产满足资本化条件的资产发生的应予资本化的借款费用，通过“在建工程”等科目核算。

（3）账户的结构：如图 4-35 所示。

借方	财务费用 贷方
发生的各项财务费用	期末转入“本年利润”账户财务费用额

图 4-35 “财务费用”账户的结构

（4）明细分类账的设置：该账户可按费用项目设置明细项目，进行明细分类核算。

三、账务处理

（一）管理费用的账务处理

管理费用是指企业为组织和管理企业生产经营活动所发生的各种费用，包括企业在筹建期间内发生的开办费、企业在经营管理中发生的董事会费用（包括董事会成员津贴、会议费和差旅费）和行政管理部门的公司经费（包括行政管理部门人员职工薪酬、机物料消耗、低值易耗品摊销、办公费和差旅费）、聘请中介机构费、咨询费、诉讼费、业务招待费、技术转让费、研究费、排污费，以及企业生产车间和行政管理部门等发生的固定资产修理费等后续支出。

【例 4-66】 2021 年 6 月 19 日，弘毅公司以银行存款支付生产车间设备维修费 6 000 元，行政管理部门设备维修费 3 000 元，增值税税额 1 170 元。弘毅公司应根据修理费增值税专用发票和银行回单编制如下会计分录：

借：管理费用——修理费　　9 000
　　应交税费——应交增值税（进项税额）　　1 170
　　贷：银行存款　　10 170

注：企业发生设备修理费无论是车间设备，还是行政管理部门设备都应计入“管理费用”科目。

【例 4-67】 2021 年 6 月 21 日，弘毅公司为联系客户支付业务招待费 6 540 元，款项以银行存款支付。弘毅公司应根据业务招待费增值税专用发票和银行回单编制如下会计分录：

借：管理费用——业务招待费　　6 540
　　贷：银行存款　　6 540

【例 4-68】 2021 年 6 月 30 日，弘毅公司将“管理费用”科目发生额 750 000 元转入“本年利润”科目。弘毅公司应根据损益类账户发生额汇总表编制如下会计分录：

借：本年利润　　750 000
　　贷：管理费用　　750 000

（二）销售费用账务处理

销售费用是指企业销售商品和材料、提供劳务的过程中发生的各种费用，包括企业在销售商品过程中发生的包装费、保险费、展览费、广告费、商品维修费、预计产品质量保障损失、运输费、装卸费等，以及企业发生的为销售商品而专设销售机构的职工薪酬、业务费、折旧费、固定资产维修费等费用。

【例 4-69】 2021 年 6 月 18 日，弘毅公司以银行存款支付产品广告费 1 500 元，增值税税额 90 元。弘毅公司应根据销售费用发票和银行回单编制如下会计分录：

借：销售费用　　1 500

　　应交税费——应交增值税（进项税额）　　90

　　贷：银行存款　　1 590

【例 4-70】 2021 年 6 月 20 日，弘毅公司以银行存款支付销售商品的运输费（送货制）3000 元，增值税税额 270 元。弘毅公司应根据销售费用发票编制如下会计分录：

借：销售费用　　3 000

　　应交税费——应交增值税（进项税额）　　270

　　贷：银行存款　　3 270

2021 年 6 月 30 日，弘毅公司将"销售费用"账户发生额 480 000 元转入"本年利润"科目。弘毅公司应根据损益类账户发生额汇总表编制如下会计分录：

借：本年利润　　480 000

　　贷：销售费用　　480 000

（三）财务费用的账务处理

财务费用是指企业为筹集生产经营所需资金等而发生的筹资费用，包括利息支出（减利息收入）、汇兑损失及相关的手续费、企业发生或收到的现金折扣。

【例 4-71】 2021 年 6 月 25 日，弘毅公司以银行存款支付银行承兑汇票手续费 60 元。弘毅公司应根据手续费发票和银行回单编制如下会计分录：

借：财务费用——手续费　　60

　　贷：银行存款　　60

【例 4-72】 2021 年 6 月 30 日，弘毅公司收到银行存款利息收入 2 560 元。弘毅公司应根据利息收入单和银行收款单编制如下会计分录：

借：银行存款　　2 560

　　贷：财务费用——利息收入　　2 560

【例 4-73】 2021 年 6 月 30 日，弘毅公司将"财务费用"账户发生额 346 000 元转入"本年利润"科目。弘毅公司应根据损益类账户发生额汇总表编制如下会计分录：

借：本年利润　　346 000

　　贷：财务费用　　346 000

【例 4-74】（判断题）企业支付行政管理人员的职工薪酬应借记"管理费用"科目。

【答案】 错

【解析】 企业支付职工工资均应通过"应付职工薪酬"科目；期末计提行政管理人员薪酬计入"管理费用"科目。

【例 4-75】（多选题）下列计入"管理费用"科目的项目有（　　）。

A. 生产车间固定资产修理费　　B. 业务招待费

C. 手续费　　D. 贷款利息

【答案】AB

【解析】手续费和贷款利息计入“财务费用”科目。

【例 4-76】（单选题）企业取得的银行存款利息收入应贷记（　　）科目。

A. “营业外收入”　B. “其他业务收入”　C. “财务费用”　D. “投资收益”

【答案】C

【解析】企业的存款利息收入应冲减财务费用。

模块八　利润形成和分配的账务处理

一、利润形成的账务处理

（一）利润的形成

利润是指企业在一定会计期间的经营成果，包括收入减去费用后的净额、直接计入当期损益的利得和损失等。

利得是指由非日常活动形成的、会导致所有者权益增加的、与所有者投入资本无关的经济利益的流入；损失是指企业非日常活动所发生的、会导致所有者权益减少、向所有者分配利润无关的经济利益的流出。

利润由营业利润、利润总额、净利润三个层次构成。

1. 营业利润

营业利润这一指标能够比较恰当地反映企业管理者的经营业绩，其计算公式如下：

营业利润=营业收入–营业成本–税金及附加–销售费用–管理费用–财务费用–资产减值损失+公允价值变动收益（–公允价值变动损失）+投资收益（–投资损失）

其中：营业收入=主营业务收入+其他业务收入

营业成本=主营业务成本+其他业务成本

2. 利润总额

利润总额，又称税前利润，是营业利润加上营业外收入减去营业外支出后的金额。利润总额的计算公式如下：

利润总额=营业利润+营业外收入–营业外支出

3. 净利润

净利润，又称税后利润，是利润总额减去所得税费用后的净额。其计算公式为：

净利润=利润总额–所得税费用

【例 4-77】弘毅公司 2021 年 6 月份实现主营业务收入 12 450 000 元、其他业务收入 1 284 000 元、营业外收入 200 770 元、投资收益 78 000 元；发生主营业务成本 8 764 000 元、其他业务成本 823 000 元、税金及附加 176 000 元、销售费用 480 000 元、管理费用 750 000 元、财务费用 346 000 元、营业外支出 396 000 元、所得税费用 569 442.50 元。弘毅公司 2021 年经营成果的计算如下：

（1）营业利润=（12 450 000+1 284 000）+78 000–（8 764 000+823 000）–176 000–480 000–750 000–346 000=2 743 000（元）

（2）利润总额=2 743 000+200 770–396 000=2 277 770（元）

（3）净利润=2 277 770–569 442.50=1 708 327.50（元）

（二）账户设置

1. “本年利润”账户

（1）账户的性质：所有者权益类账户。

（2）账户的用途：用来核算企业实现的净利润（或发生的净亏损）。

（3）账户的结构：如图 4-36 所示。

借方　　本年利润	贷方
期末转入的各项费用额	期末转入的各项收入额
平时期末余额：发生的累计亏损额	平时期末余额：实现的累计净利润
年末结转入“利润分配”账户的净利润	年末结转入“利润分配”账户的亏损额

图 4-36 “本年利润”账户的结构

2. “投资收益”账户

（1）账户的性质：损益类账户。

（2）账户的用途：用来核算企业确认的投资收益或投资损失。

（3）账户的结构：如图 4-37 所示。

借方　　投资收益	贷方
发生的投资损失 期末转入“本年利润”账户的投资净损失	实现的投资收益 期末转入“本年利润”账户的投资净收益

图 4-37 “投资收益”账户的结构

（4）明细分类账的设置：该账户可按投资项目设置明细账，进行明细分类核算。

3. “营业外收入”账户

（1）账户的性质：损益类账户。

（2）账户的用途：用来核算企业发生的各项营业外收入。

（3）账户的结构：如图 4-38 所示。

借方　　营业外收入	贷方
期末转入“本年利润”账户的营业外收入	营业外收入的增加额

图 4-38 “营业外收入”账户的结构

（4）明细分类账的设置：该账户可按营业外收入项目设置明细账，进行明细分类核算。

4. “营业外支出”账户

（1）账户的性质：损益类账户。

（2）账户的用途：用来核算企业发生的各项营业外支出。

（3）账户的结构：如图 4-39 所示。

借方　营业外支出	贷方
营业外支出的增加额	期末转入“本年利润”账户的营业外支出

图 4-39 “营业外支出”账户的结构

（4）明细分类账的设置：该账户可按营业外支出项目设置明细账，进行明细分类核算。

5. “所得税费用”账户

（1）账户的性质：损益类账户。

（2）账户的用途：用来核算企业确认的应当从当期利润总额中扣除的所得税费用。

（3）账户的结构：如图 4-40 所示。

借方　所得税费用	贷方
企业发生的所得税费用	期末转入“本年利润”账户的所得税费用

图 4-40 “所得税费用”账户的结构

（三）账务处理

1. 营业外收入和营业外支出的账务处理

营业外收入是指企业发生的与日常活动无直接关系的各项利得。具体来说，营业外收入是指企业发生的营业利润以外的收益，主要包括非流动资产处置利得、非货币性资产交换利得、债务重组利得、政府补助、盘盈利得、捐赠利得、无法支付的应付款利得等。

营业外支出是指企业发生的与日常活动无直接关系的各项损失。具体来说，营业外支出是指企业发生的营业利润以外的支出，主要包括非流动资产处置损失、非货币性资产交换损失、债务重组损失、公益性捐赠、非常损失、盘亏损失、罚款支出等。

【例 4-78】 2021 年 6 月 5 日，弘毅公司收到政府补助收入 50 000 元，款项已存入银行。弘毅公司应根据银行收款单编制如下会计分录：

借：银行存款　　50 000

　　贷：营业外收入——政府补助收入　　50 000

【例 4-79】 2021 年 6 月 6 日，弘毅公司经确认前欠童童公司货款 1 400 元，因童童公司破产无法支付，经批准结转。弘毅公司应根据应付账款核销单编制如下会计分录：

借：应付账款　　1 400

　　贷：营业外收入——转销无法支付的应付账款　　1 400

【例 4-80】 2021 年 6 月 29 日，弘毅公司在库存现金清查中盘盈 700 元，无法查明原因，经批准后转入营业外收入。

借：待处理财产损溢　　700

　　贷：营业外收入——盘盈利得　　700

【例 4-81】2021 年 6 月 30 日，弘毅公司 12 月份营业外收入总额为 200 770 元，期末结转至“本年利润”科目。

借：营业外收入　　200 770
　贷：本年利润　　200 770

【例 4-82】2021 年 6 月 12 日，弘毅公司以银行存款支付灾区捐款 60 000 元。弘毅公司应根据银行付款单编制如下会计分录：

借：营业外支出——公益性捐款支出　　60 000
　贷：银行存款　　60 000

【例 4-83】2021 年 6 月 19 日，弘毅公司发生原材料意外灾害净损失 130 000 元，经批准全部转作营业外支出。弘毅公司应根据相关审批表编制如下会计分录：

借：营业外支出——非常损失　　130 000
　贷：待处理财产损失　　130 000

【例 4-84】2021 年 6 月 28 日，弘毅公司以银行存款支付税款滞纳金 23 000 元。弘毅公司应根据滞纳金支付通知和银行付款单编制如下会计分录：

借：营业外支出——罚款支出　　23 000
　贷：银行存款　　23 000

【例 4-85】2021 年 6 月 30 日，弘毅公司 12 月份营业外支出总额为 296 000 元，期末转至“本年利润”科目。

借：本年利润　　296 000
　贷：营业外支出　　296 000

2. 期末结转各项收入类科目和费用类科目的账务处理

会计期末，企业应将计入当期损益的各项收入类科目的发生额转入“本年利润”科目的贷方，借记“主营业务收入”“其他业务收入”“投资收益”“营业外收入”等科目，贷记“本年利润”科目；将应计入当期损益的各费用类科目的发生额转入“本年利润”科目的借方，借记“本年利润”科目，贷记“主营业务成本”“其他业务成本”“税金及附加”“销售费用”“管理费用”“财务费用”“资产减值损失”“营业外支出”等科目。

【例 4-86】假定弘毅公司 2021 年度损益类账户发生额汇总表如表 4-8 所示。

表 4-8　2021 年度损益类账户发生额汇总表

单位：元

科目名称	借或贷	发生额
主营业务收入	贷	12 450 000
其他业务收入	贷	1 284 000
营业外收入	贷	200 770
投资收益	贷	78 000
主营业务成本	借	8 764 000
其他业务成本	借	823 000

续表

科目名称	借或贷	发生额
税金及附加	借	176 000
管理费用	借	750 000
销售费用	借	480 000
财务费用	借	346 000
资产减值损失	借	100 000
营业外支出	借	296 000

弘毅公司应根据2021年度损益类账户发生额汇总表编制如下会计分录：

（1）将本期收入类账户的发生额转入“本年利润”账户贷方。

借：主营业务收入　　12 450 000
　　其他业务收入　　1 284 000
　　营业外收入　　200 770
　　投资收益　　78 000
　　贷：本年利润　　14 012 770

（2）将本期费用类账户的发生额转入“本年利润”账户借方。

借：本年利润　　11 735 000
　　贷：主营业务成本　　8 764 000
　　　　其他业务成本　　823 000
　　　　税金及附加　　176 000
　　　　销售费用　　480 000
　　　　管理费用　　750 000
　　　　财务费用　　346 000
　　　　资产减值损失　　100 000
　　　　营业外支出　　296 000

弘毅公司2021年实现利润总额= 14 012 770 – 11 735 000=2 277 770（元）

3. 企业所得税费用的账务处理

企业所得税是对企业和经营单位的生产经营所得和其他所得征收的一种税。

（1）应缴纳所得税的计算。

企业当期应缴纳所得税税额计算公式为：

应纳所得税税额=应纳税所得额×所得税税率

应纳税所得额=税前会计利润+纳税调整增加额–纳税调整减少额

在不存在纳税调整事项的情况下，应纳税所得额等于税前会计利润即利润总额。

（2）所得税的账务处理。

【例4-87】 弘毅公司本年度实现的利润总额为2 277 770元，假定不存在纳税调整事项，所得税税率为25%，应缴纳所得税569 442.50元。弘毅公司应根据所得税计算表编制如下会计分录：

借：所得税费用　　569 442.50
　　贷：应交税费——应交所得税　　569 442.50

同时，还需将所得税费用结转入“本年利润”账户，应编制如下会计分录：

借：本年利润　　569 442.50

　　贷：所得税费用　　569 442.50

弘毅公司本年度实现的净利润=2 277 770−569 442.50=1 708 327.50（元）

缴纳所得税时弘毅公司应根据纳税缴款单和银行付款单编制如下会计分录：

借：应交税费——应交所得税　　569 442.50

　　贷：银行存款　　569 442.50

【例 4-88】（多选题）下列影响营业利润计算的因素有（　　）。

A. 财务费用　　B. 税金及附加

C. 营业外支出　　D. 资产减值损失

【答案】 ABD

【解析】 营业外支出是影响利润总额计算的因素。

【例 4-89】（判断题）企业的所得税费用是按利润总额计算的。

【答案】 错

【解析】 企业的所得税费用是根据应纳税所得额计算的。

【例 4-90】（计算分析题）某公司 2021 年有关损益类账户的累计发生额如表 4-9 所示。

表 4-9　损益类账户的累计发生额

单位：元

科目名称	累计发生额	科目名称	累计发生额
主营业务收入	4 500 000（贷）	主营业务成本	3 450 000（借）
其他业务收入	525 000（贷）	其他业务成本	300 000（借）
投资收益	450 000（贷）	税金及附加	60 000（借）
营业外收入	37 500（贷）	销售费用	375 000（借）
		管理费用	450 000（借）
		财务费用	75 000（借）
		营业外支出	15 000（借）

某公司适用所得税税率为 25%，假定当年不存在纳税调整事项。

某公司按当年净利润 10%提取法定盈余公积，按当年 5%提取任意盈余公积，并决定向投资者分配利润 500 000 元，要求：

（1）编制年末结转各损益类科目余额的会计分录；

（2）计算公司 2021 年应交所得税金额；

（3）编制公司确认并结转所得税的会计分录。

【答案】

（1）借：主营业务收入　　4 500 000

　　　　其他业务收入　　525 000

　　　　投资收益　　450 000

　　　　营业外收入　　37 500

　　　贷：本年利润　　5 512 500

借：本年利润　　4 725 000

　　贷：主营业务成本　　3 450 000

　　　　其他业务成本　　300 000

　　　　税金及附加　　60 000

　　　　销售费用　　375 000

　　　　管理费用　　450 000

　　　　财务费用　　75 000

　　　　营业外支出　　15 000

（2）2021年应交所得税金额=（5 512 500−4 725 000）×25%=196 875（元）

（3）借：所得税费用　　196 875

　　　贷：应交税费——应交所得税　　196 875

　　借：本年利润　　196 875

　　　贷：所得税费用　　196 875

二、利润分配的账务处理

利润分配是指企业根据国家有关规定和企业章程、投资者协议等，对企业当年可供分配的利润制定其特定用途和发票给投资者的行为。利润分配的过程和结果不仅关系到每个股东的合法权益是否得到保障，还关系到企业的未来发展。

（一）利润分配的顺序

企业向投资者分配利润，应按一定的顺序进行。按照《中华人民共和国公司法》的有关规定，利润分配应按下列顺序进行。

1. 计算可供分配的利润

企业在利润分配前，应根据本年净利润（或亏损）与年初未分配利润（或亏损）、其他转入的金额（如盈余公积弥补亏损）等项目，计算可供分配的利润，即：

可供分配的利润=净利润（或亏损）+年初未分配利润−弥补以前年度的亏损+其他转入的金额

如果可供分配的利润为负数（累计亏损），则不能进行后续分配；如果可供分配的利润为正数（累计盈利），则可进行后续分配。

2. 提取法定盈余公积

根据《中华人民共和国公司法》的有关规定，公司应当按照当年税后净利润（抵减年初累计亏损后）10%的比例提取法定盈余公积，提取的法定盈余公积累计超过注册资本50%以上的，可以不再提取。

3. 提取任意盈余公积

公司提取法定盈余公积后，经股东会或股东大会决议，还可以从净利润中提取任意盈余公积。

4. 向投资者分配利润（或股利）

企业可供分配的利润扣除提取的盈余公积后，形成可供投资者分配的利润，即：

可供投资者分配的利润=可供分配的利润−提取的盈余公积

企业可采用现金股利、股票股利和财产股利等形式向投资者分配利润（或股利）。

（二）账户设置

1. “利润分配”账户

（1）账户的性质：所有者权益类账户。

（2）账户的用途：用来核算企业利润的分配（或亏损的弥补）和历年分配（或弥补）后的余额。

（3）账户的结构：如图 4-41 所示。

借方　　利润分配	贷方
自“本年利润”账户转入的全年发生的净亏损 当年实际分配的利润	自“本年利润”账户转入的全年实现的净利润 用盈余公积弥补的亏损等其他转入
余额：历年累计未弥补的亏损	余额：历年累计未分配的利润

图 4-41　“利润分配”账户的结构

（4）明细分类账的设置：该账户应当分别按“提取法定盈余公积”、“提取任意盈余公积”、“应付现金股利或利润”、“转作股本的股利”和“未分配利润”等进行明细核算。

2. “盈余公积”账户

（1）账户的性质：所有者权益类账户。

（2）账户的用途：用来核算企业从净利润中提取的盈余公积。

（3）账户的结构：如图 4-42 所示。

借方　　盈余公积	贷方
盈余公积转增资本数	企业提取的盈余公积
	年末企业的盈余公积

图 4-42　“盈余公积”账户的结构

（4）明细分类账的设置：该账户应当分别按“法定盈余公积”“任意盈余公积”进行明细核算。

3. “应付股利”账户

（1）账户的性质：所有者权益类账户。

（2）账户的用途：用来核算企业分配的现金股利或利润。

（3）账户的结构：如图 4-43 所示。

借方　　应付股利	贷方
实际支付的现金股利或利润	应付给投资者的股利或利润
	余额：尚未支付的现金股利或利润

图 4-43　“应付股利”账户的结构

（4）明细分类账的设置：该账户可按投资者进行明细核算。

（三）账务处理

1. 净利润转入利润分配的账务处理

会计期末，企业应将当年实现的净利润转入“利润分配——未分配利润”科目，即借记“本年利润”科目，贷记“利润分配——未分配利润”科目，如为亏损，则编制相反的会计分录。

【例 4-91】 弘毅公司 2021 年年末结转 2021 年度净利润 1 708 327.50 元；2021 年年初“利润分配——未分配利润”科目贷方余额为 460 000 元。弘毅公司应根据净利润计算表编制如下会计分录：

借：本年利润　　　　1 708 327.50

　　贷：利润分配——未分配利润　　　　1 708 327.50

2. 提取盈余公积

企业提取的法定盈余公积，借记“利润分配——提取法定盈余公积”科目，贷记“盈余公积——法定盈余公积”科目；提取的任意盈余公积，借记“利润分配——提取任意盈余公积”科目，贷记“盈余公积——任意盈余公积”科目。

【例 4-92】 弘毅公司按 2021 年度净利润 1 708 327.50 元的 10% 提取法定盈余公积 170 832.75 元。弘毅公司应根据法定盈余公积计算表编制如下会计分录：

借：利润分配——提取法定盈余公积　　　　170 832.75

　　贷：盈余公积——法定盈余公积　　　　170 832.75

【例 4-93】 弘毅公司董事会决定按 2021 年度实现净利润的 5%提取任意盈余公积 85 416.38 元。弘毅公司应根据任意盈余公积计算表编制如下会计分录：

借：利润分配——提取任意盈余公积　　　　85 416.38

　　贷：盈余公积——任意盈余公积　　　　85 416.38

3. 向投资者分配利润

企业根据股东大会或类似机构审议批准的利润分配方案，按应支付的现金股利或利润，借记“利润分配——应付现金股利”科目，贷记“应付股利”等科目；以股票股利转作股本的金额，借记“利润分配——转作股本股利”科目，贷记“股本”科目。

董事会或类似机构通过的利润分配方案中拟分配的现金股利或利润，不做账务处理，但应在附注中披露。

【例 4-94】 弘毅公司董事会宣布向股东分配 2021 年度现金股利 865 000 元。弘毅公司应根据董事会决议和利润分配清单编制如下会计分录：

借：利润分配——应付现金股利　　　　865 000

　　贷：应付股利　　　　865 000

以银行存款向投资者支付股利时，弘毅公司应根据发放清单和银行付款单编制如下会计分录：

借：应付股利　　　　865 000

　　贷：银行存款　　　　865 000

4. 盈余公积的使用

盈余公积的主要用途是弥补亏损和转增资本。

（1）弥补亏损。企业发生的亏损应由企业自行弥补。弥补亏损的渠道主要有三条：一是用以后年度的税前利润弥补；二是用以后年度的税后净利润弥补；三是用盈余公积弥补。

用盈余公积补亏时，应按法定盈余公积和任意盈余公积补亏的金额，分别借记“盈余公积——法定盈余公积”“盈余公积——任意盈余公积”科目，贷记“利润分配——盈余公积补亏”科目。

（2）转增资本。为了满足扩大再生产对资本的需求，经股东大会决议，企业可将盈余公积转增资本或股本。

盈余公积转增资本时，应按法定盈余公积和任意盈余公积补亏的金额，分别借记“盈余公积——法定盈余公积”“盈余公积——任意盈余公积”科目，贷记“实收资本”或“股本”科目。

5. 未分配利润的形成

年度终了，企业应将“利润分配”科目所属明细科目的余额转入该科目“未分配利润”明细科目，即借记“利润分配——未分配利润”“利润分配——盈余公积补亏”科目，贷记“利润分配——提取法定盈余公积”“利润分配——提取任意盈余公积”“利润分配——应付现金股利”“利润分配——转账股本股利”等科目。

结转后，“利润分配”科目中除“未分配利润”明细科目外，所属其他明细科目无余额。“未分配利润”明细科目的贷方余额表示累积未分配的利润，该科目如果出现借方余额，则表明累积未弥补的亏损。

【例 4-95】 承【例 4-92】【例 4-93】【例 4-94】，利润分配结束后，应将“利润分配”账户其他明细账户的余额结清，转入“利润分配——未分配利润”明细账户。弘毅公司编制会计分录如下：

借：利润分配——未分配利润　　1 121 249.13
　贷：利润分配——提取法定盈余公积　　170 832.75
　　　　　　——提取任意盈余公积　　85 416.38
　　　　　　——应付股利　　865 000.00

则 2021 年年末未分配利润科目余额=460 000（年初贷方余额）+ 1 708 327.50（本年实现的净利润）−1 121 249.13（本年已分配利润）=1 047 078.37（元）

【例 4-96】（计算分析题）某公司 2021 年年初“利润分配——未分配利润”科目贷方余额为 580 000 元。2021 年实现利润 2 800 000 元，所得税税率为 25%（假定无纳税调整项目）。

（1）2021 年年末结转全年净利润；

（2）按 2021 年净利润的 10%提取法定盈余公积金；

（3）根据董事会决议，向投资者分配现金股利 1 200 000 元；

（4）结转利润分配各明细账；

（5）计算年末未分配利润。

【答案】

（1）借：本年利润　　2 100 000
　　　贷：利润分配——未分配利润　　2 100 000

（2）借：利润分配——提取法定盈余公积　　210 000
　　　贷：盈余公积——法定盈余公积　　210 000

（3）借：利润分配——应付现金股利　　1 200 000
　　　贷：应付股利　　1 200 000

（4）借：利润分配——未分配利润　　1 410 000
　　贷：利润分配——提取法定盈余公积　　210 000
　　　　　　　——应付现金股利　　1 200 000

（5）未分配利润=580 000+2 100 000−1 410 000=1 270 000（元）

项目训练

一、单项选择题

1. 某公司 2021 年 1 月月初“应付账款”科目贷方余额 30 000 元，当月应收购货单位货款 1 000 元，欠供货商货款 23 400 元（含增值税税额 3 400 元），已归还原欠货款 20 000 元，当月“应付账款”科目期末余额为（　　）元。

A. 33 400　　B. 31 000　　C. 34 400　　D. 29 000

2. 年终决算时“本年利润”账户在结转前为贷方余额 65 550 元，则结转时应编制的会计分录为（　　）。

A. 借：本年利润　65 550
　　贷：实收资本　65 550

B. 借：本年利润　65 550
　　贷：利润分配　65 550

C. 借：实收资本　65 550
　　贷：利润分配　65 550

D. 借：利润分配　65 550
　　贷：本年利润　65 550

3. 在计划成本法下，已经付款购买但尚未入库的材料，应通过（　　）账户核算。

A. “原材料”　　B. “材料采购”　　C. “工程物资”　　D. “在途物资”

4. 有一笔分录：借方登记“生产成本”账户，贷方登记“制造费用”账户，该分录涉及的经济业务是（　　）。

A. 车间发生生产性质的共同耗费　　B. 生产耗用工程用材料
C. 月末分配本期发生的制造费用　　D. 发生车间管理人员的薪酬

5. 2021 年 1 月 1 日，大华公司因生产经营需要向银行借入一笔 3 年期、年利率为 6%、到期一次还本付息的借款 1 000 000 元，会计部门按规定在每季度末计提短期借款利息时，应编制的会计分录是（　　）。

A. 借：财务费用　15 000
　　贷：应付利息　15 000

B. 借：管理费用　15 000
　　贷：应付利息　15 000

C. 借：财务费用　15 000
　　贷：长期借款——应计利息　15 000

D. 借：管理费用　15 000
　　贷：长期借款——应计利息　15 000

6. 企业根据当月实现的营业收入和适用的消费税税率计算消费税时，应计入（　　）账户的借方。

A. “主营业务成本”　　B. “营业外支出”
C. “应交税费——应交消费税”　　D. “税金及附加”

7. 某企业为小规模纳税人，2021 年 5 月 20 日向甲公司销售 A 产品一批，开具的普通发票中注明的货款为 20 600 元（含税），产品已发出，货款已收到。下列会计分录中正确的是（　　）。

A. 借：银行存款　20 600
　　贷：主营业务收入　20 600

B. 借：银行存款　20 600
　　贷：主营业务收入　20 000
　　　　应交税费——应交增值税　600

C. 借：银行存款　20 600
　　贷：主营业务收入　20 000
　　　　应交税费——应交增值税（销项税额）　600

D. 借：银行存款　20 600
　　贷：主营业务收入　20 000
　　　　应交增值税　600

8. 大华公司 2021 年 11 月 31 日“本年利润”账户的借方余额为 50 万元，表明（　　）。
A. 大华公司 2021 年 1—11 月的净利润为 50 万元
B. 大华公司 2021 年 1—11 月的净亏损为 50 万元
C. 大华公司 2021 年 11 月份的净利润为 50 万元
D. 大华公司 2021 年 11 月份的净亏损为 50 万元

9. “本年利润”账户属于（　　）类账户。
A. 费用　B. 损益　C. 资产　D. 所有者权益

10. 下列账户中，期末结转后可能有余额的是（　　）。
A. “本年利润”　B. “管理费用”　C. “财务费用”　D. “生产成本”

11. 下列应当计入产品成本的是（　　）。
A. 厂房的折旧费　B. 短期借款利息
C. 产品宣传广告费　D. 生产设备的折旧费

12. 下列各项中，不应计入产品成本的是（　　）。
A. 直接材料　B. 直接人工　C. 制造费用　D. 管理费用

13. 某企业 2021 年利润总额为 200 万元，假设没有纳税调整因素，若企业所得税税率为 25%，则该企业的净利润为（　　）万元。
A. 155　B. 150　C. 50　D. 175

14. 某公司购入原材料一批，价值 1 万元，合同约定货款于两个月后支付，原材料已验收入库（不考虑增值税），应编制的会计分录为（　　）。

A. 借：原材料　10 000
　　贷：短期借款　10 000

B. 借：材料采购　10 000
　　贷：银行存款　10 000

C. 借：原材料　10 000
　　贷：应付账款　10 000

D. 借：原材料　10 000
　　贷：银行存款　10 000

15. 外购需要安装的设备支付的增值税应计入（　　）。
A. “管理费用”
B. “固定资产成本”
C. “应交税费——应交增值税（进项税额）”
D. “在建工程”

16. 某企业某车间月初在产品成本为 2 000 元，本月耗用材料 40 000 元，生产工人工资 8 000 元，该车间管理人员工资 4 000 元，车间水电费 4 000 元，月末在产品成本 4 400 元，则该车间本月完工产品成本总额为（　　）元。

A. 58 200　　B. 53 800　　C. 56 200　　D. 53 600

17. 某公司同时购进 A、B 两种材料，A 材料 3 000 千克，单价 25 元，价款 75 000 元，增值税税额 9 750 元，B 材料 2 000 千克，单价 40 元，价款 80 000 元，增值税税额 10 400 元，发生运杂费 1 500 元（不考虑增值税），所有款项均以银行存款支付，运杂费按材料的重量比例进行分配，则 A 材料的采购成本为（　　）元。

A. 75 900　　B. 80 600　　C. 87 750　　D. 88 650

18. 企业出售材料的成本应通过（　　）账户核算。

A. “营业外支出”　　B. “低值易耗品”

C. “其他业务成本”　　D. “主营业务成本”

19. 生产成本的期末余额表示（　　）。

A. 应计入产品成本的各项费用　　B. 完工产品成本

C. 在产品成本　　D. 库存产品成本

20. 外购设备的成本不应包括（　　）。

A. 安装费　　B. 运输费　　C. 增值税　　D. 买价

21. 利润总额减去所得税费用等于（　　）。

A. 应纳税所得额　　B. 可供分配利润

C. 未分配利润　　D. 净利润

22. 下列关于“生产成本”账户的表述，正确的是（　　）。

A. “生产成本”账户期末无余额

B. “生产成本”账户的余额表示本期发生的生产费用总额

C. “生产成本”账户期末若有余额一定在贷方

D. “生产成本”账户的余额表示在产品成本

23. 某企业税前会计利润为 2 000 万元，其中营业外收入 80 万元，假设不存在纳税调整事项，所得税税率为 25%，则应缴纳的所得税为（　　）万元。

A. 480　　B. 510　　C. 500　　D. 520

24. 企业出售无形资产时，所取得的价款与该无形资产账面价值的差额，应计入（　　）账户。

A. “营业外收入”　　B. “其他业务收入”

C. “投资收益”　　D. “主营业务收入”

25. 企业本期发生的下列支出中，不能直接或间接计入生产成本，而是直接计入期间费用的是（　　）。

A. 业务招待费　　B. 生产车间水电费

C. 生产设备折旧费　　D. 车间管理人员工资

26.《中华人民共和国增值税暂行条例》规定小规模纳税人适用的增值税税率为（　　）。

A. 6%　　B. 13%　　C. 17%　　D. 3%

27. 制造费用是指企业制造部门为生产产品和提供劳务而发生的（　　）。

A. 期间费用　　B. 直接费用　　C. 管理费用　　D. 间接费用

28. 下列说法正确的是（　　）。
A. 赊购商品会导致资产和负债同时减少
B. 车间管理人员工资能计入产品成本，企业管理人员的工资和在建工程人员的工资不能计入产品成本
C. 期间费用应当分期计入产品成本
D. 银行汇票和银行承兑汇票属于企业的其他货币资金

29. 企业接受固定资产投资，除了应计入“固定资产”账户和“实收资本”账户外，还可能涉及的账户有（　　）。
A. “盈余公积”　　B. “资本公积”
C. “累计折旧”　　D. “其他业务收入”

30. “预收账款”账户期末（　　）。
A. 无余额　　B. 有借方余额
C. 有借方余额或贷方余额　　D. 有贷方余额

二、多项选择题

1. 甲公司主营业务是生产并销售产品，该公司某月销售一批原材料，共500千克，单位成本为每千克30元（未计提减值），单价为每千克40元，不考虑增值税，款项已经收到，应编制会计分录为（　　）。
A. 借：其他业务成本　15 000
　　贷：原材料　15 000
B. 借：银行存款　20 000
　　贷：主营业务收入　20 000
C. 借：主营业务成本　15 000
　　贷：原材料　15 000
D. 借：银行存款　20 000
　　贷：其他业务收入　20 000

2. 下列项目中，属于“销售费用”账户核算内容的是（　　）。
A. 产品展览费　　B. 业务招待费
C. 预计产品质量保证损失　　D. 销售部门人员工资

3. 下列各种税费中，不通过“税金及附加”科目核算的有（　　）。
A. 增值税　　B. 消费税　　C. 企业所得税　　D. 教育费附加

4. 南京某塑料厂为购置生产线取得长期借款，到期一次还本付息，则企业在所购置的固定资产达到预定可使用状态之后发生的借款利息，应做的会计处理为（　　）。
A. 借记“财务费用”　　B. 借记“长期借款”
C. 贷记“长期借款”　　D. 贷记“长期费用”

5. 期末，（　　）账户不应转入“本年利润”账户。
A. “生产成本”　　B. “预付账款”　　C. “资产减值损失”　　D. “投资收益”

6. 下列费用不应计入“制造费用”科目的是（　　）。
A. 行政管理人员的工资　　B. 车间机器/物料消耗
C. 车间设备折旧费　　D. 车间生产人员福利费

7. 关于企业缴纳的所得税，下列说法不正确的是（　　）。
A. 应纳所得税额应该直接计入“本年利润”账户的借方
B. 应纳税所得额就是税前会计利润
C. “所得税费用”账户期末无余额
D. 应纳所得税额=应纳税所得额×所得税税率

8. 下列各项中，属于无形资产的是（　　）。
   A. 土地使用权　　B. 商标权　　C. 专利权　　D. 房屋
9. 下列说法不正确的是（　　）。
   A. “生产成本”归集的生产费用就是本期在产品的生产成本
   B. 期初在产品成本+本期完工产品成本=本期生产费用+期末在产品成本
   C. “生产成本”归集的生产费用就是本期完工产品的生产成本
   D. 期末既有完工产品又有在产品时，需要将归集到某产品的生产费用在完工产品和在产品间进行分配
10. 下列各项费用中，应计入“管理费用”账户的有（　　）。
   A. 广告费用　　B. 董事会费
   C. 行政部门办公费　　D. 银行借款利息支出
11. 一般纳税企业购入生产用固定资产（取得增值税专用发票）过程发生的下列支出中，应计入固定资产成本的是（　　）。
   A. 增值税　　B. 运杂费　　C. 安装费　　D. 购买价款
12. 2020年12月，A公司预付2021年报纸杂志费、财产保险费等共6万元，则2021年每月摊销的分录应为（　　）。
   A. 借记“管理费用”0.5万元　　B. 贷记“预付账款”0.5万元
   C. 贷记“预收账款”0.5万元　　D. 借记“营业外支出”0.5万元
13. 企业购入材料6 000元，以银行存款支付3 000元，余额未付，材料已入库，这一经济业务涉及的账户有（　　）。
   A. “银行存款”　　B. “应收账款”　　C. “应付账款”　　D. “原材料”
14. “利润分配——未分配利润”账户的借方登记（　　）。
   A. 累计未分配的利润　　B. 全年分配的利润数额
   C. 转入的亏损数额　　D. 转入的全年实现的利润数额
15. 领用材料的会计分录通常涉及的借方科目有（　　）。
   A. “生产成本”　　B. “管理费用”　　C. “财务费用”　　D. “制造费用”
16. 乙企业从天地公司购进丙材料8吨，发生运输费400元，支付材料价款10 000元，增值税税额1 300元，材料已验收入库，款项已用银行存款支付，则下列说法正确的是（　　）。
   A. 该业务账务处理为：
   借：原材料——丙材料　　10 400
   　　应交税费——应交增值税（进项税额）　　1 300
   　　贷：银行存款　　11 700
   B. 该业务账务处理为：
   借：原材料——丙材料　　10 000
   　　销售费用　　400
   　　贷：银行存款　　10 400
   C. 入库后该批材料的实际单价为1 300元/吨
   D. 入库后该批材料的实际单价为1 250元/吨
17. 下列各项中，不应计入产品生产成本的是（　　）。
   A. “财务费用”　　B. “销售费用”　　C. “制造费用”　　D. “管理费用”

三、判断题（正确的打“√”，错误的打“×”）

1. （　　）“其他业务收入”账户期末结转后无余额。
2. （　　）“本年利润”账户属于损益类账户，期末结转后应无余额。
3. （　　）专利权、非专利技术、商标权、商誉权等都属于企业的无形资产。
4. （　　）企业分配的股票股利不通过“应付股利”账户核算。
5. （　　）企业的资本主要包括实收资本和资本公积。
6. （　　）收入是指企业在日常活动中形成的、会导致所有者权益增加的经济利益的总流入。
7. （　　）在实际工作中，企业发出存货的成本也可以采用后进先出法计算。
8. （　　）企业购入需要安装的固定资产应先计入“在建工程”账户，安装完工后再转入“固定资产”账户。
9. （　　）企业发生的销售退回应该计入“主营业务收入”账户的借方。
10. （　　）“主营业务成本”账户属于成本类账户。
11. （　　）当“应付账款”账户的余额在贷方时，为债务结算账户，余额在借方时，为债权结算账户。
12. （　　）“利润分配”账户属于所有者权益类账户，期末分配后应无余额。
13. （　　）企业列入工资表发放给职工个人的各种款项，都应通过“应付职工薪酬”科目核算。
14. （　　）小规模纳税人购货时发生的增值税计入购货成本。
15. （　　）直接人工是指直接或间接从事产品生产人员的工资及提取的其他职工薪酬。
16. （　　）企业生产车间（部门）和行政管理部门等发生的固定资产修理费用等后续支出，应在发生时计入管理费用。
17. （　　）企业因解除与职工的劳动关系给予的补偿，不通过“应付职工薪酬”科目核算。
18. （　　）“资产减值损失”账户是资产类账户的调整账户。
19. （　　）为简化核算，对那些发票账单未到的入库材料，月末暂不进行会计处理。
20. （　　）当月增加的固定资产，当月计提折旧。

四、计算分析题

1. 有关资料如下：

（1）2020年6月1日，甲、乙、丙三家企业共同投资成立了长江有限责任公司，长江有限责任公司的注册资本为3 000 000元，甲、乙、丙各占1/3，按照章程规定，甲企业以厂房投资，该厂房原值3 000 000元，已提折旧2 400 000元，投资各方确认的价值为1 000 000元；乙企业和丙企业各以货币资金1 000 000元投资，已存入长江公司的开户银行。

（2）一年后，丁企业有意投资，经与甲、乙、丙三企业协商，注册资本增加到 4 000 000元，四方各占四分之一。丁企业以货币资金1 300 000元出资，以取得25%的股份，已存入长江公司开户银行。

要求：

（1）编制甲企业投资长江有限责任公司的会计分录。

（2）编制乙企业投资长江有限责任公司的会计分录。

（3）编制丙企业投资长江有限责任公司的会计分录。

（4）编制丁企业投资长江有限责任公司的会计分录。

（5）计算丁企业投资后，长江有限责任公司增加的所有者权益的金额。

2. 春光公司有关借款情况如下：

（1）春光公司于2016年1月1日从银行借入资金3 000 000元，期限为3年，年利率为6%，按照借款协议，按季计提利息，到期一次还本付息。

（2）春光公司2021年1月1日向银行借入120 000元，借款期限为3个月，年利率为5%。根据借款协议，利息按月预提、按季支付，本金到期后一次性归还。

要求：

（1）根据资料一，编制2016年1月1日借入借款的会计分录。

（2）根据资料一，编制2016年3月31日计提利息的会计分录。

（3）根据资料一，编制2018年12月31日还本付息的会计分录。

（4）根据资料二，编制2021年1月1日借入借款的会计分录。

（5）根据资料二，编制2021年3月31日还本付息的会计分录。

3. 2021年6月8日，红旗工厂购入一辆运输用汽车，取得增值税专用发票上注明的价款为50 000元，增值税税额为6 500元，另支付保险费等1 000元，以上款项均以银行存款支付。该设备预计使用年限为10年，预计净残值率为5%，预计该车行驶总里程数为100 000千米，2021年9月行驶了1 500千米。

要求：

（1）计算该设备的入账价值。

（2）编制2021年6月8日购入设备的会计分录。

（3）计算采用年限平均法9月该设备的折旧额。

（4）编制采用年限平均法计提9月折旧额的会计分录。

（5）计算采用工作量法9月该设备的折旧额。

4. 某企业为增值税一般纳税人，2021年6月份发生的有关经济业务如下：

（1）6月1日，甲公司库存A材料实际成本为100 000元。

（2）6月3日，甲公司购入A材料一批，取得的增值税专用发票上记载的价款为400 000元，增值税税额为52 000元。材料已运到并验收入库，款项尚未支付。

（3）6月10日，甲公司以银行存款支付上述款项。

（4）根据甲公司“发料凭证汇总表”的记录，6月份生产车间生产产品直接领用A材料220 000元，车间管理部门领用A材料30 000元，企业行政管理部门领用A材料20 000元。

（5）此外，甲公司于6月25日对外销售A材料，开具的增值税专用发票上注明的售价为20 000元，增值税税额为2 600元，款项已由银行收讫。该批A材料的实际成本为17 000元。

要求：

（1）编制甲公司赊购A材料的会计分录。

（2）编制甲公司支付货款的会计分录。

（3）编制甲公司内部领用A材料的会计分录。

（4）编制甲公司对外销售A材料的会计分录。

（5）计算甲公司 2021 年 6 月末结存 A 材料的实际成本。

5. 甲公司的生产车间生产甲、乙两种产品。2021 年 9 月份，车间发生的相关业务如下：

（1）车间为生产甲产品向仓库领用 A 材料 1 000 千克，共计 15 000 元，B 材料 500 千克，共计 5 000 元；为生产乙产品领用 A 材料 500 千克，共计 7 500 元，B 材料 300 千克，共计 3 000 元。

（2）王某出差，预借差旅费 2 000 元，以现金付讫。

（3）分配工资，其中行政管理人员 6 000 元，车间管理人员 3 500 元，生产甲产品工人工资 12 000 元，生产乙产品工人工资 8 000 元。

（4）计提本月单位负担的社会保险费，其中行政管理人员 1 500 元，车间管理人员 875 元，生产甲产品工人和乙产品工人分别为 3 000 元和 2 000 元。

（5）王某出差回来，报销差旅费 1 800 元，余款退回。

要求：根据以上资料，逐笔编制相应的会计分录。

6. 某企业为增值税一般纳税人，2021 年 5 月份发生的有关经济业务如下：

（1）预收购货单位的货款 450 万元，存入银行。

（2）向购货单位发出产品一批，开出的增值税专用发票所列价款 500 万元，增值税税额为 65 万元，共计 565 万元。原已向购货单位预收货款 450 万元，不足部分购货单位以银行存款补付。该批产品实际成本为 300 万元。

（3）以银行存款 650 万元支付本月职工工资。

（4）以银行存款支付广告费 3 万元。

（5）按规定计算本月应交增值税 480 万元。

要求：根据以上资料，逐笔编制相应的会计分录（答案中的金额单位均用万元表示）。

7. 长城公司 2021 年 1 月发生如下经济业务：

（1）1 月 5 日，收到合作企业的合同违约金 50 000 元，款项已收，存入银行。

（2）1 月 10 日，以银行存款 30 000 元向灾区捐款。

（3）1 月 29 日，提前报废一台设备，该设备原价 100 000 元，已提折旧 90 000 元。报废清理过程中发生清理费用 5 000 元，取得残料变价收入 12 000 元，存入银行。假定不考虑相关税收影响。

要求：

（1）编制 1 月 5 日的会计分录。

（2）编制 1 月 10 日的会计分录。

（3）编制 1 月 29 日转入清理状态的会计分录。

（4）编制 1 月 29 日清理过程发生费用、取得变价收入的会计分录。

（5）编制 1 月 29 日结转清理净损益的会计分录。

8. 胜利公司 2021 年 12 月有关损益类账户的年末余额如下：

单位：元

账户名称	借或贷	结账前余额
主营业务收入	贷	1 115 000
其他业务收入	贷	50 000
投资收益	贷	30 000
营业外收入	贷	80 000

续表

账户名称	借或贷	结账前余额
主营业务成本	借	600 000
其他业务成本	借	25 000
税金及附加	借	10 000
管理费用	借	50 000
销售费用	借	70 000
财务费用	借	10 000
营业外支出	借	20 000

假设胜利工厂不存在纳税调整因素，所得税税率为25%。

按净利润的10%提取法定盈余公积，按5%提取任意盈余公积。经董事会讨论，决定向投资者分配利润150 000元。

要求：

（1）结转损益类账户余额。

（2）计算并结转所得税。

（3）计算并结转净利润。

（4）编制提取盈余公积的会计分录。

（5）编制向投资者分配利润的会计分录。

9. 甲公司3月发生如下经济业务：

（1）基本生产车间生产产品领用原材料6 000元。

（2）分配本月工资费用21 000元，其中，生产工人工资15 000元，车间管理人员工资6 000元。

（3）计提生产车间用固定资产折旧1 000元。

（4）结转本月制造费用7 000元，计入产品成本。

（5）结转本月完工产品成本18 000元。

要求：根据上述资料，逐笔编制相关会计分录。

10. 某企业3月发生如下经济业务：

（1）本月份生产A产品、B产品领用各种材料103 200元，其中：生产A产品领用60 000元，生产B产品领用40 000元，生产车间耗用3 200元。

（2）本月份发生水电费9 800元，款项已用银行存款支付。

（3）结转本月份应付职工工资32 000元，其中：制造A、B产品的生产工人工资分别为16 000元和12 000元，车间管理人员工资4 000元。

（4）计提本月生产车间用固定资产折旧10 000元。

（5）以银行存款支付生产车间办公用品800元。

（6）根据A、B产品的生产工时分配制造费用，A产品本月份生产工时为7 500工时，B产品生产工时为5 000工时。

（7）本月份投产A产品1 000件已全部完工，验收入库，计算其总成本和单位成本。B产品全部未完工。

要求：

（1）根据资料（1）编制相应会计分录。

（2）根据资料（2）编制相应会计分录。

（3）根据资料（5）编制相应会计分录。

（4）根据资料（6）编制相应会计分录。

（5）根据资料（7）编制相应会计分录。

11. 甲公司2021年7月份和8月份各部门固定资产折旧增减变动情况如下表所示：

单位：元

部门	7月份计提折旧额	7月份增加固定资产应提折旧额	7月份减少固定资产应提折旧额	8月份增加固定资产应提折旧额	8月份减少固定资产应提折旧额	8月份计提折旧额	9月份计提折旧额
生产车间	10 000	5 000	3 000	6 000	7 000	(1)	
机修车间	15 000	(2)	4 500	(3)	3 500	16 000	17 000
行政管理	(4)	6 000	5 500	4 000	(5)	18 000	20 000

要求：根据固定资产折旧有关规定，在合适的空格填写正确的数字。

12. 某企业根据“工资结算汇总表”列示，当月应付工资总额为680 000元，扣除企业已为职工代垫的医药费 2 000 元和受房管部门委托代扣的职工房租 26 000 元，实发工资总额为652 000元。上述工资总额中，根据“工资费用分配表”列示产品生产人员工资为560 000元，车间管理人员工资为50 000元，企业行政管理人员工资为60 000元。

要求：

（1）编制向银行提取现金的会计分录。

（2）编制发放工资的会计分录。

（3）编制代垫代扣款项的会计分录。

（4）编制将有关工资费用结转至生产成本的会计分录。

（5）编制将有关工资费用结转至制造费用的会计分录。

13. 沪光厂2021年2月月初资产期初余额为150 000元，负债期初余额为100 000元，本期发生经济业务如下：

① 向雨洁公司购入一批原材料，价款为12 000元，材料已办理入库手续，并签发了一张商业承兑汇票（不考虑增值税）。

② 1月购入的原材料20 000元，今运抵并验收入库。

③ 由于经营出现危机，无力偿还东华公司欠款60 000元，经协调同意将其债权转为股权。

④ 经批准签发支票代所有者甲以资本金26 000元偿还甲投资者所欠其他单位的款项。

要求：

（1）根据经济业务①编制会计分录。

（2）根据经济业务②编制会计分录。

（3）根据经济业务③编制会计分录。

（4）根据经济业务④编制会计分录。

（5）计算沪光厂 2021 年 2 月月末所有者权益的金额。

14. 甲公司为增值税一般纳税人，适用的增值税税率为 13%，商品、原材料售价中均不含增值税。假定销售商品、原材料均符合收入确认条件，其成本在确认收入时逐笔结转，不考虑其他因素。2021 年 4 月，甲公司发生如下交易或事项：

① 销售商品一批，开具的增值税专用发票上注明的售价为 200 万元，增值税税额为 26 万元。商品已发出，款项尚未收回。该批商品实际成本为 150 万元。

② 销售一批原材料，开具的增值税专用发票上注明的售价为 80 万元，增值税税额为 10.4 万元。材料已发出，款项收到并存入银行，该批材料的实际成本为 59 万元。

③ 将不需用的设备出售给乙公司，售价为 20 万元，已通过银行收回价款。该设备原价为 30 万元，已计提累计折旧 8 万元。

④ 向乙公司销售 A 商品 1 600 件，标价总额为 800 万元（不含增值税），商品实际成本为 480 万元。为了促销，甲公司给予乙公司 15%的商业折扣并开具了增值税专用发票。甲公司已发出商品，并向银行办理了托收手续。

⑤ 以银行存款支付产品展览费 10 万元。

要求：以万元为单位

（1）根据经济业务①编制会计分录。

（2）根据经济业务②编制会计分录。

（3）根据经济业务③编制会计分录。

（4）根据经济业务④编制会计分录。

（5）根据经济业务⑤编制会计分录。

15. 甲公司 2021 年 8 月发生如下部分经济业务：

① 8 月 3 日，以现金支付应由公司负担的销售 A 产品的运输费 800 元。

② 8 月 7 日，以银行存款支付业务招待费 7 200 元。

③ 8 月 15 日，计算应交土地使用税 3 500 元。

④ 8 月 20 日，收到银行转来的存款利息 3 000 元。

⑤ 8 月 30 日，摊销无形资产 2 000 元。

要求：

（1）根据经济业务①编制会计分录。

（2）根据经济业务②编制会计分录。

（3）根据经济业务③编制会计分录。

（4）根据经济业务④编制会计分录。

（5）根据经济业务⑤编制会计分录。

扫一扫

收货的季节

招兵买马囤粮求壮大

项目五

会 计 凭 证

本项目知识体系

会计凭证	模块一　会计凭证概述	一、会计凭证的概念与作用★★
		二、会计凭证的种类★★★
	模块二　原始凭证	一、原始凭证的种类★★★
		二、原始凭证的基本内容★★★
		三、原始凭证的填制要求★★★★
		四、原始凭证的审核★★★★
	模块三　记账凭证	一、记账凭证的种类★★★
		二、记账凭证的基本内容★★★
		三、记账凭证的填制要求★★★★
		四、记账凭证的审核★★★★
	模块四　会计凭证的传递和保管	一、会计凭证的传递★
		二、会计凭证的保管★★

模块一　会计凭证概述

一、会计凭证的概念与作用

（一）会计凭证的概念

前述的经济业务是以文字形式出现的，但在实际工作中，经济业务是以会计凭证形式呈现的。

会计凭证是记录经济业务事项发生或完成情况的书面证明，也是登记会计账簿的依据。

填制和审核会计凭证是会计核算的基本方法之一，也是会计核算工作的起点和基础。为了保证会计信息的客观真实，任何单位在从事任何一项经济活动时，都必须由有关人员填制或取得会计凭证，对整个经济活动过程做出书面记录。会计凭证中必须详细记录经济业务的内容、数量、单价、金额等，注明经济业务发生或完成的日期，并在凭证上签名或盖章，以明确经济责任。会计人员必须对已取得的会计凭证进行严格的审核，经确认无误后，才能作为登记会计账簿的依据。

（二）会计凭证的作用

合理地取得、正确地填制和审核会计凭证，在会计核算中具有重要的意义。

（1）记录经济业务，提供记账依据。通过填制会计凭证，可以正确地反映经济业务的发生和完成情况，保证会计信息的真实、可靠、及时；通过会计凭证的填制和审核，为登记账簿提供依据。

（2）明确经济责任，强化内部控制。会计凭证除记录有关经济业务的基本内容外，还必须由相关部门和有关人员签章，从而明确有关部门和人员的责任，这必然增强经办人员及其他有关人员的责任感，强化内部控制；同时，也有利于以后发现问题，及时查明责任归属。

（3）监督经济活动，控制经济运行。通过对会计凭证的审核，可以检查各项经济业务是否符合国家有关法律、法规和制度的规定，是否符合计划、预算进度，是否存在违法乱纪行为等；监督经济活动的真实性、合法性、合理性，及时对经济活动进行事中控制；提高会计信息质量，改善经营管理，提高经济效益。

二、会计凭证的种类

会计凭证按照填制的程序和用途不同，分为原始凭证和记账凭证。

（一）原始凭证

原始凭证又称单据，是指在经济业务发生或完成时取得或填制的，用于记录或证明经济业务的发生或完成情况的原始凭据。

原始凭证是在经济业务发生的过程中直接产生的，是经济业务发生的最初证明，在法律上具有证明效力，所以也称为“证明凭证”。如常用的原始凭证有现金收据、购货发票、销货发票、银行进账单、差旅费报销单（包括其附件中的火车票、飞机票、住宿费发票等）、产品入库单、领料单等。

原始凭证的主要作用是记载经济业务已经发生的过程和具体内容，不仅如此，原始凭证还可以明确经济责任，是进行会计核算的原始资料和重要依据，是会计核算中最具有法律效力的一种证明文件。

值得注意的是，原始凭证必须能够表明经济业务已经发生或其完成情况，凡是不能证明经济业务发生或完成情况的各种单证，不能作为原始凭证。如经济合同、派工单、请购单、计划、银行对账单、银行存款余额调节表、试算平衡表等。

（二）记账凭证

记账凭证又称记账凭单、分录凭单，是会计人员根据审核无误的原始凭证，按照经济业务的内容加以归类，并据以确定会计分录后填制的会计凭证。它是登记账簿的直接依据。

记账凭证的主要作用是对原始凭证进行分类整理、确定会计分录并据以登记账簿。记账凭证是登记总分类账户和明细分类账户的依据，它能反映经济业务的发生和完成情况，监督企业经济活动的运行，明确有关人员的责任。

虽然原始凭证与记账凭证均属于会计凭证，但其性质却大不相同。原始凭证记录的是经济信息，它是编制记账凭证的依据，是会计核算的基础；而记账凭证记录的是会计信息，它是会计核算的起点。

【例 5-1】（单选题）会计凭证按其（　　）的不同，分为原始凭证和记账凭证。

A. 填制的程序和用途　B. 填制的手续　C. 取得的来源　D. 格式

【答案】 A

【解析】 会计凭证按照填制的程序和用途不同，分为原始凭证和记账凭证。

【例 5-2】（多选题）下列不属于原始凭证的是（　　）。

A. 购货发票　B. 借款借据　C. 请购单　D. 派工单

【答案】 CD

【解析】 凡不能证明经济业务已执行或完成的书面文件，如经济合同、派工单、请购单，均不能作为原始凭证。

模块二　原始凭证

一、原始凭证的种类

原始凭证可按照取得来源、格式、填制手续和内容进行分类。

（一）按照取得的来源分类

原始凭证按照取得的来源不同，可以分为自制原始凭证和外来原始凭证。

1. 自制原始凭证

自制原始凭证是指由本单位有关部门和人员，在执行或完成某项经济业务时自行填制的，仅供本单位内部使用的原始凭证。如生产车间领用材料时填制的“领料单”（见表 5-1）、销售产品时由业务部门开出的“增值税专用发票”（见表 5-3）、提取现金时签发的现金支票（见表 5-4）等。

表 5-1　领料单

领用部门：办公室　　2021 年 4 月 21 日　　领料编号：150432

领料用途：宣传用　　发料仓库：一号库

材料编号	名称	规格	计量单位	请领数量	实发数量	单位成本（元/盒）	金额（元）	备注
098	打印纸	A4	盒	10	10	20.00	200.00	

仓库负责人：李丽　　仓库保管员：吴相　　领料部门负责人：李松　　领料人：张凯

【例 5-3】（判断题）自制原始凭证是由企业财会部门人员填制的原始凭证（　　）。

【答案】 错

【解析】 自制原始凭证是指由本单位有关部门和人员，在执行或完成某项经济业务时自行填制的，仅供本单位内部使用的原始凭证。

2. 外来原始凭证

外来原始凭证是指在经济业务发生或完成时，从其他单位或个人直接取得的原始凭证。如职工出差取得的火车票和住宿发票、企业支付电费和水费取得的发票、企业收到的中国工商银行单位客户专用回单（见表5-2）等。

表5-2 ICBC 中国工商银行单位客户专用回单 N0 963

币别：人民币　　2021年6月26日　　流水号：27654487367278696111 8

<table>
<tr><td rowspan="3">付款人</td><td>全称</td><td colspan="2">江南市新区贸易有限公司</td><td rowspan="3">收款人</td><td>全称</td><td colspan="10">弘毅公司</td></tr>
<tr><td>账号</td><td colspan="2">2043153445000563228</td><td>账号</td><td colspan="10">2043153445652893 21</td></tr>
<tr><td>开户行</td><td colspan="2">中国工商银行江南旺庄路支行</td><td>开户行</td><td colspan="10">中国工商银行江南建业支行</td></tr>
<tr><td rowspan="2" colspan="2">金额</td><td rowspan="2" colspan="4">人民币（大写）壹万贰仟伍佰元整</td><td>千</td><td>百</td><td>十</td><td>万</td><td>千</td><td>百</td><td>十</td><td>元</td><td>角</td><td>分</td></tr>
<tr><td></td><td></td><td>¥</td><td>1</td><td>2</td><td>5</td><td>0</td><td>0</td><td>0</td><td>0</td></tr>
<tr><td colspan="2">凭证种类</td><td colspan="3">电子转账凭证</td><td>凭证号码</td><td colspan="10">2202486535</td></tr>
<tr><td colspan="2">结算方式</td><td colspan="3">转账</td><td>用途</td><td colspan="10">货款</td></tr>
<tr><td colspan="3"></td><td colspan="13">打印柜员：320654202
打印机构：中国工商银行江南建业支行
打印卡号：4320000000012986
中国工商银行江南建业支行 电子回单 专用章</td></tr>
</table>

（二）按照格式分类

原始凭证按照其格式不同，可以分为通用凭证和专用凭证。

1. 通用凭证

通用凭证是指由有关部门统一印制、在一定范围内使用的具有统一格式和使用方法的原始凭证。如税务部门统一印制的“增值税专用发票”（见表5-3），中国人民银行统一印制的“现金支票”（见表5-4）等。

2. 专用凭证

专用凭证是指由各单位自行印制，仅在本单位内部使用的原始凭证。如“借款申请单”（见表5-5）“固定资产折旧计算表”“制造费用分配表”等。

（三）按照填制的手续和内容分类

原始凭证按照填制的手续和内容不同，可以分为一次凭证、累计凭证和汇总凭证。

1. 一次凭证

一次凭证是指在经济业务发生时一次填制完成的，只记录一笔经济业务且仅一次有效的原始凭证。一次凭证的特点是一次有效的原始凭证，其填制的手续是一次完成的。如企业提取现金时填制的“现金支票”（见表5-4）、企业网银付款时取得的中国工商银行客户专用回单（见表5-2）、企业购进材料时取得的“增值税专用发票”（见表5-3）等。

2. 累计凭证

累计凭证是指一定时期内多次记录发生的同类型经济业务且多次有效的原始凭证。其特点是在一张凭证内可以连续登记相同性质的经济业务，并随时结出累计数，期末按实际发生额记账。累计凭证是多次有效的原始凭证。如“限额领料单”（见表 5-6）。

3. 汇总凭证

汇总凭证是指对一定时期内反映经济业务内容相同的若干张原始凭证，按照一定标准综合填制的原始凭证。如“发料凭证汇总表”（见表 5-7）、“工资结算汇总表”、“收料凭证汇总表”等。汇总凭证汇总的内容，只能是同类经济业务。

二、原始凭证的基本内容

由于各项经济业务的内容和经济管理的要求不同，各种原始凭证的名称、格式和内容也是多种多样的。但是，所有的原始凭证，都是经济业务的原始证据，必须详细载明有关经济业务的发生或完成情况，必须明确经办单位和人员的经济责任。因此，各种原始凭证都应具备一些共同的基本内容。原始凭证所包括的基本内容，通常称为凭证基本要素，主要有：

（1）原始凭证的名称。

（2）填制凭证的日期。

（3）填制凭证单位名称或填制人姓名。

（4）经办人员的签名或盖章。

（5）接受凭证单位名称（抬头人）。

（6）经济业务内容。

（7）数量、单价和金额。

增值税专用发票中原始凭证基本要素如表 5-3 所示。

表 5-3 江苏省增值税专用发票　　NO 03287287

国家税务总局

此联不作报销、扣款使用　　开票日期：2021 年 5 月 16 日

<table>
<tr><td rowspan="4">购货单位</td><td colspan="5">名　　称：江南市永乐股份有限公司</td><td rowspan="4">密码区</td><td colspan="3" rowspan="4"></td></tr>
<tr><td colspan="5">纳税人识别号：321254456126907K</td></tr>
<tr><td colspan="5">地址 、电话：长江北路 144 号　82708456</td></tr>
<tr><td colspan="5">开户行及账户：交通银行江南城南支行　4036411334333376234</td></tr>
<tr><td colspan="2">货物或应税劳务名称</td><td>规格型号</td><td>单位</td><td>数量</td><td>单价</td><td>金额</td><td>税率</td><td>税额</td></tr>
<tr><td colspan="2">装订机</td><td></td><td>台</td><td>200</td><td>250.00</td><td>50 000.00</td><td>13%</td><td>6 500.00</td></tr>
<tr><td colspan="2">合计</td><td></td><td></td><td></td><td></td><td>50 000.00</td><td></td><td>6 500.00</td></tr>
<tr><td colspan="2">价税合计（大写）</td><td colspan="7">人民币伍万陆仟伍佰元整　　（小写）¥56 500.00</td></tr>
<tr><td rowspan="4">销货单位</td><td colspan="5">名　　称：弘毅公司</td><td rowspan="4">备注</td><td colspan="3" rowspan="4">弘毅公司
31244456307453X
发票专用章</td></tr>
<tr><td colspan="5">纳税人识别号：31244456307453X</td></tr>
<tr><td colspan="5">地址 、电话：建业 38 号　0510-85433576</td></tr>
<tr><td colspan="5">开户行及账户：中国工商银行江南市建业支行　204315344565289321</td></tr>
</table>

第一联：记账联　销售方记账凭证

收款人：　　复核人：王凯　　开票人：杨芳　　销售方：（章）

三、原始凭证的填制要求

（一）原始凭证填制的基本要求

原始凭证作为经济业务的原始证明，是进行会计核算工作的原始资料和重要依据，也是有

效提供会计信息资料的基础，其填制必须符合以下基本要求。

1. 记录真实

原始凭证上所填列的经济业务内容和数字，必须真实可靠，符合实际情况，不得歪曲经济业务真相，弄虚作假。对实物数量和金额的计算要正确无误，不得以估算和匡算填入。

2. 内容完整

原始凭证所要求填列的项目必须逐项填写齐全，不得遗漏和省略。年、月、日要按照原始凭证的实际日期填写；名称要齐全，不能简化；品名或用途填写明确，不能含糊不清；需要填写一式数联的原始凭证，必须用复写纸套写，各联的内容必须完全相同，联次不得缺少；经办人员必须在原始凭证上签名或盖章，对凭证的真实性和正确性负责。

3. 手续完备

单位自制原始凭证必须有经办单位负责人或其他指定人员的签名或盖章；对外开出的原始凭证必须加盖本单位公章；从外单位取得的原始凭证，必须盖有填制单位的公章；从个人取得的原始凭证，必须有填制人员的签名或盖章。

4. 书写清楚、规范

原始凭证要按规范填写，文字要简要，字迹要清楚、易于辨认，不得使用未经国务院公布的简化字。相关填写应遵守以下技术要求：

（1）小写金额用阿拉伯数字逐个书写，不得连写。在金额小写前要填写人民币符号“¥”，人民币符号“¥”与阿拉伯数字之间不得留有空白。凡阿拉伯数字前写有人民币“¥”的，数字后面不再写“元”。所有以“元”为单位的阿拉伯数字，除表示单价等情况外，一律填写到角、分，无角、分的，角位和分位写成“00”，或者用符号“—”表示；有角无分的，分位应当写“0”，不得用符号“—”代替。

（2）汉字大写金额数字，一律用正楷字或行书字书写，如壹、贰、叁、肆、伍、陆、柒、捌、玖、拾、佰、仟、万、亿、圆、角、分、零、整等。大写金额前未印有“人民币”字样的，应加写“人民币”三个字。大写金额数字到元或角为止的，在“元”或“角”字后一般应当写“整”字或“正”字；大写金额数字有分的，分字后面不写“整”字或“正”字。如小写金额¥1 520.38，大写金额应写成“人民币壹仟伍佰贰拾圆零叁角捌分”；小写金额为¥103.60，大写金额应写成“人民币壹佰零叁圆陆角整”。阿拉伯金额数字中间有“0”或连续有几个“0”时，汉字大写金额中可以只写一个“零”字，如小写金额¥6 004.50，大写金额应写成“人民币陆仟零肆圆伍角整”。

（3）重要原始凭证，如支票主体部分等，出票时间要用汉字大写，大写时，应注意月、日的书写。

① 大写月份时，壹月、贰月、壹拾月前需加“零”，如“零壹月”“零贰月”“零壹拾月”；

② 大写日时，壹至玖日、壹拾日、贰拾日、叁拾日前加“零”，如“零玖日”“零贰拾日”；另外，拾壹至拾玖日前应加“壹”，如“壹拾壹日”“壹拾玖日”。这样做是为了防止变造票据的出票日期。如“2021 年 1 月 5 日”大写为“贰零贰壹年零壹月零伍日”，“2021 年 2 月 20 日”大写为“贰零贰壹年零贰月零贰拾日”，“2021 年 12 月 30 日”大写为“贰零贰壹年壹拾贰月零叁拾日”。

5. 编号连续

各种凭证都应连续编号，以便查考。如已预先印定编号，应按编号连续使用。在写坏作废时，应加盖“作废”戳记，并妥善保存，不得撕毁。

6. 不得涂改、刮擦、挖补

原始凭证不得随意涂改、刮擦、挖补。发现原始凭证填制有错误，应当由开出单位重开或更正，更正处应当加盖开出单位公章。原始凭证金额有错误的，必须由开出单位重开，不得在原始凭证上更正。

7. 填制及时

每项经济业务在发生或完成后，应由经办人员立即填制原始凭证，签章后递交会计部门，以便会计部门审核后及时据以编制记账凭证，保证会计工作的时效性。

（二）自制原始凭证的填制

1. 一次凭证的填制

一次凭证包括所有外来凭证和大部分自制凭证。下面以“现金支票”和“借款申请单”为例说明一次凭证的填制。

（1）现金支票。现金支票是指存款人用以向银行提取或支付给收款人现金的一种支票。

【例 5-4】 2021 年 4 月 24 日，出纳员签发现金支票，准备从银行提取现金 5 000 元。其格式与内容如表 5-4 所示。

表 5-4　现金支票

存根	支票
中国工商银行 现金支票存根（苏） Ⅵ007366345 附加信息 出票日期 2021 年 5 月 16 日 收款人：本单位 金　额：¥5 000.00 用　途：备用金 单位主管 洪凯生 会计 龚丽	中国工商银行 现金支票（苏）　Ⅵ007366345 出票日期 贰零贰壹年肆月贰拾肆日　付款行名称：中国工商银行江南市建业支行 收款人：弘毅公司　出票人账号：204315344565289321 本支票付款期限十天 人民币（大写）伍仟元整　十 万 千 百 十 元 角 分：¥ 5 0 0 0 0 0 用途 备用金 上列款项请从 我账户内支付 出票人签章（弘毅公司财务专用章）（洪凯生印） 复核　记账

（2）借款申请单。借款申请单是由企业内部员工向企业借款时填制的凭证。

【例 5-5】 2021 年 4 月 22 日，弘毅公司销售部门业务员王强因出差向单位借现金 5 000 元，填制“借款申请单”，其格式与内容如表 5-5 所示。

表 5-5　借款申请单

2021 年 4 月 22 日

借款单位	业务员王强						
用途	出差滨海市预借差旅费						
金额（大写）人民币伍仟元整		¥5 000.00				现金付讫	
还款计划	2021 年 4 月 25 日						
领导批准	洪凯生	财务审批	袁红萍	部门审批	黄静	出纳付款	许佳敏
借款人	王强	备　注					

2. 累计凭证的填制

累计凭证应在每次经济业务完成后，由相关人员在同一张凭证上重复填制完成。该凭证能在一定时期内不断重复地反映同类经济业务的完成情况。

【例5-6】 2021年4月份，弘毅公司第一生产车间生产A产品，扁钢的领用限额为5 200千克，每千克扁钢的单价为30元，生产计划部门下达“限额领料单”后，一车间在月份内领用扁钢数量为：5日领用2 000千克，15日领用2 100千克，25日领用1 000千克。领发料双方填制“限额领料单”，其格式与内容如表5-6所示。

表5-6 限额领料单

领料部门：一车间　　　　领料编号：02291

用　　途：生产A产品　　　　2021年4月　　　　发料仓库：1号库

材料类别		材料编号	材料名称规格	计量单位	单价（元/千克）	全月领用限额（元）	全月实际领用		备注
							数量（千克）	金额（元）	
钢材		0316	扁钢	千克	30.00	5 200	5 100	153 000.00	
日期		请领		实发					结余限额（元）
月	日	数量（千克）	领料部门负责人	数量（千克）	发料人	领料人			
4	5	2 000	张克强	2 000	陈涛	陆坚强			3 200
4	15	2 100	张克强	2 100	陈涛	陆坚强			1 100
4	25	1 000	张克强	1 000	陈涛	陆坚强			100
合计				5 100					

生产计划部门：陈亮　　　　供应部门负责人：肖志刚　　　　仓库负责人：黄松涛

3. 汇总凭证的填制

汇总凭证应由相关人员在汇总一定时期内反映同类经济业务的原始凭证后填制完成。该凭证只能将类型相同的经济业务进行汇总，不能汇总两类或两类以上的经济业务。

【例5-7】 2021年4月份，弘毅公司材料会计张群将各车间、部门的本月领料凭证（领料单、限额领料单）汇总，编制“发料凭证汇总表”，如表5-7所示。

表5-7 发料凭证汇总表　　　　附件：126张

2021年4月　　　　单位：元

领用部门及用途	甲材料	乙材料	丙材料	合计
车间生产A产品耗用	160 000	120 000		280 000
车间生产B产品耗用	60 000	80 000		140 000
小计	220 000	200 000		420 000
车间一般耗用	5 000		4 000	9 000
行政管理部门耗用			1 200	1 200
销售部门			4 000	4 000
合计	225 000	200 000	9 200	434 200

审核：袁红萍　　　　制表：张群

（三）外来原始凭证的填制要求

外来原始凭证应在企业同外单位发生经济业务时，由外单位的相关人员填制完成。外来原始凭证一般由税务局等部门统一印制，或经税务部门批准由经营单位印制，在填制时加盖出具凭证单位公章方为有效。对于一式多联的原始凭证必须用复写纸套写或打印机套打。

四、原始凭证的审核

（一）原始凭证审核的内容

原始凭证必须经过会计主管人员或指定人员进行认真严格地逐项审查核实后，方能作为编制记账凭证和登记账簿的依据。审核原始凭证主要从以下几方面进行：

（1）审核原始凭证的真实性。真实性审核主要包括经济业务内容、填制凭证的日期、数据是否真实等内容的审查。对自制原始凭证，必须有经办部门和人员的签名、盖章；对外来原始凭证，必须有填制单位公章和填制人员的签名；对通用原始凭证，还应审核凭证本身的真实性，以防假冒。

（2）审核原始凭证的合法性。合法性审核主要审核原始凭证所记录经济业务是否有违反国家法律法规的情况，是否履行了规定的凭证传递和审核程序，是否有贪污腐化行为。

（3）审核原始凭证的合理性。合理性审核主要审核原始凭证所记录的经济业务是否符合企业生产经营活动的需要，是否符合有关的计划和预算等。

（4）审核原始凭证的完整性。完整性审核主要是按原始凭证基本要素，审核原始凭证的内容是否完整，各项目是否按规定填写齐全，手续是否完备。

（5）审核原始凭证的正确性。审核原始凭证记载的各项内容是否正确，包括：接受原始凭证单位的名称填写是否正确；原始凭证金额的填写和计量是否正确；原始凭证更正是否正确等。

（二）原始凭证审核结果的处理

原始凭证的审核是一项十分细致而严肃的工作，会计人员必须坚持原则，履行职责。经审核后的原始凭证应根据不同情况进行处理：

（1）对于完全符合要求的原始凭证，应及时据以编制记账凭证入账。

（2）对于真实、合法、合理但内容不够完整、填写有错误的原始凭证，应退回给有关经办人员，由其负责将有关凭证补充完整、更正错误或重开后，再补办正式会计手续。

（3）对于不真实、不合法的原始凭证，会计机构和会计人员有权不予接受，并向单位负责人报告。

【例 5-8】（单选题）下列原始凭证中，不属于单位自制原始凭证的有（　　）。

A. 收料单　　B. 限额领料单

C. 购料收到的增值税专用发票　　D. 领料单

【答案】 C

【解析】 增值税专用发票是外来原始凭证。

【例 5-9】（单选题）下列各项中，不属于原始凭证所具备的基本内容的是（　　）。

A. 经济业务内容　　B. 凭证名称、填写日期

C. 经办人员签名或盖章　　D. 会计科目

【答案】 D

【解析】 会计科目是记账凭证的基本内容。

【例5-10】 （单选题）下列各项中，属于累计凭证的是（　　）。

A. 差旅费报销单　　B. 限额领料单　　C. 收料凭证汇总表　　D. 发料单

【答案】 B

【解析】累计凭证是指一定时期内多次记录发生的同类型经济业务且多次有效的原始凭证。差旅费报销单、收料凭证汇总表、发料单均是一次凭证。

【例5-11】 （多选题）下列各项中，属于外来原始凭证的有（　　）。

A. 飞机票　　B. 销货发票

C. 购货发票　　D. 从外单位取得的电汇凭证

【答案】 ACD

【解析】 外来原始凭证是指在经济业务发生或完成时，从其他单位或个人直接取得的原始凭证。销货发票是本单位在销售商品时填制的，属于自制凭证。

【例5-12】 （多项选择题）以下项目中，属于原始凭证填制要求的有（　　）。

A. 记录真实　　B. 内容完整　　C. 书写清楚　　D. 填制及时

【答案】 ABCD

【解析】 原始凭证填制的基本要求：记录真实、内容完整、手续完备、书写清楚、连续编号、不得涂改刮擦挖补、填制及时。

【例5-13】 发票是企业的外来原始凭证。（　　）

【答案】 错

【解析】 购货发票是企业的外来原始凭证，销货发票是企业的自制原始凭证。

模块三　记 账 凭 证

一、记账凭证的种类

记账凭证可按不同标准进行分类，按照用途的不同，分为专用记账凭证和通用记账凭证；按照填列方式的不同，分为复式记账凭证和单式记账凭证。

（一）按记账凭证的用途分类

记账凭证按凭证用途的不同，分为专用记账凭证和通用记账凭证两类。

1. 专用记账凭证

专用记账凭证是指分类反映经济业务的记账凭证。专用记账凭证按其所记录的经济业务与现金和银行存款的收付有无关系，又分为收款凭证、付款凭证和转账凭证三种。

（1）收款凭证是指用于记录库存现金和银行存款收款业务的记账凭证。它根据有关现金和银行存款收入业务的原始凭证填制，是登记现金日记账、银行存款日记账及有关明细分类账和总分类账等账簿的依据，也是出纳人员收讫款项的依据。收款凭证格式如表 5-8 所示。如收回备用金业务、销售商品收到款项业务、收到前欠货款、从银行取得贷款等业务都应编制收款凭证。

表 5-8　收款凭证

借方科目：　　　　　　　　　　　　年　月　日　　　　　　　　　　___收字 第　号

摘　要	贷方科目	明细科目	金额								记账
			十	万	千	百	十	元	角	分	
合　计											

附单据　张

会计主管　　　　记账　　　　复核　　　　出纳　　　　制单

（2）付款凭证是指用于记录库存现金和银行存款付款业务的记账凭证。它根据有关现金和银行存款支付业务的原始凭证填制，是登记现金日记账、银行存款日记账及有关明细分类账和总分类账等账簿的依据，也是出纳人员付讫款项的依据。付款凭证格式如表 5-9 所示。如购入材料支付货款、支付欠货款、支付备用金、支付薪酬等业务都应编制付款凭证。

表 5-9　付款凭证

贷方科目：　　　　　　　　　　　　年　月　日　　　　　　　　　　___付字 第　号

摘　要	贷方科目	明细科目	金额								记账
			十	万	千	百	十	元	角	分	
合　计											

附单据　张

会计主管　　　　记账　　　　复核　　　　出纳　　　　制单

（3）转账凭证是指用于记录不涉及库存现金和银行存款业务的记账凭证。它根据有关转账业务的原始凭证填制。转账凭证是登记总分类账及有关明细分类账的依据。转账凭证格式如表 5-10 所示。如计提固定资产折旧、车间领用材料、产品入库、结转本年利润等业务都应编制转账凭证。

表 5-10　转账凭证

年　月　日　　　　　　　　　　　　　　　　　　　　转字第　号

摘要	会计科目		借方金额								贷方金额								记账
	总账科目	明细科目	十	万	千	百	十	元	角	分	十	万	千	百	十	元	角	分	
合计																			

附单据　张

会计主管　　　　记账　　　　复核　　　　制单

2. 通用记账凭证

通用记账凭证是指用来反映所有经济业务的记账凭证，为各类经济业务所共同使用，其格式与转账凭证基本相同。

在经济业务比较简单的经济单位，为了简化凭证，可以使用通用记账凭证记录所发生的各种经济业务。通用记账凭证格式如表 5-11 所示。

表 5-11　通用记账凭证

年　月　日　　　　　　　　　　　　　　　　　　　　转字第　号

摘要	会计科目		借方金额								贷方金额								记账
	总账科目	明细科目	十	万	千	百	十	元	角	分	十	万	千	百	十	元	角	分	
合计																			

附单据　张

会计主管　　　　记账　　　　复核　　　　出纳　　　　制单

（二）按凭证的填列方式分类

记账凭证按其填制方式的不同，分为复式记账凭证和单式记账凭证两类。

1. 复式记账凭证

复式记账凭证是将每一笔经济业务事项所涉及的全部会计科目及其发生额均在同一张记账凭证中反映的一种凭证。上述的收款凭证、付款凭证、转账凭证都是复式记账凭证。

优点：可以集中反映一项经济业务科目的对应关系，便于了解有关经济业务的全貌，减少凭证数量，节约纸张等。

缺点：不便于汇总计算每一个会计科目的发生额。

2. 单式记账凭证

单式记账凭证是指每一张记账凭证只填列经济业务事项所涉及的一个会计科目及其金额的记账凭证。

优点：内容单一，便于汇总计算每一会计科目的发生额，便于分工记账。

缺点：制证工作量大，且不能在一张凭证上反映经济业务的全貌，内容分散，也不便于查账，还易出差错。

二、记账凭证的基本内容

记账凭证种类甚多，格式不一，但其主要作用都在于对原始凭证进行分类、整理，按照复式记账的要求，运用会计科目，编制会计分录，据以登记账簿。因此，各种记账凭证必须具备一些共同的基本内容。记账凭证所包括的基本内容，通常称为凭证基本要素，主要有：

（1）填制凭证的日期。

（2）凭证的编号。

（3）经济业务摘要。

（4）会计科目。

（5）金额。

（6）所附原始凭证的张数。

（7）相关人员签名或盖章，包括填制凭证人员、稽核人员、记账人员、会计机构负责人、会计主管人员等。

三、记账凭证的填制要求

（一）记账凭证填制的基本要求

记账凭证是登记账簿的依据，正确填制记账凭证是保证账簿记录正确的基础。填制记账凭证应符合以下基本要求：

（1）记账凭证各项内容必须完整。

（2）记账凭证的书写应当清楚、规范。

（3）除结账和更正错误的记账凭证可以不附原始凭证外，其他记账凭证必须附有原始凭证。

记账凭证后如附有汇总原始凭证，应按汇总的原始凭证填写张数。如职工报销差旅费，共有各种原始凭证 26 张，均应附在“差旅费报销单”后面，在“差旅费报销单”上填写附原始凭证 26 张，但在填写记账凭证附件数时，所附原始凭证张数应填 1 张。

（4）记账凭证的填制应以审核无误的原始凭证为依据。记账凭证可以根据每一张原始凭证填制，或者根据若干张同类原始凭证汇总填制，也可以根据原始凭证汇总表填制。但不得将不同内容和类别的原始凭证汇总填制在一张记账凭证上。

（5）记账凭证应连续编号。记账凭证在一个月内应按业务发生顺序并按不同种类的记账凭证采用“字号编号法”连续编号，以便查核。如果一笔经济业务借贷方科目较多，在一张记账凭证上填写不完，需填制两张及以上记账凭证的，可以采用“分数编号法”编号。例如，第 5 笔转账业务需要编制 3 张记账凭证，其编号分别为“转字第 $5\frac{1}{3}$ 号”“转字第 $5\frac{2}{3}$ 号”“转字第 $5\frac{3}{3}$ 号”。

（6）记账凭证在登记账簿前发现有错误时，应当重新编制；已登记入账的记账凭证发现填写错误时，应采用错账更正方法进行更正（参见项目六）。

（7）记账凭证填制完成后，如有空行，应当自金额栏最后一笔金额数字下的空行处至合计数上的空行处画线注销。

（二）收款凭证的填制要求

收款凭证左上角的“借方科目”按收款的性质填写“库存现金”或“银行存款”；“日期”填写的是填制本凭证的日期；右上角填写填制收款凭证的顺序号；“摘要”栏填写对所记录的经济业务的简要说明；“贷方科目”填写与收入“库存现金”或“银行存款”相对应的会计科目；“记账”是指该凭证已登记账簿的标记，防止经济业务重记或漏记；“金额”是指该项经济业务的发生额；该凭证右边“附件×张”是指本记账凭证所附原始凭证的张数；最下边分别由有关人员签章，以明确经济责任。

【例 5-14】 2021 年 3 月 5 日，弘毅公司收到明明公司预付的购货款 20 000 元。会计人员根据审核无误的银行收账通知单填制银行存款收款凭证，其凭证格式和内容如表 5-12 所示。

表 5-12 收款凭证

借方科目：银行存款　　　　2021 年 3 月 5 日　　　　银收字 第 8 号

摘要	贷方科目		金额								记账
	总账科目	明细科目	十	万	千	百	十	元	角	分	
预收购货款	预收账款	明明公司		2	0	0	0	0	0	0	
合计			￥	2	0	0	0	0	0	0	

附单据 1 张

会计主管　　记账　　复核 于海　　出纳 赵芳　　制单 张敏

【例 5-15】 2021 年 3 月 6 日，弘毅公司业务员王涛报销差旅费，原预借 3 000 元，报销 2 700 元，交来多余现金 300 元。会计人员根据差旅费报销单和现金收款收据分别编制转账凭证和收款凭证，其凭证格式和内容如表 5-13、表 5-14 所示。

表 5-13 转账凭证

2021年3月6日　　　　　　　　　　　　　　　　　　转字第16号

摘要	会计科目		借方金额								贷方金额								记账
	总账科目	明细科目	十	万	千	百	十	元	角	分	十	万	千	百	十	元	角	分	
报销差旅费	管理费用	差旅费			2	7	0	0	0	0									
	其他应收款	备用金											2	7	0	0	0	0	
合计				¥	2	7	0	0	0	0		¥	2	7	0	0	0	0	

附单据1张

会计主管　　　　记账　　　　复核 于海　　　　制单 张敏

需要注意的是，本业务应根据差旅费报销单填制转账凭证，应根据收款收据填制现金收款凭证。编制会计分录时，本业务可以编制一笔复合的会计分录，而填制专用记账凭证时必须填制两张记账凭证。

表 5-14 收款凭证

借方科目：库存现金　　　　2021年3月6日　　　　现收字第25号

摘要	贷方科目		金额								记账
	总账科目	明细科目	十	万	千	百	十	元	角	分	
收多余差旅费	其他应收款	备用金				3	0	0	0	0	
合计					¥	3	0	0	0	0	

附单据1张

会计主管　　　　记账　　　　复核 于海　　　　出纳 赵芳　　　　制单 张敏

（三）付款凭证的填制要求

付款凭证是根据审核无误的有关库存现金和银行存款付款业务的原始凭证填制的。付款凭证的填制方法与收款凭证基本相同，不同的是在付款凭证的左上角应填制贷方科目，即“库存现金”或“银行存款”科目，“借方科目”栏应填写与“库存现金”或“银行存款”相对应的一级科目和明细科目。

【例 5-16】 2021 年 4 月 1 日，支付第一季度短期借款利息 4 625 元，其中 1 月、2 月已分别预提 1 500 元，会计人员根据银行付款通知单编制银行付款凭证，其格式和内容如表 5-15 所示。

表 5-15　付款凭证

贷方科目：银行存款　　　　2021年4月1日　　　　银付字 第6号

摘要	借方科目		金额								记账
	总账科目	明细科目	十	万	千	百	十	元	角	分	
支付利息	应付利息	中国工商银行			3	0	0	0	0	0	
	财务费用	利息			1	6	2	5	0	0	
合计				￥	4	6	2	5	0	0	

附单据 1 张

会计主管　　记账　　复核 于海　　出纳 赵芳　　制单 张敏

【例 5-17】 2021 年 4 月 18 日，从三阳公司购入甲材料，买价 20 000 元，增值税税额为 2 600 元，材料验收入库，以转账支票支付货款 15 000 元，其余暂欠。会计人员根据购货发票、收料单先全额编制转账凭证（见表 5-16），再根据转账支票存根编制银行付款凭证（见表 5-17）。

表 5-16　转账凭证

2021年4月18日　　　　转字第23号

摘要	会计科目		借方金额								贷方金额								记账
	总账科目	明细科目	十	万	千	百	十	元	角	分	十	万	千	百	十	元	角	分	
购材料款暂欠	原材料	甲材料		2	0	0	0	0	0	0									
	应交税费	应交增值税（进项税额）			2	6	0	0	0	0									
	应付账款	三阳公司										2	2	6	0	0	0	0	
合计			￥	2	2	6	0	0	0	0	￥	2	2	6	0	0	0	0	

附单据 2 张

会计主管　　记账　　复核 于海　　制单 张敏

表 5-17　付款凭证

贷方科目：银行存款　　　　2021年4月18日　　　　银付字 第38号

摘要	借方科目		金额								记账
	总账科目	明细科目	十	万	千	百	十	元	角	分	
付材料款	应付账款	三阳公司		1	5	0	0	0	0	0	
合计			￥	1	5	0	0	0	0	0	

附单据 1 张

会计主管　　记账　　复核 于海　　出纳 赵芳　　制单 张敏

需要注意的是，本业务应先根据增值税专用发票和材料入库单，按结算金额填制转账凭证，再根据转账支票存根，按实际支付金额编制付款凭证。

【例 5-18】 2021 年 4 月 20 日，签发现金支票从银行提取现金 5 000 元备用。会计人员应根据现金支票存根编制银行付款凭证，其格式和内容如表 5-18 所示。

表 5-18 付款凭证

贷方科目：银行存款　　　　2021 年 4 月 20 日　　　　银付字 第 39 号

摘要	借方科目		金额								记账
	总账科目	明细科目	十	万	千	百	十	元	角	分	
提现备用	库存现金				5	0	0	0	0	0	
合计				¥	5	0	0	0	0	0	

附单据 1 张

会计主管　　记账　　复核 于海　　出纳 赵芳　　制单 张敏

需要注意的是，对于涉及现金和银行存款之间的相互划转业务，如从银行提取现金或将现金存入银行，为了避免重复记账，一般只编制付款凭证。例如，从银行提取现金时，只编制银行付款凭证；将现金存入银行时，只编制现金付款凭证。

（四）转账凭证的填制要求

转账凭证通常是根据有关转账业务的原始凭证填制的。转账凭证中“总账科目”和“明细科目”栏应填写应借、应贷的总账科目和明细科目，借方科目应记金额应在同一行的“借方金额”栏填列，贷方科目应记金额应在同一行的“贷方金额”栏填列，“借方金额”栏合计数与“贷方金额”栏合计数应相等。

【例 5-19】 2021 年 4 月 30 日，计提短期借款利息 1 800 元。会计人员根据短期借款利息计算表编制转账凭证，其格式和内容如表 5-19 所示。

表 5-19 转账凭证

2021 年 4 月 30 日　　　　转字第 48 号

摘要	会计科目		借方金额								贷方金额								记账
	总账科目	明细科目	十	万	千	百	十	元	角	分	十	万	千	百	十	元	角	分	
计提利息	财务费用	利息			1	8	0	0	0	0									
	应付利息												1	8	0	0	0	0	
合计				¥	1	8	0	0	0	0		¥	1	8	0	0	0	0	

附单据　张

会计主管　　记账　　复核　　制单

四、记账凭证的审核

记账凭证是登记账簿的直接依据，为了保证账簿记录的准确性和会计信息的质量，在记账前应由相关稽核人员对记账凭证进行严格的审核。审核的主要内容包括：

（1）内容是否真实。审核记账凭证是否附有原始凭证，所附原始凭证的内容是否与记账凭证的内容一致。

（2）项目是否齐全。审核记账凭证各项目的填写是否齐全，如日期、凭证编号、摘要、会计科目、金额、所附原始凭证张数及有关人员签章等。

（3）科目是否正确。审核记账凭证的应借、应贷科目是否正确，账户对应关系是否清楚，所使用的会计科目是否符合有关会计准则的规定。

（4）金额是否正确。审核记账凭证所记录的金额与原始凭证的有关金额是否一致。

（5）书写是否规范。审核记账凭证的记录文字是否工整、数字是否清晰，是否按规定使用蓝黑墨水，是否按规定进行更正等。

（6）手续是否完备。出纳人员在办理收款或付款业务后，应在原始凭证上加盖“收讫”或“付讫”的戳记。

【例5-20】（单选题）接收外单位投资的汽车一辆，应填制（　　）。

A. 收款凭证　　B. 付款凭证　　C. 转账凭证　　D. 汇总凭证

【答案】 C

【解析】 此经济业务应计入“固定资产”科目的借方，计入“实收资本”科目的贷方，所以编制转账凭证。

【例5-21】（单选题）下列表述正确的是（　　）。

A. 记账凭证只能根据每张原始凭证编制

B. 记账凭证必须附有原始凭证

C. 某业务涉及几张记账凭证可采用分数编号法

D. 记账凭证发生错误可以更正

【答案】 C

【解析】 记账凭证可以根据一张记账凭证编制，也可以根据若干张同类经济业务编制；结账和错账更正可以不附原始凭证；填制记账凭证发生错误，应当重新填制。

【例5-22】（多选题）下列表述正确的有（　　）。

A. 转账业务只涉及转账业务，不涉及收付款业务

B. 涉及库存现金和银行存款之间的划转业务应填制转账凭证

C. 付款凭证的贷方科目只能是“库存现金”或“银行存款”

D. 收款凭证的借方科目只能是“库存现金”或“银行存款”

【答案】 ACD

【解析】 涉及库存现金和银行存款之间的划转业务应填制付款凭证。

【例5-23】（多选题）涉及现金与银行存款之间的划款业务时，可以编制的记账凭证有（　　）。

A. 银行存款收款凭证　　B. 银行存款付款凭证

C. 现金收款凭证　　D. 现金付款凭证

【答案】 BD

【解析】 涉及现金和银行存款之间的相互划转业务，一般只编制付款凭证。库存现金存入银行填制现金付款凭证；从银行提取现金编制银行存款付款凭证。

【例 5-24】（多选题）记账凭证审核的内容有（　　）。

A. 内容是否真实　　B. 科目是否正确

C. 金额是否正确　　D. 经济业务的数量、单价和金额是否正确

【答案】 ABC

【解析】 选项 D 属于原始凭证审核的内容。

【例 5-25】 单式记账凭证是在单式记账法下使用，复式记账凭证是在复式记账法下使用。（　　）

【答案】 错

【解析】 单式记账凭证和复式记账凭证都是在复式记账法下使用。

模块四　会计凭证的传递和保管

一、会计凭证的传递

会计凭证的传递是指从会计凭证的取得或填制时起至归档保管时止，在单位内部各有关部门和人员之间的传递程序。

会计凭证的传递，应当满足内部控制制度的要求，使传递程序合理有效，同时尽量节约传递时间，减少传递的工作量。

各单位应根据具体情况制定每种凭证的传递程序和方法。在制定会计凭证的传递程序、规定及传递时间时，应注意以下两个方面的问题：

（1）传递程序。各单位应根据经济业务的特点，结合内部机构和人员分工情况，以及满足经营管理和会计核算的需要，规定会计凭证的传递程序，并据此规定会计凭证的份数，使经办业务的部门和人员能及时地办理各种凭证手续，既符合内部牵制原则，又能加速业务处理过程，提高工作效率。

（2）传递时间。各单位要根据有关部门和人员办理经济业务的情况，恰当地规定凭证在各环节的停留时间和交接时间。

二、会计凭证的保管

会计凭证的保管是指会计凭证记账后的整理、装订、归档和存查工作。会计凭证作为记账的依据，是重要的会计档案和经济资料。本单位及其他有关单位可能因为各种需要查阅会计凭证，特别是发生贪污、盗窃、违法乱纪行为时，会计凭证还是依法处理的有效证据。因此，任何单位在完成经济业务手续和记账后，必须将会计凭证按规定的立卷归档制度形成会计档案资料，妥善保管，防止丢失，不得任意销毁，以便日后随时查阅。

会计凭证的保管要求主要有：

（1）会计凭证应定期装订成册，防止散失。会计部门在依据会计凭证记账以后，应定期（每天、每旬或每月）对各种会计凭证进行分类整理，将各种记账凭证按照编号顺序，连同所附的原始凭证一起加具封面和封底，装订成册，并在装订线上加贴封签，由装订人员在装订线封签处签名或盖章。

外来原始凭证遗失的处理：从外单位取得的原始凭证遗失时，应取得原签发单位盖有公章的证明，并注明原始凭证的号码、金额、内容等，由经办单位会计机构负责人、会计主管人员和单位负责人批准后，才能代作原始凭证。若确实无法取得证明的，如车票丢失，则应由当事人写明详细情况，由经办单位会计机构负责人、会计主管人员和单位负责人批准后，代作原始凭证。

（2）会计凭证封面应当注明单位名称、凭证种类、凭证张数、起止号数、年度、月份、会计主管人员和装订人员等有关事项，会计主管人员和保管人员应在封面上签章。记账凭证封面如表5-20所示。

表5-20　记账凭证封面

单位名称			
起讫时间	自　　年　　月　　日至　　年　　月　　日		
册　　数	年　　月第　　册　　本月共　　册		
记账凭证编　　号	自　　字第　　号至　　字第　　号		
附件张数		保管期限	

会计主管　　　　　　　　　　　　　　　　　　　　装订人

（3）会计凭证应当加贴封条，防止抽换凭证。原始凭证不得外借，其他单位如有特殊原因确实需要使用时，经本单位会计机构负责人、会计主管人员批准，可以复制。向外单位提供的原始凭证复印件，应在专设的登记簿上登记，并由提供人员和收取人员共同签名、盖章。

（4）原始凭证较多时可单独装订。记账凭证所附的原始凭证较多，如发出材料编制的记账凭证，所附的领料单、限额领料单等可以单独装订。但应在记账凭证封面上注明所属记账凭证的日期、编号和种类，同时在所属的记账凭证上应注明“附件另订”及原始凭证的名称和编号，以便查阅。对各种重要的原始凭证，如押金收据、提货单等，以及各种需要随时查阅和退回的单据，应另编目录，单独保管，并在有关的记账凭证和原始凭证上分别注明和编号。

（5）存档的会计凭证应集中保管。会计凭证装订后，在年度终了时可由单位财务部门保管一年；期满后应当移交本单位档案部门统一保管。未设立档案机构的，应当在会计机构内部指定专人保管。出纳人员不得兼管会计档案。会计凭证存档以后，应集中保管并指定专人负责。保管人员应当按照会计档案管理的要求，对装订成册的会计凭证按年份、月份排列，以便查阅。查阅会计凭证应有一定手续。

（6）严格遵守会计凭证的保管期限要求，期满前不得任意销毁。

【例5-26】（单选题）（　　）不得外借，其他单位如确实需要使用，经本单位会计机构负责人、会计主管人员批准，可以复印。

A. 记账凭证　　B. 会计凭证　　C. 会计账簿　　D. 原始凭证

【答案】 D

【解析】 原始凭证不得外借，其他单位如有特殊原因确实需要使用时，经本单位会计机构负责人、会计主管人员批准，可以复印。

【例 5-27】（判断题）会计凭证传递是指从原始凭证的填制或取得起至会计凭证归档保管时止，在财会部门内部按规定的路线进行传递和处理的程序。

【答案】 错

【解析】 会计凭证的传递是指从会计凭证的取得或填制时起至归档保管时止，在单位内部各有关部门和人员之间的传递程序。

【例 5-28】（单选题）2021 年 4 月份的会计凭证应当在（　　）移交本单位档案部门。

A. 2021 年 4 月　　B. 2021 年 12 月 31 日

C. 2022 年 4 月　　D. 2022 年 12 月 31 日

【答案】 D

【解析】 会计凭证装订后，在年度终了时可由单位财务部门保管一年；期满后应当移交本单位档案部门统一保管。

项目训练

一、单项选择题

1. 在一定时期内连续记录若干项同类经济业务的会计凭证是（　　）。
   A. 记账凭证　　B. 一次凭证　　C. 原始凭证　　D. 累计凭证
2. 付款凭证科目借贷对应方式正确的是（　　）。
   A. 多借一贷　　B. 多贷一借　　C. 多借多贷　　D. 以上全部正确
3. 仓库保管人员填制的收料单，属于企业的（　　）。
   A. 汇总原始凭证　　B. 累计原始凭证
   C. 外来原始凭证　　D. 自制原始凭证
4. 登记账簿的直接依据是（　　）。
   A. 记账凭证　　B. 原始凭证　　C. 经济业务　　D. 会计报表
5. 下列会计凭证中，只需反映价值量的是（　　）。
   A. 限额领料单　　B. 实存账存对比表
   C. 材料入库单　　D. 工资分配汇总表
6. 除了结账和更正错误以外，填制记账凭证的依据只能是（　　）。
   A. 审核无误的原始凭证　　B. 原始凭证
   C. 会计账簿　　D. 会计报表
7. 华达公司于 2021 年 10 月 12 日开出一张现金支票，对于支票日期正确的填写方法是（　　）。
   A. 贰零贰壹年拾月壹拾贰日　　B. 贰零贰壹年壹拾月拾贰日
   C. 贰零贰壹年零壹拾月壹拾贰日　　D. 贰零贰壹年零拾月壹拾贰日
8. 下列不属于原始凭证审核内容的是（　　）。
   A. 会计科目使用是否正确
   B. 凭证是否符合规定的审核程序
   C. 凭证是否有填制单位的公章和填制人员签章
   D. 凭证是否符合有关计划和预算

9. 某企业根据一张发料凭证汇总表编制记账凭证，由于涉及项目较多，需填制两张记账凭证，则记账凭证编号为（　　）。
   A. 收字第××1/2 号和收字第××2/2 号
   B. 收字第××号
   C. 转字第××号
   D. 转字第××1/2 号和转字第××2/2 号
10. 记账凭证的填制是由（　　）完成的。
   A. 主管人员　　B. 出纳人员　　C. 会计人员　　D. 经办人员
11. 限额领料单属于（　　）。
   A. 通用凭证　　B. 累计凭证　　C. 一次凭证　　D. 汇总凭证
12. 企业出售产品一批，售价为 5 000 元，收到一张转账支票送存银行。这笔业务应编制的记账凭证为（　　）。
   A. 转账凭证　　B. 付款凭证　　C. 收款凭证　　D. 以上均可
13. 4 月 15 日，行政管理人员王明将标明日期为 3 月 26 日的发票拿来报销，经审核后会计人员依据该发票编制记账凭证，则记账凭证的日期应为（　　）。
   A. 3 月 26 日　　B. 4 月 1 日　　C. 3 月 31 日　　D. 4 月 15 日
14. 下列做法中，符合《会计基础工作规范》规定的是（　　）。
   A. 外来原始凭证金额错误，可在原始凭证上更正但需签名或盖章
   B. 自制原始凭证无须经办人签名或盖章
   C. 凡是账簿记录金额错误，都可以采用划线更正法予以更正
   D. 销售商品 1 000.84 元，销货发票大写金额为：壹仟元零捌角肆分
15. 职工张某出差归来，报销差旅费 200 元，交回多余现金 100 元，应编制的记账凭证是（　　）。
   A. 转账凭证　　B. 收款凭证
   C. 收款凭证和转账凭证　　D. 收款凭证和付款凭证
16. 一项经济业务所涉及的每个会计科目单独填制一张记账凭证，每一张记账凭证中只登记一个会计科目，这种凭证称为（　　）。
   A. 一次凭证　　B. 单式记账凭证
   C. 通用记账凭证　　D. 专用记账凭证
17. 对于一些经常重复发生的经济业务，可以根据同类原始凭证编制（　　）。
   A. 原始凭证汇总表　　B. 发料汇总表
   C. 收料汇总表　　D. 记账凭证
18. 在填制会计凭证时，1 518.53 元的大写金额数字为（　　）。
   A. 壹仟伍佰拾捌元伍角叁分　　B. 壹仟伍佰拾捌元伍角叁分整
   C. 壹仟伍佰壹拾捌元伍角叁分　　D. 壹仟伍佰壹拾捌元伍角叁分整
19. 下列各项中，（　　）不属于记账凭证的基本要素。
   A. 应计会计科目、方向及金额　　B. 交易或事项的内容摘要
   C. 凭证附件　　D. 交易或事项的数量、单位和金额

20. 某会计人员在审核记账凭证时，发现误将 1 000 元写成 100 元，尚未入账，一般应采用（　　）改正。
A. 冲账法　B. 补充登记法　C. 红字更正法　D. 重新编制记账凭证

21. 已经登记入账的记账凭证，在当年内发现有误，可以用红字填写一张与原内容相同的记账凭证，在摘要栏注明（　　），以冲销原错误的记账凭证。
A. 注销某月某日某号凭证　B. 订正某月某日某号凭证
C. 对方单位　D. 经济业务内容

22. 各种原始凭证，除由经办业务的有关部门审核以外，最后都要由（　　）进行审核。
A. 财政部门　B. 会计部门
C. 总经理　D. 董事会

23. 下列记账凭证中，可以不附原始凭证的是（　　）。
A. 所有付款凭证　B. 所有收款凭证
C. 所有转账凭证　D. 用于结账的记账凭证

24. 会计机构和会计人员对不真实、不合法的原始凭证和违法收支，应当（　　）。
A. 不予接受　B. 予以退回
C. 不予接受，并向单位负责人报告　D. 予以纠正

25. 银行结算凭证按填制的手续及内容分类，属于原始凭证中的（　　）。
A. 一次凭证　B. 累计凭证
C. 专用凭证　D. 汇总凭证

26. 出纳人员在办理收款或付款后，应在（　　）上加盖“收讫”或“付讫”的戳记，以避免重收重付。
A. 收款凭证　B. 付款凭证
C. 原始凭证　D. 记账凭证

二、多项选择题

1. 下列项目中，属于会计凭证的是（　　）。
A. 领用材料时填制的领料单　B. 供货单位开具的发票
C. 付款凭证　D. 财务部门编制的开支计划

2. 收款凭证的借方科目可能是（　　）。
A. “库存现金”　B. “应收账款”　C. “银行存款”　D. “应付账款”

3. 按照规定，除（　　）的记账凭证可以不附原始凭证外，其他记账凭证必须附有原始凭证。
A. 更正错账　B. 提取现金　C. 现金存入银行　D. 结账

4. 下列说法正确的是（　　）。
A. 对于已预先印有编号的原始凭证在写错时，无须进行任何处理，但不得撕毁
B. 外来原始凭证遗失时，只需取得原签发单位盖有公章的证明，可代作原始凭证
C. 从个人取得的原始凭证，必须有填制人员的签名或盖章
D. 会计凭证具有监督经济活动、控制经济运行的作用

5. 涉及现金与银行存款之间的划款业务时，可以编制的记账凭证有（　　）。
   A. 银行存款付款凭证　　B. 现金收款凭证
   C. 银行存款收款凭证　　D. 现金付款凭证
6. 收款凭证和付款凭证是用来记录货币资金收付业务的凭证，它们是（　　）。
   A. 出纳员收付款项的依据
   B. 根据库存现金和银行存款收付业务的原始凭证填制的
   C. 登记明细分类账和总分类账等有关账簿的依据
   D. 登记库存现金日记账、银行存款日记账的依据
7. 下列原始凭证中，属于单位自制原始凭证的是（　　）。
   A. 购料收到的增值税专用发票　　B. 收料单
   C. 领料单　　D. 限额领料单
8. 以下属于单式记账凭证特点的是（　　）。
   A. 便于汇总计算每一科目的发生额
   B. 把经济业务所涉及的每个会计科目分别填列在几张凭证上
   C. 根据单式记账法编制的记账凭证
   D. 每个会计科目填列一张记账凭证
9. 会计凭证传递的组织工作主要包括（　　）方面。
   A. 规定会计凭证在各个环节的停留时间
   B. 规定会计凭证的传递路线
   C. 规定保管期限及销毁制度
   D. 制定会计凭证传递过程中的交接签收制度
10. 关于原始凭证的填制，下列说法正确的是（　　）。
    A. 自制原始凭证必须有经办部门负责人或其指定的人员的签名或盖章
    B. 购买实物的原始凭证，必须有验收证明
    C. 不得以虚假的交易或事项为依据填制原始凭证
    D. 原始凭证应在交易或事项发生或完成后及时填制
11. 下列项目中，属于原始凭证和记账凭证共同具备的基本内容的是（　　）。
    A. 凭证的名称及编号　　B. 填制凭证的日期
    C. 填制及接受单位的名称　　D. 有关人员的签章
12. 记账凭证的填制除必须做到记录真实、内容完整、填制及时、书写清楚外，还必须符合的要求是（　　）。
    A. 必须连续编号
    B. 如有空行，应当在空行处画线注销
    C. 发生错误应该按规定的方法更正
    D. 除另有规定外，应该有附件并注明附件张数
13. 在填制记账凭证时，下列做法错误的是（　　）。
    A. 用于更正错账的记账凭证可以不附原始凭证
    B. 一个月内的记账凭证连续编号
    C. 将不同类型业务的原始凭证合并编制一张记账凭证
    D. 从银行提取库存现金时只填制库存现金收款凭证

14. 以下有关会计凭证的表述，正确的是（　　）。

A. 会计凭证是登记账簿的依据

B. 会计凭证是明确经济责任的书面文件

C. 会计凭证是记录经济业务的书面证明

D. 会计凭证是编制报表的依据

15. 下列凭证中属于汇总原始凭证的是（　　）。

A. 工资汇总表　B. 限额领料单　C. 汇总付款凭证　D. 收料凭证汇总表

16. 原始凭证的审核内容包括（　　）等方面。

A. 正确性、及时性　B. 真实性

C. 完整性　D. 合法性、合理性

17. 下列人员中，应在记账凭证上签名或盖章的有（　　）。

A. 记账人员　B. 审核人员　C. 制单人员　D. 会计主管人员

18. 记账凭证的填制，可以根据（　　）。

A. 不同内容和类别的原始凭证　B. 原始凭证汇总表

C. 每一张原始凭证　D. 若干张同类原始凭证

19. 制造费用分配表属于（　　）。

A. 累计凭证　B. 外来原始凭证

C. 自制原始凭证　D. 一次凭证

20. 下列各单据中，经审核无误后可以作为编制记账凭证依据的是（　　）。

A. 填制完毕的工资计算单　B. 银行转来的对账单

C. 运费发票　D. 银行转来的进账单

三、判断题（正确的打“√”，错误的打“×”）

1.（　　）转账支票大小写金额或收款人姓名填错，如有更改，须在更改处加盖预留银行的签章。

2.（　　）填制和审核会计凭证是一种会计核算的专门方法。

3.（　　）记账人员根据记账凭证记账后，在记账符号栏内做记号，表示该笔金额已记入有关账户，以免漏记或重记。

4.（　　）如果原始凭证已预先印定编号，在写错作废时，应加盖“作废”戳记，妥善保管，不得撕毁。

5.（　　）发料凭证汇总表是一种汇总记账凭证。

6.（　　）会计部门应于记账之后，定期对各种会计凭证进行分类整理，并将各种记账凭证按编号顺序排列，连同所附的原始凭证一起加具封面，装订成册。

7.（　　）企业的各种会计凭证都不得涂改、刮擦和变造，如果发生错误，应采用划线更正法更正。

8.（　　）由于自制原始凭证的名称、用途、格式不同，因而不需要对其真实性、合法性进行审核。

9.（　　）外来原始凭证一般都是一次凭证。

10.（　　）从外部取得的原始凭证，必须盖有填制单位的公章；从个人取得的原始凭证，不需签名或盖章。

11.（　　）付款凭证只有在银行存款减少时才填制。

12.（　　）发票、购货合同、收据等都是原始凭证。

13.（　　）在编制记账凭证时，原始凭证就是记账凭证的附件。

14.（　　）记账凭证可以作为登记账簿的直接依据，原始凭证则不能作为登记账簿的直接依据。

15.（　　）填制原始凭证，汉字大写金额数字一律用正楷或行书书写，汉字大写金额到元位或角位为止的，后面必须写“正”或“整”字，分位后面不写“正”或“整”字。

16.（　　）会计凭证上填写的人民币字样或符号￥与汉字大写金额数字或阿拉伯金额之间应留有空白。

17.（　　）凭证中最具有法律效力的是原始凭证。

18.（　　）对于数量过多的原始凭证，可以单独装订保管，但应在记账凭证上注明“附件另订”。

扫一扫

原始凭证常识　　原始凭证审核　　记账凭证常识　　记账凭证审核

会计凭证的装订　　特殊业务专用记账凭证编制　　有理有据底气足，依据做事响当当

项目六

会 计 账 簿

本项目知识体系

会计账簿	模块一　会计账簿概述	一、会计账簿的概念与作用★
		二、会计账簿的基本内容★
		三、会计账簿与账户的关系★
		四、会计账簿的种类★★★
	模块二　会计账簿的启用和登记要求	一、会计账簿的启用★
		二、会计账簿的登记要求★★
	模块三　会计账簿的格式和登记方法	一、日记账的格式与登记方法★★★★
		二、总分类账的格式与登记方法★★
		三、明细分类账的格式与登记方法★★★★
		四、总分类账与明细分类账的平行登记★★★
	模块四　对账与结账	一、对账★★★
		二、结账★★★
	模块五　错账查找与更正的方法	一、错账查找的方法★★
		二、错账更正的方法★★★★
	模块六　会计账簿的更换和保管	一、会计账簿的更换★
		二、会计账簿的保管★

模块一　会计账簿概述

一、会计账簿的概念与作用

（一）会计账簿的概念

会计账簿是指由一定格式的账页组成的，以经过审核的会计凭证为依据，全面、系统、连续地记录各项经济业务的簿籍。

会计账簿和会计凭证都是记录经济业务的会计资料，但二者记录方式和作用不同。会计凭证数量很多，其所提供的会计资料是零散的，每张凭证只能记载个别经济业务的内容，不能全面、系统、连续地反映和监督一定时期内某类经济业务的内容，且不便于日后查阅；而会计账簿能够把分散在会计凭证中大量核算资料加以集中、汇总和分类，为经营管理提供全面、系统、完整的核算资料。

（二）会计账簿的作用

设置和登记账簿，既是填制和审核凭证的延伸，也是填制财务报表的基础，是连接会计凭证与财务报表的中间环节，对加强经济管理具有重要意义。

1. 记载和储存会计信息

将会计凭证所记录的经济业务计入有关账簿，可以全面反映会计主体在一定时期内所发生的各项资金运动，储存所需要的各项会计信息。

2. 分类和汇总会计信息

账簿由不同的相互关联的账户构成，通过账簿记录，一方面可以分门别类地反映各项会计信息，提供一定时期内经济活动的详细情况；另一方面可以通过发生额、余额的计算，提供各方面所需要的总括会计信息，反映财务状况及经营成果。

3. 检查和校正会计信息

通过账簿记录信息与财产物资实存数进行核对，来检查财产物资是否妥善保管，账实是否相符。

4. 编报和输出会计信息

为了反映一定日期的财务状况及一定时期的经营成果，应定期进行结账工作，进行有关账簿之间的核对，计算出本期发生额和余额，据以填制会计报表，向有关各方提供所需要的会计信息。

二、会计账簿的基本内容

各种账簿所记录的经济业务内容不同，账簿的格式可以多种多样，但各种账簿格式应具备以下基本内容。

1. 封面

封面主要标明账簿名称，如“总分类账”“现金日记账”“存货明细账”等，以及记账单位名称、会计年度。

2. 扉页

扉页主要用来列明会计账簿的使用信息。扉页包括三方面内容：

（1）账簿的基本情况，包括单位名称、账簿名称、账簿编号、账簿页数、启用日期等。

（2）经管人员一览表。

（3）接交记录。

扉页格式如表6-1所示。

表6-1　扉页格式

账簿启用及接交表

单位名称		公　章
账簿名称	（第　　册）	
账簿编号		
账簿页数	本账簿共计　　页	
启用日期	公元　　　年　　月　　日	

续表

<table>
<tr><td rowspan="3">经管人员</td><td colspan="2">单位主管</td><td colspan="2">财务主管</td><td colspan="4">复　核</td><td colspan="4">记　账</td></tr>
<tr><td>姓　名</td><td>盖章</td><td>姓　名</td><td>盖章</td><td colspan="3">姓　名</td><td>盖章</td><td colspan="2">姓　名</td><td colspan="2">盖章</td></tr>
<tr><td></td><td></td><td></td><td></td><td colspan="3"></td><td></td><td colspan="2"></td><td colspan="2"></td></tr>
<tr><td rowspan="6">接交记录</td><td colspan="4">经管人员</td><td colspan="4">接　管</td><td colspan="4">交　出</td></tr>
<tr><td colspan="2">职别</td><td colspan="2">姓名</td><td>年</td><td>月</td><td>日</td><td>盖章</td><td>年</td><td>月</td><td>日</td><td>盖章</td></tr>
<tr><td colspan="2"></td><td colspan="2"></td><td></td><td></td><td></td><td></td><td></td><td></td><td></td><td></td></tr>
<tr><td colspan="2"></td><td colspan="2"></td><td></td><td></td><td></td><td></td><td></td><td></td><td></td><td></td></tr>
<tr><td colspan="2"></td><td colspan="2"></td><td></td><td></td><td></td><td></td><td></td><td></td><td></td><td></td></tr>
<tr><td colspan="2"></td><td colspan="2"></td><td></td><td></td><td></td><td></td><td></td><td></td><td></td><td></td></tr>
<tr><td>备注</td><td colspan="12"></td></tr>
</table>

3. 账页

账页是账簿的主要内容，是用来记录经济业务的载体。各种账页的基本内容包括：

（1）账户的名称。

（2）登记账户的日期。

（3）凭证的种类和号数。

（4）摘要栏。

（5）金额栏。

（6）总页次和分户页次。

账页格式参见表 6-2～表 6-5。

三、会计账簿与账户的关系

账户存在于账簿之中，账簿中的每一张账页就是账户的存在形式和载体，没有账簿，账户就无法存在；账簿序时、分类地记载经济业务，是在各个具体的账户中完成的。因此，账簿只是一个外在的形式，账户才是它的实质内容。账簿与账户的关系是形式和内容的关系。

四、会计账簿的种类

会计账簿的种类多种多样，不同类别的会计账簿可以提供不同的信息，满足不同的需要。在实际工作中，通常使用以下方法进行分类。

（一）按用途分类

会计账簿按用途不同，可分为序时账簿、分类账簿和备查账簿。

1. 序时账簿

序时账簿，又称日记账，是按照经济业务发生或完成时间的先后顺序，逐日、逐笔进行登记的账簿。在我国，大多数单位一般都设置库存现金日记账和银行存款日记账。

2. 分类账簿

分类账簿是对全部经济业务按照会计要素的具体类别而设置的分类账户进行登记的账簿。

分类账簿按其反映经济业务的详细程度分为总分类账簿和明细分类账簿。

总分类账簿，又称总账，是根据总分类账户开设的，能够全面地反映企业的经济活动；明细分类账簿，又称明细账，是根据明细分类账户开设的，用来提供明细核算资料。

3. 备查账簿

备查账簿，又称辅助登记簿或补充登记簿，是指对某些在序时账簿和分类账簿中未能记载或记载不全的经济业务进行补充登记的账簿。备查账簿只是对其他账簿记录的一种补充，与其他账簿之间不存在严密的依存和勾稽关系。备查账簿根据企业的实际需要设置，没有固定的格式要求。该种账簿可以提供某些有用的参考资料或信息，如“租入固定资产登记簿”“应收票据备查簿”“支票领用登记簿”等。

（二）按账页格式分类

会计账簿按账页格式不同，可以分为三栏式账簿、多栏式账簿、数量金额式账簿。

1. 三栏式账簿

三栏式账簿是指设有借方、贷方和余额三个基本栏目的账簿。总分类账、库存现金日记账、银行存款日记账及债权债务明细分类账适用于三栏式账簿。三栏式账如表6-2所示。

表6-2 三栏式账

账户名称： 总页次 分页次

年		记账凭证		摘要	借方	贷方	借或贷	余额
月	日	种类	号数					

2. 多栏式账簿

多栏式账簿是在账簿的两个基本栏目借方或贷方按需要分设若干专栏的账簿。收入、成本、费用、利润等明细分类账一般采用多栏式账簿。借方多栏式账如表6-3所示，贷方多栏式账如表6-4所示。

表6-3 借方多栏式账

（生产成本明细账）

产品名称： 生产车间： 计量单位：

年		凭证号码		摘要	借方（项目）				余额
月	日	种类	号码		直接材料	直接人工	制造费用	合计	

表 6-4　贷方多栏式账

（营业外收入明细账）

年		凭证		摘要	借方	贷方				余额
月	日	种类	号数			固定资产处置利得	无形资产处置利得	盘盈利得	政府补助	

3. 数量金额式账簿

数量金额式账簿是指在借方、贷方和余额三个栏目内，都分设数量、单价和金额三小栏，借以反映财产物资的实物数量和价值量的账簿。原材料、库存商品等明细分类账一般都采用数量金额式明细分类账簿。数量金额式明细账如表 6-5 所示。

表 6-5　数量金额式明细账

类别：________　　　　计量单位：______

名称：________　　　　存放地点：______

编号：________　　　　储备定额：______

年		凭证号码		摘要	收入			发出			结存		
月	日	种类	号数		数量	单价	金额	数量	单价	金额	数量	单价	金额

（三）按外形特征分类

1. 订本式账簿

订本式账簿，简称订本账，是指在启用前将编有顺序页码的一定数量账页装订成册的账簿。

订本式账簿主要适用于总分类账、库存现金日记账和银行存款日记账。

订本式账簿的优点是能够可以避免账页散失，防止账页被任意抽换，从而保证账簿信息资料的安全和完整；其缺点是由于这种账簿的账页已经固定并按顺序编号，不便于分工记账，同时不能增减账页，容易造成预留账页不够或账页浪费。

2. 活页式账簿

活页式账簿，简称活页账，是指在启用前没有编写账页顺序号，在登记完毕之前并不固定装在一起，而是将一定数量的账页装在活页账夹内，可根据记账内容变化而随时增加或减少账页的账簿。当账簿登记完毕之后（通常是一个完整的会计年度结束），才将账页予以装订，加具封面并给各账页连续编号。

活页式账簿适用于各明细分类账簿。

活页式账簿的优点是可根据实际需要随时增减账页，不会浪费账页，使用灵活，并且便于分工记账；其缺点是一旦监管不严，可能会造成账页失散或故意抽换账页的舞弊行为发生。

3. 卡片式账簿

卡片式账簿，简称卡片账，是指由某些专门格式的、分散的卡片作为账页组成的账簿。严格地说，卡片式账簿也是一种活页账，只不过不是装在活页账页夹内，而是将一定数量的卡片账页放置于专设的卡片箱内，可以根据需要随时增添账页数量，其优缺点与活页账相同。卡片式账簿可跨年连续使用。

在我国，企业一般只对固定资产明细账的核算采用卡片式账簿形式（固定资产卡片），也有少数企业在材料核算中使用材料卡片账。

【例6-1】（单选题）（　　）是连接会计凭证与财务报表的中间环节。

A. 填制和审核会计凭证　　B. 设置和登记会计账簿

C. 财产清查　　D. 成本计算

【答案】B

【解析】设置和登记会计账簿，是填制财务报表的基础，也是连接会计凭证与财务报表的中间环节。

【例6-2】（单选题）必须逐日、逐笔登记的账簿是（　　）。

A. 总分类账　　B. 明细分类账　　C. 日记账　　D. 备查账

【答案】C

【解析】日记账是按照经济业务发生时间的先后顺序逐日、逐笔登记的账簿。

【例6-3】（单选题）下列账户中，必须采用订本式账簿的是（　　）。

A. 原材料明细分类账　　B. 库存商品明细分类账

C. 银行存款日记账　　D. 固定资产登记簿

【答案】C

【解析】订本式账簿主要适用于总分类账、库存现金日记账和银行存款日记账。

【例6-4】（多选题）下列不宜采用三栏式账页格式的是（　　）。

A. 库存商品明细分类账　　B. 生产成本明细分类账

C. 应收账款明细分类账　　D. 总分类账

【答案】AB

【解析】库存商品明细分类账一般采用数量金额式账页；生产成本明细分类账一般采用多栏式账页。

【例6-5】会计账簿按经济用途的不同，可以分为（　　）。

A. 序时账簿　　B. 分类账簿　　C. 联合账簿　　D. 备查账簿

【答案】ABD

【解析】会计账簿按用途不同，可分为序时账簿、分类账簿、备查账簿。

模块二　会计账簿的启用和登记要求

一、会计账簿的启用

启用会计账簿时，应当在账簿封面上写明单位名称和账簿名称，在账簿扉页上填写启用表

（如表 6-1 上半部所示）。记账人员、会计主管人员调动工作时，应当填写结交表（如表 6-1 下半部所示）。

启用订本式账簿应当从第一页到最后一页顺序编定页数，不得跳页、缺号。使用活页式账簿应当按账户顺序编号，并须定期装订成册，装订后再按实际使用账页顺序编定页码，另加目录记明每个账户的名称和页次。

二、会计账簿的登记要求

为了保证账簿记录的正确性，必须根据审核无误的会计凭证登记会计账簿，并符合有关法律、行政法规和国家统一的会计准则制度的规定。

1. 准确完整

登记会计账簿时，应当将会计凭证日期、种类编号、业务内容摘要、金额等逐项记入账簿内，做到登记及时、数字准确、摘要清楚及字迹工整。

2. 注明记账符号

账簿登记完毕，应在记账凭证上签名或盖章，并在记账凭证的“过账”栏内注明登账的符号（√)，表示已经记账，避免重记、漏记。

3. 书写留空

账簿中书写的文字和数字应紧靠底线书写，上面要留有适当的空格，不要写满格，一般应占格距的 1/2。这样一旦发生登记错误时，能比较容易地进行更正，同时也方便查账工作。

4. 正常记账使用蓝黑墨水

为了保持账簿记录的持久性，防止涂改，登记账簿要用蓝黑墨水或碳素墨水并用钢笔书写，不得使用圆珠笔（银行的复写账簿除外）或铅笔书写。

5. 特殊记账使用红色墨水

下列情况，可以用红色墨水记账：

（1）按照红字冲账的记账凭证，冲销错误记录。

（2）在不设借贷等栏的多栏式账页中，登记减少数。

（3）三栏式账户的余额栏前，如未印明余额方向的，在余额栏内登记负数余额。

（4）根据国家统一的会计制度可以用红字登记的其他会计记录。

6. 顺序连续登记

记账时，必须按账户页次逐页、逐行登记，不得隔页、跳行。如发生隔页、跳行现象，应在空页、空行处用红色墨水画对角线注销，或者注明“此页空白”或“此行空白”字样，并由记账人员签名或盖章。

7. 结出余额

凡需要结出余额的账户，结出余额后，应当在“借或贷”等栏目内写明“借”或“贷”等字样，以示余额的方向；对于没有余额的账户，应在“借或贷”栏内写“平”字，并在“余额”栏用“0”表示。库存现金日记账和银行存款日记账必须每日结出余额。

8. 过次承前

每一账页登记完毕结转下页时，应当结出本页合计数及余额，写在本页最后一行和下页第一行栏内，并在“摘要”栏内注明“过次页”和“承前页”字样（也可以将本页合计数及金额只写在下页第一行栏内，并在“摘要”栏内注明“承前页”字样)，以保证账簿记录的连续性，便于对账和结转。

（1）对需要结计本月发生额的账户，结计“过次页”的本页合计数应当为自本月初起至本页止的发生额合计数，如库存现金日记账、银行存款日记账等。

（2）对需要结计本年累计发生额的账户，结计“过次页”的本页合计数应当为自年初起至本页止的累计数，如管理费用明细分类账、主营业务收入明细分类账等。

（3）对既不需要结计本月发生额也不需要结计本年累计发生额的账户，可以只将每页末的余额结转次页，如原材料明细账、应收账款明细账等。

9. 不得刮擦、涂改

账簿记录发生错误，不准涂改、挖补、刮擦或用药水消除字迹，不准重新抄写，必须按照正确方法进行更正（错账更正方法见项目六）。

【例6-6】（单选题）下列做法中，不符合会计账簿记账规则的是（　　）。

A. 账簿中书写的文字和数字一般应占格距的1/2

B. 登记后在记账凭证上注明已经登账的符号

C. 使用圆珠笔登账

D. 按账簿页次顺序连续登记，不得跳行、隔页

【答案】 C

【解析】 登记账簿要用蓝黑墨水或碳素墨水并用钢笔书写，不得使用圆珠笔（银行的复写账簿除外）或铅笔书写。

【例6-7】（单选题）下列关于银行存款日记账过次页的表述，正确的是（　　）。

A. 将本页合计数结转下页

B. 直接将余额转下页

C. 将年初至本页止的累计发生额结转下页

D. 将月初至本页止的发生额合计结转下页

【答案】 D

【解析】 对需要结计本月发生额的账户，结计“过次页”的本页合计数应当为自本月初起至本页止的发生额合计数，如库存现金日记账、银行存款日记账等。

模块三　会计账簿的格式和登记方法

一、日记账的格式与登记方法

日记账是按照经济业务发生或完成的时间先后顺序逐日、逐笔进行登记的账簿。设置日记账的目的是使经济业务的时间顺序清晰地反映在账簿记录中。在我国，大多数企业一般只设现金日记账和银行存款日记账。

（一）现金日记账的格式与登记方法

现金日记账是用来核算和监督库存现金日常收、付和结存情况的序时账簿。现金日记账的

格式主要为三栏式，也可以是多栏式。现金日记账必须使用订本账。（三栏式库存现金日记账的格式如表 6-9、表 6-10 所示）。

三栏式现金日记账是用来登记库存现金增减变动及其结果的日记账。设借方、贷方和余额三个金额栏目，一般将其分别称为收入、支出和结余三个基本栏目。

三栏式现金日记账是由出纳人员根据审核无误的与库存现金有关的记账凭证按时间先后顺序逐日逐笔进行登记。根据库存现金收款凭证和有关的银行付款凭证（从银行提取现金业务），登记库存现金日记账借方（收入栏），根据库存现金付款凭证登记现金日记账贷方（支出栏）。每日结出库存现金余额。

三栏式现金日记账的具体登记方法如下：

（1）日期栏：填制记账凭证的日期，应与库存现金实际收付日期一致。

（2）凭证栏：登记入账的收、付款凭证的种类和编号。如“现金付款凭证”缩写为“现付”，“现金收款凭证”缩写为“现收”，银行付款凭证缩写为“银付”，凭证栏还应登记记账凭证的编号数，以便于核查。

（3）摘要栏：简要说明入账的经济业务的内容，力求简明扼要。

（4）对应科目栏：现金收入或支出对应的总分类科目名称，对应科目的作用在于了解经济业务的来龙去脉。如以库存现金借出备用金，其对应科目为“其他应收款”；从银行提取现金，其对应科目为“银行存款”；若对应科目有多个时，应填写主要对应科目。例如，销售商品收到现金，对应科目有“主营业务收入”和“应交税费”，可在对应科目中写“主营业务收入等”。

（5）收入、支出、余额栏：登记库存现金的实际收付金额。每日终了，对当日有两笔或两笔以上收支业务的，应分别计算现金收入和支出的合计数，并结出余额（若本日发生业务只有一笔，只需结出余额）；同时将余额与库存现金实有数核对，即通常所说的“日清”。如账款不符，应查明原因，并记录备案。月终，同样要计算出全月现金收入、支出合计数和结存数，通常称为“月结”。

【例 6-8】 弘毅公司 2021 年 12 月 29 日现金日记账余额 16 359.95 元；12 月 30 日、31 日有关现金收支业务记账凭证如表 6-6～表 6-10 所示，其中表 6-8 为简化记账凭证。

表 6-6 收款凭证

借方科目：库存现金　　　　2021 年 12 月 30 日　　　　现 收字 第 32 号

摘要	贷方科目	明细科目	金额								记账
			十	万	千	百	十	元	角	分	
收回备用金	其他应收款	备用金（精平）				1	7	2	0	0	√
合计					¥	1	7	2	0	0	

附单据 1 张

会计主管：　　记账：　　复核：　　出纳：魏华　　制单：龚丽

表 6-7 付款凭证

贷方科目：库存现金　　　　　　　　2021 年 12 月 30 日　　　　　　　　现 付字 第 167 号

摘　要	借方科目	明细科目	金额 十	万	千	百	十	元	角	分	记账
培训费	应付职工薪酬	教育经费				5	0	0	0	0	√
合　计					¥	5	0	0	0	0	

附单据 1 张

会计主管：　　记账：　　复核：　　出纳：魏华　　制单：龚丽

表 6-8 简化记账凭证

时间	编号	摘要	会计分录（记账凭证）	记账符号
30	现付 168	计算机修理费	借：管理费用——修理费 760.00 贷：库存现金 760.00	 √
30	银付 87	提取备用金	借：库存现金 10 000.00 贷：银行存款 10 000.00	√
31	现收 33	销售商品	借：库存现金 678.00 贷：主营业务收入 600.00 应交税费——应交增值税（销项税额）78.00	√
31	现付 169	报销入托费	借：应付职工薪酬——职工福利 450.00 贷：库存现金 450.00	 √
31	现付 170	购入办公用品	借：管理费用——办公费 288.50 应交税费——应交增值税（进项税额） 37.50 贷：库存现金 326.00	√
31	现付 171	报销差旅费	借：管理费用——差旅费 2 400.00 贷：库存现金 2 400.00	 √
31	现付 172	报销业务招待费	借：管理费用——业务招待费 720.00 贷：库存现金 720.00	 √
31	现收 34	收回职工借款	借：库存现金 2 000.00 贷：其他应收款——职工借款（王迪） 2 000.00	
31	现收 35	职工向灾区捐款	借：库存现金 7 540.00 贷：其他应付款——市红十字会 7 540.00	√
31	现付 173	付红十字会捐款	借：其他应付款——红十字会 7 540.00 贷：库存现金 7 540.00	 √
31	现收 36	销售商品	借：库存现金 791.00 贷：主营业务收入 700.00 应交税费——应交增值税（销项税额） 91.00	√
31	现付 174	销售款存入银行	借：银行存款 1469.00 贷：库存现金 1 469.00	 √

表 6-9　库存现金日记账　　29

单位：元

2021年		凭证号数	对方科目	摘　要	√	收入（借方）金额	付出（贷方）金额	结存金额
月	日							
12	29			承前页		167 057.67	139 575.22	33 482.45
				略				
				略				
				略				
				略				
				本日合计		20 568.00	37 690.50	16 359.95
	30	现收 32	其他应收款	收多余备用金		172.00		
	30	现付 167	应付职工薪酬	统计员培训费			500.00	
	30	现付 168	管理费用	计算机修理费			760.00	
	30	银付 87	银行存款	提取备用金		10 000.00		
				本日合计		10 172.00	1 260.00	25 271.95
				过次页		197 797.67	178 525.72	25 271.95

表 6-10　库存现金日记账　　30

单位：元

2021年		凭证号数	对方科目	摘　要	√	收入（借方）金额	付出（贷方）金额	结存金额
月	日							
12	31			承前页		197 797.67	178 525.72	25 271.95
	31	现收33	主营业务收入等	销售商品		678.00		
	31	现付169	应付职工薪酬	报销入托费			450.00	
	31	现付170	管理费用等	购办公用品			326.00	
	31	现付171	管理费用	报销差旅费			2 400.00	
	31	现付172	管理费用	业务招待费			720.00	
	31	现收34	其他应收款	职工归还借款		2 000.00		
	31	现收35	其他应付款	收到捐款		7 540.00		
	31	现付173	其他应付款	上交捐款			7 540.00	
	31	现收36	主营业务收入等	销售商品		791.00		
	31	现付174	银行存款	解存银行			1 469.00	
	31			本日合计		11 009.00	12 905.00	23 375.95
	31			本月合计		208 806.67	191 430.72	23 375.95

（二）银行存款日记账的格式与登记方法

银行存款日记账是用来核算和监督银行存款日常收入、支出和结存情况的账簿。银行存款日记账应按企业在银行开立的账户和币种分别设置，每个银行账户设置一本日记账。银行存款日记账一般采用三栏式，也可以采用多栏式。银行存款日记账必须使用订本式。三栏式银行存款日记账格式参见表 6-13、表 6-14。

三栏式银行存款日记账是用来登记银行存款增减变动及其结果的日记账。设借方、贷方和余额三个金额栏目，一般将其分别称为收入、支出和结余三个基本栏目。

三栏式银行存款日记账是由出纳人员根据银行收款凭证、银行付款凭证和现金付款凭证（将现金存入银行业务），按照经济业务发生的时间先后顺序逐日、逐笔进行登记。根据银行存款收款凭证和有关库存现金付款凭证登记银行存款收入栏，根据银行存款付款凭证登记其支出栏，每日结出余额。

三栏式银行存款日记账的具体登记方法如下：

（1）日期栏：填制记账凭证的日期，应与银行存款实际收付日期一致。

（2）凭证栏：登记入账的收、付款凭证的种类和编号，如“银行付款凭证”可以缩写为“银付”，“银行收款凭证”可以缩写为“银收”。凭证栏还应登记记账凭证的编号数，以便于核查。

（3）对应科目栏：银行收入或支出对应的总分类科目名称。例如，购进材料并验收入库业务，其对应科目为“原材料等”。

（4）摘要栏：简要说明入账的经济业务的内容，力求简明扼要。

（5）结算凭证栏：如果所记录的经济业务是以支票付款结算的，应在这栏内填写相应的支票号码，以便与开户银行对账。

（6）收入、支出、余额栏：登记银行存款收付的实际金额。每日终了，对有两笔或两笔以上收支业务的应分别计算现金收入和支出的合计数，并结出余额（若本日发生业务只有一笔，只需结出余额），做到日结。月终，同样要计算出全月银行收入、支出合计数和结存数，做到月结。

【例 6-9】 弘毅公司 2021 年 3 月有关银行存款收支业务记账凭证如表 6-11、6-12 所示（简化记账凭证）。

表 6-11　收款凭证

借方科目：银行存款　　　　2021年3月2日　　　　银收字第1号

摘　要	贷方科目	明细科目	金额								记账
			十	万	千	百	十	元	角	分	
收回押金	其他应收款	荟荣公司			4	3	0	0	0	0	✓
合　计				¥	4	3	0	0	0	0	

附单据 1 张

会计主管　　记账　　复核 王强　　出纳 张敏　　制单 徐静

表 6-12　简化记账凭证

时　间	编　号	摘　要	会计分录（记账凭证）	记账符号
3.2	银付1号	提取备用金（现支#4566）	借：库存现金　5 000 贷：银行存款　5 000	✓
3.4	银收2号	销售商品	借：银行存款　175 500 贷：主营业务收入　150 000 应交税费——应交增值税　25 500	✓
3.8	银付2号	承付徐钢材料款	借：在途物资　186 500 应交税费——应交增值税　30 600 贷：银行存款　217 100	✓

续表

时　间	编　　号	摘　　要	会计分录（记账凭证）	记账符号
3.8	银付3号	3月份税费	借：应交税费——应交增值税　86 754 应交税费——应交城建税　6 072.78 应交税费——应交教育附加费　2 602.62 贷：银行存款　95 429.40	√
3.8	银收3号	弘毅公司货款回笼	借：银行存款　307 806 贷：应收账款——弘毅公司　307 806	√
3.9	银付4号	绿化费（转支#3657）	借：管理费用　1 670 贷：银行存款　1 670	√
3.11	银付5号	银行转发工资（转支#3658）	借：应付职工薪酬——工资　246 895 贷：银行存款　246 895	√
3.11	银付6号	支付代扣款（转支#3659）	借：其他应付款——社会保险　47 981 应交税费——个人所得税　2 178 贷：银行存款　50 159	√
3.12	银付7号	2月份电话费	借：管理费用　8 700 贷：银行存款　8 700	√
3.15	银收4号	大江公司商业汇票款到账	借：银行存款　100 000 贷：应收票据——大江公司　100 000	√
3.15	银收5号	红星公司预付款	借：银行存款　250 000 贷：预收账款——红星公司　250 000	√
3.16	银收6号	出售不需要的设备	借：银行存款　38 700 贷：固定资产清理　38 700	√
3.16	银付8号	晚报广告费（转支#1234）	借：销售费用　15 000 贷：银行存款　15 000	√
3.17	银收7号	收顺通公司欠货款	借：银行存款　216 000 贷：应收账款——顺通公司　216 000	√
3.18	银付9号	还短期借款	借：短期借款　600 000 应付利息　6 000 财务费用　1 430 贷：银行存款　607 430	√
3.19	银付10号	购入设备	借：固定资产　156 000 应交税费——应交增值税　26 520 贷：银行存款　182 520	√
3.23	银付11号	提现备用（现支#4567）	借：库存现金　6 000 贷：银行存款　6 000	√
3.24	银付12号	银行转发季度奖金（转支#3661）	借：应付职工薪酬——职工工资　127 500 贷：银行存款　127 500	√
3.24	银付13号	购办公家具	借：周转材料——低值易耗品　16 000 应交税费——应交增值税　2 720 贷：银行存款　18 720	√
3.25	银付14号	办理银行汇票	借：其他货币资金——银行汇票　150 000 贷：银行存款　150 000	√

续表

时 间	编 号	摘 要	会计分录（记账凭证）	记账符号
3.26	银收8号	销售商品	借：银行存款 425 520 贷：主营业务收入 356 000 应交税费——应交增值税（销项税额） 60 520	√
3.29	银付15号	退红星公司余款	借：预收账款——红星公司 6 800 贷：银行存款 6 800	√
3.30	现付8号	销售款缴存银行	借：银行存款 819 贷：库存现金 819	√
3.31	银收9号	借入6个月的借款	借：银行存款 500 000 贷：短期借款 500 000	√

根据上述记账凭证登记弘毅公司2021年3月份银行存款日记账，如表6-13、表6-14所示。

表6-13 银行存款日记账

单位：元

2021年		凭证号数	对方科目	摘 要	收入（借方）金额	付出（贷方）金额	结存金额
月	日						
2	27			承前页	972 675	965 487	1 775 986
				略			
				略			
				略			
				略			
				略			
2	28			本月合计	1 456 890	1 387 680	2 526 798
3	1	银收1	其他应收款	收回押金	4 300		2 531 098
	2	银付1	库存现金	提现备用		5 000	2 526 098
	4	银收2	主营业务收入等	销售商品	175 500		2 701 598
	8	银付2	在途物资等	承付徐钢材料款		217 100	
	8	银付3	应交税费	付相关税费		95 429.40	
	8	银收3	应收账款	弘毅公司货款回笼	307 806		
	8			本日合计	307 806	312 529.40	2 696 874.60
	9	银付4	管理费用	付绿化费		1 670	2 695 204.60
	11	银付5	应付职工薪酬	银行代发工资		246 895	
	11	银付6	其他应付款等	付代扣款		50 159	
				本日合计		297 054	2 398 150.60
	12	银付7	管理费用	付2月份电话费		8 700	2 389 450.60
				过次页	487 606	624 953.40	2 389 450.60

表 6-14 银行存款日记账

单位：元

2021年 月	日	凭证号数	对方科目	摘要	收入（借方）金额	付出（贷方）金额	结存金额
				承前页	487 606	624 953.40	2 389 450.60
3	15	银收 4	应收票据	商业汇票款到账	100 000		
	15	银收 5	应收账款	红星公司预付款	250 000		
	15			本日合计	350 000		2 739 450.60
	16	银收 6	固定资产清理	出售闲置设备	38 700		
	16	银付 8	销售费用	晚报广告费		15 000	
	16			本日合计	38 700	15 000	2 763 150.60
	17	银收 7	应收账款	顺通公司欠货款	216 000		2 979 150.60
	18	银付 9	短期借款等	还借款、利息		607 430	2 371 720.60
	19	银付 10	固定资产等	购入设备		182 520	2 189 200.60
	23	银付 11	库存现金	提现备用		6 000	2 183 200.60
	24	银付 12	应付职工薪酬	银行代发奖金		127 500	
	24	银付 13	周转材料等	购办公家具		18 720	
				本日合计		146 220	2 036 980.60
	25	银付 14	其他货币资金	办理银行汇票		150 000	1 886 980.60
	26	银收 8	主营业务收入等	销售商品	425 520		2 312 500.60
	29	银付 15	预收账款	退红星公司余款		6 800	2 305 700.60
	31	银收 9	短期借款	借短期借款	500 000		2 805 700.60
				本月合计	2 017 826	1 738 923.40	2 805 700.60

二、总分类账的格式与登记方法

（一）总分类账的格式

总分类账是指按照总分类账户分类登记以提供总括会计信息的账簿。总分类账最常用的格式为三栏式，设置借方、贷方和余额三个金额栏目。其格式如表 6-15 所示。

表 6-15 总分类账

会计科目：　　　　　　　　　　　　　　　　　　　　　　　　第　页

年 月	日	记账凭证 种类	号数	摘要	借方	贷方	借或贷	余额

（二）总分类账的登记方法

总分类账的登记方法因登记的依据不同而有所不同。经济业务量少的小型单位的总分类账可以根据记账凭证逐笔登记；经济业务量多的大中型单位的总分类账可以根据记账凭证汇总表（又称科目汇总表）或汇总记账凭证登记等定期登记。

若总分类账是依据记账凭证登记的（采用记账凭证账务处理程序），则总分类账的格式如表6-16所示。若总分类账是依据科目汇总表登记的（采用科目汇总表账务处理程序），则总分类账的格式如表6-17所示。

表6-16　总分类账（依据记账凭证登记）

会计科目：应收账款　　　　第　页　单位：元

2021年		记账凭证		摘要	借方	贷方	借或贷	余额
月	日	种类	号数					
6	1			期初余额			借	126 000
	5	银收	9	收三元公司货款		56 500	借	69 500
	7	银收	15	收南海公司货款		39 550	借	29 950
	10	转	32	向C公司销售商品	67 800	96 050	借	97 750

表6-17　总分类账（依据科目汇总表登记）

会计科目：应收账款　　　　第　页　单位：元

2021年		记账凭证		摘要	借方	贷方	借或贷	余额
月	日	种类	号数					
6	1			期初余额			借	126 000
	10	科汇	1	1—10日发生额	67 800	96 050	借	97 750

三、明细分类账的格式与登记方法

明细分类账是根据有关明细分类账户设置并登记的账簿。它提供交易或事项比较详细、具体的核算资料，以弥补总账所提供核算资料的不足。因此，各企业单位在设置总账的同时，还应设置必要的明细分类账。明细分类账一般采用活页式账簿、卡片式账簿。明细分类账一般根据记账凭证和相应的原始凭证来登记。

（一）明细分类账的格式

根据各种明细分类账所记录经济业务的特点，明细分类账的常用格式有以下三种。

1. 三栏式明细分类账

三栏式明细分类账是设置借方、贷方和余额三个栏目，用以分类核算各项经济业务，提供详细核算资料的账簿。其格式与三栏式总账格式相同，适用于只进行金额核算的明细账户，如“应收账款”“应付账款”“短期借款”等债权债务账户所属的明细分类账户。

三栏式明细分类账格式如表6-18所示。

表 6-18　三栏式明细分类账

总分类科目：应收账款　　　　明细科目：三元公司　　　　单位：元

2021年		凭证		摘要	借方	贷方	借或贷	余额
月	日	种类	号数					
6	1			月初余额			借	56 500
	7	银收	14	收回欠货款		56 500	平	0
	13	转	25	赊销商品	67 800		借	67 800
	18	转	34	赊销商品	45 200		借	113 000
	25	银收	41	收回欠货款		67 800	借	45 200
	31			本月合计	113 000	124 300	借	45 200

2. 多栏式明细分类账

多栏式明细分类账是将属于同一个总账科目的各个明细科目或明细项目合并在一张账页上进行登记，适用于只进行金额核算的成本、费用和收入类账户的明细分类账，如生产成本、制造费用、管理费用、主营业务收入、营业外收入、本年利润和利润分配等明细分类账。

管理费用明细分类账（一）（借方多栏）格式如表 6-19 所示，营业外收入明细分类账（二）（贷方多栏）格式如表 6-20 所示。

表 6-19　管理费用明细分类账（一）

单位：元

2021年		凭证		摘要	借方						贷方	余额
月	日	种类	号数		差旅费用	办公费用	修理费	机物料消耗	职工薪酬	折旧费用		
6	2	转	13	田华报销差旅费	1 900							1 900
	9	现付	27	购领A4纸		740						2 640
	14	银付	48	设备修理费			3 200					5 840
	24	银付	57	电话费		1 450						7 290
	31	转	28	分配材料费用				6 300				13 590
	31	转	29	分配工资费用					57 000			70 590
	31	转	30	计提折旧						24 000		94 590
	31	转	52	转入本年利润							94 590	0
	31			本月合计	1 900	2 190	3 200	6 300	57 000	24 000	94 590	0

表 6-20　营业外收入明细分类账（二）

单位：元

2021年		凭证		摘要	借方	贷方				余额
月	日	种类	号数			固定资产处置利得	无形资产处置利得	盘盈利得	政府补助	
6	9	转	17	盘盈现金结转				125		125
	26	转	20	固定资产出售净收入		24 000				24 125
	29	转	49	结转递延收益					4 500	28 625
	31	转	51	转入本年利润	28 625					0
	31			本月合计	28 625	24 000		125	4 500	0

3. 数量金额式明细分类账

数量金额式明细分类账的账页，是在其借方（收入）、贷方（发出）和余额（结存）三栏下分别设置数量、单价和金额三个小栏。这种格式适用于既要进行金额核算，又要进行数量核算的各种财产物资明细账，如“原材料”、“库存商品”和“周转材料”等账户所属的明细分类账户。

数量金额式明细分类账格式如表 6-21 所示。

表 6-21　数量金额式明细分类账

（原材料明细分类账）

类别：原料及主要材料　　　　存放地点：3号库

名称：扁钢　　　　计量单位：吨

编号：0920　　　　储备定额：15　　　　单位：元

2021年		凭证号码		摘要	收入			发出			结存		
月	日	种类	号数		数量（千克）	单价（元/千克）	金额（元）	数量（千克）	单价（元/千克）	金额（元）	数量（千克）	单价（元/千克）	金额（元）
3	1			月初结存							16	2 100	33 600
	5	银付	18	购入	10	2 100	21 000				26	2 100	54 600
	15	转	21	生产领用				15	2 100	31 500	11	2 100	23 100
	20	转	25	购入	8	2 100	1 680				19	2 100	39 900
	31			本月合计	18	2 100	37 800	15	2 100	31 500	19	2 100	39 900

数量金额式账页提供了企业有关财产物资数量和金额收、发、存的详细资料，从而能加强财产物资的实物管理和使用，保证这些财产物资的安全完整。

（二）明细分类账的登记方法

不同类型经济业务的明细分类账，可以根据原始凭证直接登记，也可以根据汇总原始凭证登记，还可以根据记账凭证登记。其中，固定资产、债权、债务等明细分类账应逐日、逐笔登记；库存商品、原材料、产成品收发明细分类账及收入、费用明细分类账可以逐笔登记，也可以定期汇总登记。

四、总分类账与明细分类账的平行登记

（一）平行登记的概念

平行登记是指对所发生的每一项经济业务都要以会计凭证为依据，一方面计入有关总分类账户；另一方面计入有关总分类账户所属明细分类账户的方法。通过在总分类账户与其所辖的明细分类账的平行登记，便于科目的核对和检查，纠正错误和遗漏。

平行登记的要点如下。

（1）期间一致。

对每项经济业务在计入总分类账户和明细分类账户的过程中，可以有先有后，但必须在同一会计期间（如同一个月、同一季度、同一年度）全部登记入账。

（2）方向相同。

对发生的每一笔经济业务，在记入总分类账户和其所辖明细分类账户的方向必须相同。即总分类账户计入借方，明细分类账户也应计入借方；总分类账户计入贷方，明细分类账户也应计入贷方。

（3）金额相等。计入总分类账户的金额必须等于计入各所辖明细分类账户的金额之和。

根据上述平行登记要求记账之后，总分类账户与明细分类账户之间会产生下列数量关系：

（1）总分类账户有关账户本期发生额与其所辖明细分类账户本期发生额合计数相等。

（2）总分类账户有关账户期末余额与其所辖明细分类账户期末余额之和相等。

下面以“原材料”和“应付账款”两个账户为例，说明总分类账户与明细分类账户平行登记的方法。

【例 6-10】 弘毅公司 2021 年 6 月月初“原材料”和“应付账款”总分类账户和所属明细分类账户期初余额如表 6-22 所示。

表 6-22　总分类账户和所属明细分类账户期初余额

账户名称		数量（千克）	单价（元/千克）	金额（元）	
总分类账户	明细分类账户			总账	明细账
原材料				180 000	
	A 材料	4 000	30		120 000
	B 材料	1 000	60		60 000
应付账款				70 000	
	甲公司				40 000
	乙公司				30 000

3 月份填制的有关记账凭证如表 6-23 所示（为简化，本部分业务不考虑增值税）。

表 6-23　3 月份填制的有关记账凭证

日　期	凭证号数	摘　要	记账凭证（以会计分录代替）	备　注
6 月 5 日	银付 12 号	付欠货款	借：应付账款——甲公司　400 000 ——乙公司　30 000 贷：银行存款　700 000	
6 月 10 日	转账 15	购材料	借：原材料——A 材料　180 000 ——B 材料　30 000 贷：应付账款——甲公司　210 000	A 材料数量 6 000 千克、单价 30 元；B 材料数量 500 千克、单价 60 元
6 月 15 日	转账 16	购材料	借：原材料——A 材料　150 000 ——B 材料　120 000 贷：应付账款——乙公司　270 000	A 材料数量 5 000 千克、单价 30 元；B 材料数量 2 000 千克、单价 60 元
6 月 20 日	银付 13	付欠货款	借：应付账款——甲公司　210 000 贷：银行存款　210 000	
6 月 25 日	转账 24	领用材料	借：生产成本　450 000 贷：原材料——A 材料　300 000 ——B 材料　150 000	A 材料领用 10 000 千克、单价 30 元；B 材料领用 2 500 千克、单价 60 元

根据 6 月月初期初余额和本月填制的记账凭证，对“原材料”总分类账户和所属的 A、B 材料明细账，对“应付账款”总分类账户和所属的甲公司、乙公司明细账户分别进行平行登记，登记结果如表 6-24～表 6-29 所示。

表 6-24　原材料总分类账户

单位：元

2021 年		凭证号数	摘　要	借　方	贷　方	借或贷	余　额
月	日						
6	1		月初余额			借	180 000
	10	转账 15	购入材料	210 000		借	390 000
	15	转账 16	购入材料	270 000		借	660 000
	25	转账 24	领用材料		450 000	借	210 000
	30		本月合计	480 000	450 000	借	210 000

表 6-25　原材料明细分类账户

材料名称：A 材料

2021 年		凭证号数	摘　要	收入			发出			结存		
月	日			数量（千克）	单价（元/千克）	金额（元）	数量（千克）	单价（元/千克）	金额（元）	数量（千克）	单价（元/千克）	金额（元）
6	1		月初余额							4 000	30	120 000
	10	转账 15	购入材料	6 000	30	180 000				10 000	30	300 000
	15	转账 16	购入材料	5 000	30	150 000				15 000	30	450 000
	25	转账 24	领用材料				10 000	30	300 000	5 000	30	150 000
	30		本月合计	11 000		330 000	10 000		300 000	3 000	30	150 000

表 6-26 原材料明细分类账户

材料名称：B材料

2021年		凭证号数	摘要	收入			发出			结存		
月	日			数量（千克）	单价（元/千克）	金额（元）	数量（千克）	单价（元/千克）	金额（元）	数量（千克）	单价（元/千克）	金额（元）
6	1		月初结存							1 000	60	60 000
	10	转账15	购入材料	500	60	30 000				1 500	60	90 000
	15	转账16	购入材料	2 000	60	120 000				3 500	60	210 000
	25	转账17	领用材料				2 500	60	150 000	1 000	60	60 000
	30		本月合计	2 500		150 000	2 500		150 000	1 000	60	60 000

表 6-27 应付账款总分类账户

单位：元

2021年		凭证号数	摘要	借方	贷方	借或贷	余额
月	日						
6	1		期初余额			贷	700 000
	5	银付12	归还欠货款	700 000		平	0
	10	转账15	购甲公司材料		210 000	贷	210 000
	15	转账16	购乙公司材料		270 000	贷	480 000
	20	银付17	归还甲公司货款	210 000		贷	270 000
	30		本月合计	910 000	480 000	贷	270 000

表 6-28 应付账款明细分类账户

客户名称：甲公司

单位：元

2021年		凭证号数	摘要	借方	贷方	借或贷	余额
月	日						
6	1		期初余额			贷	400 000
	5	银付12	归还欠货款	400 000		平	0
	10	转账15	购入材料款暂欠		210 000	贷	210 000
	20	银付17	归还欠货款	210 000		平	0
	30		本月合计	610 000	210 000	平	0

表 6-29 应付账款明细分类账户

客户名称：乙公司

单位：元

2021年		凭证号数	摘要	借方	贷方	借或贷	余额
月	日						
6	1		期初余额			贷	300 000
	5	银付12	归还欠货款	300 000		平	0
	15	转账16	购入材料款暂欠		270 000	贷	270 000
	30		本月合计	300 000	270 000	贷	270 000

为了检查总分类账户与明细分类账户是否真正平行登记，还必须将总分类账户与明细分类账户的记录进行相互核对。核对通常是通过填制“总分类账户与明细分类账户发生额与余额对照表”进行的。对照表的格式和内容如表6-30、表6-31所示。

表6-30　原材料总分类账户与明细分类账户发生额及余额对照表

单位：元

账户名称		期初余额		本期发生额		期末余额	
		借方	贷方	借方	贷方	借方	贷方
明细分类账户	A材料	120 000		330 000	300 000	150 000	
	B材料	60 000		150 000	150 000	60 000	
总分类账户		180 000		480 000	450 000	210 000	

表6-31　应付账款总分类账户与明细分类账户发生额及余额对照表

单位：元

账户名称		期初余额		本期发生额		期末余额	
		借方	贷方	借方	贷方	借方	贷方
明细分类账户	甲公司		400 000	610 000	210 000		0
	乙公司		300 000	300 000	270 000		270 000
总分类账户			700 000	910 000	480 000		270 000

【例6-11】（单选题）下列明细分类账户中，一般不宜采用三栏式账页格式的是（　　）。

A. 应收账款明细分类账户　　B. 应付账款明细分类账户

C. 实收资本明细分类账户　　D. 原材料明细分类账户

【答案】 D

【解析】 原材料明细分类账户适用于数量金额式。

【例6-12】（单选题）下列登账方法中错误的是（　　）。

A. 依据记账凭证和原始凭证逐日、逐笔登记明细分类账户

B. 依据记账凭证和汇总原始凭证逐日、逐笔或定期汇总登记明细分类账户

C. 依据记账凭证逐笔登记总分类账户

D. 依据汇总原始凭证定期汇总登记库存现金日记账

【答案】 D

【解析】 库存现金日记账是依据收、付记账凭证登记的。

【例6-13】（多选题）下列关于账簿使用的表述，正确的有（　　）。

A. 明细分类账户可以使用活页式　　B. 总分类账户应当使用订本式

C. 日记账应使用订本式　　D. 原材料总分类账户可以使用数量金额式

【答案】 ABC

【解析】 总分类账户、日记账采用订本式，原材料明细分类账户采用数量金额式。

【例6-14】 多栏式明细分类账户的账页格式，适用于（　　）。

A. 管理费用　　B. 制造费用　　C. 应付账款　　D. 主营业务收入

【答案】 ABD

【解析】应付账款明细分类账户适用于三栏式。

模块四　对账与结账

一、对账

（一）对账的概念

对账就是核对账目，是对账簿记录所进行的检查和核对工作。对账工作是为了保证账证相符、账账相符和账实相符的一项检查性工作，其目的在于确保期末用于填制会计报表的数据真实性、正确性、可靠性。对账工作一般在月末进行，即在记账后结账前进行。

（二）对账的内容

对账的主要内容一般包括账证核对、账账核对和账实核对。

1. 账证核对

账证核对是指将账簿（包括总分类账户、明细分类账户、库存现金日记账、银行存款日记账）记录与会计凭证相核对，核对账簿记录与原始凭证、记账凭证的时间、凭证字号、内容、金额等是否一致，记账方向是否相符。

2. 账账核对

账账核对是指将不同账簿之间相对应的记录进行相互核对，以保证账账相符，主要包括本单位各种账簿之间的有关指标应该核对相符，本单位同其他单位的往来款项也应该核对相符，具体核对的内容包括以下几个方面：

（1）总分类账簿内部的核对。根据“有借必有贷、借贷必相等”这一记账规则，可以得出总分类账簿各账户的本期借方发生额合计数和贷方发生额合计数必然相等；根据“资产=负债+所有者权益”这一会计恒等式，总分类账户的期初借方余额和贷方余额必然相等、总分类账户的期末借方余额和贷方余额必然相等。总分类账簿的核对工作是通过填制试算平衡表来完成的。

（2）总分类账簿与所辖明细分类账簿之间的核对。总分类账户与所辖明细分类账户采用平行登记的方法，其结果是：总分类账户余额与所辖有关明细账户的余额的合计数相等，总分类账户本期借（贷）方发生额与其有关明细分类账户借（贷）方发生额的合计数相等。总分类账簿与所辖明细分类账簿之间核对是通过填制“总分类账户与明细分类账户”发生额与余额对照表来完成的。

（3）总分类账簿与序时账簿之间的核对。总分类账簿由总分类账户会计登记，序时账簿由出纳员登记。期末应将库存现金总分类账户期末余额与库存现金日记账余额核对；将银行存款总分类账户期末余额与银行存款日记账余额核对；总分类账簿与序时账簿之间的核对工作是通过两类账簿间直接核对进行的。

（4）明细分类账簿之间的核对。明细分类账簿之间的核对是指将会计部门的各种财产物资明细分类账户与财产物资保管和使用部门的有关财产物资明细分类账户核对相符。如会计部门有关原材料的明细分类账户与保管部门原材料的明细分类账户定期进行核对，以检查两者余额是否相符。核对的方法是由财产物资保管或使用部门定期填制收发存汇总表，并报会计部门核对。

3. 账实核对

账实核对是指各项财产物资、债权债务账面余额与实有数额之间的核对，包括：

（1）现金日记账账面余额与库存现金实际数逐日核对是否相符；

（2）银行存款日记账账面余额与银行对账单的余额定期核对是否相符；

（3）各项财产物资明细账余额与财产物资的实有数定期核对是否相符；

（4）有关债权债务明细账账面余额与对方单位的账面记录核对是否相符。

二、结账

（一）结账的概念

结账是一项将账簿记录定期结算清楚的账务工作。

在一定会计时期结束时（如月末、季末或年末），为了填制财务报表，需要先进行结账，具体包括月结、季结和年结。结账的内容一般包含两个方面：一是结清各损益类账户，并据以计算确定本期利润；二是结算出各资产、负债和所有者权益类账户的本期发生额和期末余额。

（二）结账的方法

结账方法的要点主要有：

（1）对不需要按月结计本期发生额的账户，每次记账以后，都应随时结出余额，每月最后一笔余额即为月末余额，月末余额就是本月最后一笔经济业务记录的同一行内的余额。月末结账时，只需要在最后一笔经济业务事项记录下通栏划单红线，不需要再结计余额。如各项应收账款、应付账款明细分类账户和各项财产物资明细分类账户等。

（2）对于需要按月结计本期发生额的账户，每月结账时，要在最后一笔经济业务记录下通栏划单红线，结出本月发生额和余额，在摘要栏内注“本月合计”字样，并在下面通栏划单红线。如库存现金、银行存款日记账和需要按月结计发生额的收入、费用等明细分类账户。

（3）对于需要结计本年累计发生额的某些明细分类账户，每月结账时，应在“本月合计”行下结出自年初起至本月末止的累计发生额，登记在月份发生额下面，在摘要栏内注明“本年累计”字样，并在下面通栏划单红线。12月月末的“本年累计”就是全年累计发生额，在全年累计发生额下通栏划双红线。如收入、支出和费用类明细分类账户。

（4）总分类账户平时只需结出月末余额。年终结账时，为了总括地反映全年各项资金运动情况的全貌，核对账目，要将所有总分类账户结出全年发生额和年末余额，在摘要栏内注明“本年合计”字样，并在合计数下通栏划双红线。

（5）年度终了结账时，有余额的账户，要将其余额结转下年，并在摘要栏注明“结转下年”字样；在下一会计年度新建有关会计账户的第一行余额栏内填写上年结转的余额，并在摘要栏注明“上年结转”字样，使年末有余额账户的余额如实地在账户中加以反映，以免混淆有余额的账户和无余额的账户。

【例6-15】（多选题）下列对账工作中属于账账核对的是（　　）。

A. 银行存款日记账与银行对账单的核对

B. 应收、应付款项明细分类账户与债权债务账项核对

C. 财产物资明细分类账户与财产物资保管明细分类账户核对

D. 库存现金日记账余额与库存现金总分类账户余额核对

【答案】 CD

【解析】 账账核对包括：总分类账户之间的核对；总分类账户与所属明细分类账户的核对；总分类账户与序时账的核对；明细分类账户之间的核对。

【例 6-16】 下列内容，属于结账工作的有（　　）。

A. 结算有关账户的本期发生额及期末余额　　B. 填制试算平衡表

C. 根据权责发生制的要求对有关账项进行调整　　D. 清点库存现金

【答案】 AC

【解析】 结账工作包括：结账前，将本期发生的经济业务事项全部登记入账；再根据权责发生制的要求，调整有关账项，合理确定本期应计的收入和应计的费用；将损益类账户转入“本年利润”账户，结平所有损益类账户；结算出资产、负债和所有者权益账户的本期发生额和余额，并结转下期。

【例 6-17】 （判断题）企业将银行存款日记账与银行对账单核对属于账账核对。（　　）

【答案】 错

【解析】 企业将银行存款日记账与银行对账单核对属于账实核对。

【例 6-18】 （判断题）年度终了，为了填制财务报表需要进行结账（　　）。

【答案】 错

【解析】 在一定时期结束时（月末、季末、年末），为了填制财务报表，需要进行结账。

模块五　错账查找与更正的方法

一、错账查找的方法

会计人员在登记账簿时，必须严肃认真、一丝不苟，尽最大努力防止出现差错，以保证会计核算质量。如果账簿记录发生错误，产生错账，如重记、漏记、数字颠倒、数字错位、数字记错、账户记错、借贷方向记反等，从而会影响会计信息的准确性，应及时找出差错。常见的错账查找方法有以下几种。

1. 差数法

差数法是指按照错账的差数查找的方法。这种方法适用于账目是否有重记或漏记的情况存在。即在记账过程中只登记了某账户的借方（贷方），而漏记了对应账户的贷方（借方），从而造成试算不平衡。如试算平衡表（或科目汇总表）中借方发生额合计为 695 000 元，贷方发生额合计为 680 000 元，双方差额为 15 000 元，即直接查找 15 000 元金额的业务，是否存在一方漏记的情况。

2. 尾数法

尾数法是指对于发生的差错只查找末尾数，以提高查错效率的方法。这种方法适用于借贷金额其他位数都一致，而只有末尾数出现差错的情况。如试算平衡表（或科目汇总表）中借方发生额合计为 695 000 元，贷方发生额合计为 695 000.85 元，差额为 0.85 元，即直接查找末尾有0.85元金额的业务，是否存在尾数漏记的情况。

3. 除2法

除2法是指以差数除以2来查找错账的方法。适用于借贷方向记反的情况，即当某个借方金额错记入了贷方（或相反）时，出现错账的差数表现为错误的2倍，将此差数除以2，得出的商即是反向的金额。如试算平衡表（或科目汇总表）中借方发生额合计为695 000元，贷方发生额合计为693 000元，差额2 000元，将2 000元除以2得出1 000元，即查找1 000元金额的业务，是否存在记账方向错误的情况。

4. 除9法

除9法是指将差额数除以9来查找错账的方法。适用于以下三种情况：

一是可能将数字写小了。如某笔业务为5 000元，记账时一方记了5 000元，另一方误记成500元，其差额4 500元能被9整除，则存在一方可能将5 000元误记为500元的情况；

二是可能将数字写大了。如某笔业务为3 000元，记账时一方记了3 000元，另一方误记成30 000元，其差额27 000元能被9整除，则存在一方可能将3 000元误记为30 000元的情况；

三是可能邻数颠倒，如某笔业务为970元，记账时一方记了970元，另一方误记成790元，其差额180元能被9整除，则存在一方可能将970元误记为790元的情况。

二、错账更正的方法

在记账过程中，如果发现账簿记录发生错误，必须采用正确的方法予以更正，不准涂改、挖补、刮擦或用药水去除字迹，不准重新抄写。错账更正的方法一般有划线更正法、红字更正法和补充登记法。

（一）划线更正法

划线更正法，是指用划线注销原有错误记录，然后在错误记录的上方写上正确记录的方法。

这种方法适用于在结账前发现账簿记录有文字或数字上的错误，但用以登记该账簿的记账凭证没有错误。

更正时，需要在错误的文字或数字上划上一条红线，表示注销，在红线的上方填写正确的文字或数字，并由记账人员在更正处盖章。

【例6-19】 弘毅公司出纳员2021年7月1日在登记现金日记账时，将3 612元在“付出（贷方）金额”栏中误记为3 162元。上述错误的具体更正方法如表6-32所示。

表6-32　现金日记账

单位：元

2021年		凭证号数	对方科目	摘要	收入（借方）金额	付出（贷方）金额	结余金额
月	日						
				承上页			5 000.00
7	1	现付1	管理费用	购办公用品		许佳敏 3 612.00 ~~3 162.00~~	许佳敏 1 388.00 ~~1 838.00~~

（二）红字更正法

红字更正法，是指用红字冲销原有错误的会计凭证即账簿记录，以更正或调整会计凭证和账簿记录的一种方法。通常有如下两种情况：

（1）记账后在当年内发现记账凭证中填写的会计科目有错误，从而所引起的记账错误。

更正方法：发现错误后，应用红字填制一张与原错误记账凭证内容完全相同的记账凭证，在摘要栏内写明“注销某月某日某号记账凭证错误”，并据以用红字登记入账，以示注销原记账金额；然后用蓝字重新填制一张正确的记账凭证，并在摘要内写明“补记某月某日账”并据以登记入账。

【例 6-20】 生产车间办公室领用原材料 3 500 元，原填制的记账凭证如下（并已登记入账）：

① 借：生产成本　　3 500
　　贷：原材料　　　3 500

此错误属于会计科目用错，填制记账凭证时，误将借方科目写成“生产成本”。发现错误后，用红字（金额部分）填制一张与原记账凭证错误完全相同的记账凭证（见记账凭证②），并据以用红字金额登记入账，以注销原错误记录；然后用蓝字填制一张正确的记账凭证（见记账凭证③）并据以登记入账。

② 借：生产成本　　3 500
　　贷：原材料　　　3 500

③ 借：制造费用　　3 500
　　贷：原材料　　　3 500

借方	原材料	贷方
		① 3 500
		② 3 500
		③ 3 500

借方	生产成本	贷方
① 3 500		
② 3 500		

借方	制造费用	贷方
③ 3 500		

记账后发现当年内记账凭证所填写的会计科目无错误但所记金额大于应记金额，从而引起记账错误。

更正方法：发现错误后按多记的金额用红字填制一张与原记账凭证应借、应贷科目完全相同的记账凭证，在摘要栏内写明“注销某月某日某号凭证多记金额”字样，以冲销多记的金额，并用红字据以登记入账。

【例 6-21】 弘毅公司以银行存款支付广告费 12 500 元，填制记账凭证如下（并已登记入账）。

① 借：销售费用　　15 200
　　贷：银行存款　　15 200

此错误属于金额多记错误，将全额 12 500 元误写为 15 200 元，发现错误后，更正时应将多记金额用红字填制一张与原记账凭证应借应贷科目完全相同的记账凭证（见记账凭证②）并据以用红字金额登记入账。

② 借：销售费用　　2 700
　　贷：银行存款　　2 700

借方	销售费用	贷方
① 15 200		
② 2 700		

借方	银行存款	贷方
		① 15 200
		② 2 700

（三）补充登记法

补充登记法，是在记账后发现记账凭证和账簿记录中应借、应贷会计科目无误，只是所记金额小于应记金额时采用的一种更正错账的方法。

更正方法：按少记的金额用蓝字填制一张与原记账凭证应借、应贷科目完全相同的记账凭证，以补充少记的金额并据以登记入账。

【例 6-22】 弘毅公司以银行存款支付前欠货款 6 400 元，填制下列记账凭证，并已登记入账。

① 借：应付账款　　　　　　4 600

　　贷：银行存款　　　　　　4 600

此错误属于金额少记错误，更正时，用蓝字填制一张少记金额的记账凭证（见记账凭证②）据以用蓝字金额登记入账。

② 借：应付账款　　　　　　1 800

　　贷：银行存款　　　　　　1 800

借方	应付账款	贷方
① 4 600		
② 1 800		

借方	银行存款	贷方
		① 4 600
		② 1 800

【例 6-23】（单选题）记账后在当年内发现记账凭证所记的会计科目错误，从而引起记账错误应采用（　　）。

A. 划线更正法　B. 红字更正法　C. 补充登记法　D. 平行登记法

【答案】 B

【解析】 红字更正法适用于记账后发现记账凭证中的应借、应贷会计科目有错误所引起的记账错误。

【例 6-24】（判断题）会计人员在记账以后，若发现所依据的记账凭证中的应借、应贷会计科目有错误，则不论金额多记还是少记，均采用红字更正法进行更正。（　　）

【答案】 对

【解析】 只要记账凭证中的科目有错误就应采用红字更正法。

模块六　会计账簿的更换和保管

一、会计账簿的更换

会计账簿的更换通常在新的会计年度建账时进行。总分类账、日记账和多数明细分类账应每年更换一次。变动小的部分明细分类账，如固定资产明细分类账或固定资产卡片及备查账簿可以连续使用。

需要更换的各种账簿，在进行年终结账时，各账户的年末余额都要以同方向直接记入有关新账的账户中，并在新账第一行摘要栏内注明“上年结转”或“年初余额”字样。新旧账簿有关账户之间的结转余额无须填制记账凭证。

二、会计账簿的保管

年度终了，各种账户在结转下年、建立新账后，一般都要把旧账送交总分类账会计集中统一管理。会计账簿暂由本单位财务会计部门保管一年，期满之后，由财务会计部门编造成册，移交本单位的档案部门保管。

各种账簿应当按年度分类归档，编造目录，妥善保管。既保证在需要时迅速查阅，又保证各种账簿的安全和完整。保管期满，还要按照规定的审批程序经批准后才能销毁。

【例 6-25】（多选题）以下账簿需要在每年年初更换新账的是（　　）。

A. 总分类账　B. 库存现金日记账　C. 银行存款日记账　D. 固定资产卡片账

【答案】 ABC

【解析】 总分类账、日记账和多数明细分类账应每年更换一次。

项目训练

一、单项选择题

1. 会计账簿暂由单位财务会计部门保管（　　），期满后，由财务会计部门编造清册移交本单位的档案部门保管。

   A. 3 年　B. 10 年　C. 5 年　D. 1 年

2. 下列明细分类账中，一般不宜采用三栏式账页格式的是（　　）。

   A. 应收账款明细分类账　B. 实收资本明细分类账

   C. 原材料明细分类账　D. 应付账款明细分类账

3. 企业临时租入的固定资产应在（　　）中登记。

   A. 无须在账簿中进行任何登记　B. 备查账簿

   C. 明细分类账簿　D. 总分类账簿

4. 下列明细账户中，应采用贷方多栏式账页格式的是（　　）。

   A. “应交税费——应交增值税”　B. “本年利润”

   C. “主营业务收入”　D. “管理费用”

5. 日记账簿一般采用（　　）的形式。

   A. 横线登记式账　B. 卡片账　C. 活页账　D. 订本账

6. 总分类账户与明细分类账户平行登记四要点中的“依据相同”是指（　　）。

   A. 总分类账户要根据明细分类账户进行登记

   B. 明细分类账户要根据总分类账户进行登记

   C. 根据同一会计凭证登记

   D. 由同一人员进行登记

7. 将账簿划分为序时账簿、分类账簿和备查账簿的依据是（　　）。
   A. 账簿的用途不同　　B. 账页的格式不同
   C. 账簿的性质不同　　D. 账簿的外形特征不同
8. 下列表述正确的是（　　）。
   A. 库存现金日记账实质上就是库存现金的总分类账
   B. 总分类账的余额不一定等于其所属明细分类账的余额合计数
   C. 明细分类账根据明细分类科目设置
   D. 所有资产类总分类账的余额合计数应等于所有负债类总分类账的余额合计数
9. 生产成本明细分类账应采用（　　）。
   A. 数量金额式　　B. 横线登记式　　C. 多栏式　　D. 三栏式
10. 下列项目中，属于账证核对内容的是（　　）。
   A. 总分类账簿与所属明细分类账簿核对
   B. 原始凭证与记账凭证核对
   C. 会计账簿与记账凭证核对
   D. 银行存款日记账与银行对账单核对
11. 下列说法正确的是（　　）。
   A. 登记各种账簿的直接依据只能是记账凭证
   B. 库存现金及银行存款日记账的外表形式应采用订本式
   C. 库存现金付款凭证不能用来作为登记银行存款日记账的依据
   D. 总分类账户发生额及余额试算平衡中本期借方发生额合计等于本期贷方发生额合计，说明账户发生额记录肯定没有错
12. 下列各账簿中，必须逐日逐笔登记的是（　　）。
   A. 库存现金总分类账　　B. 固定资产明细分类账
   C. 原材料明细分类账　　D. 银行存款日记账
13. 下列账户中，必须采用订本式账簿的是（　　）。
   A. 原材料明细分类账　　B. 固定资产登记簿
   C. 库存商品明细分类账　　D. 银行存款日记账
14. 下列说法正确的是（　　）。
   A. 企业应收、应付账款明细分类账与对方单位账户记录核对属于账账核对
   B. 账簿记录正确并不一定能保证账实相符
   C. 所有账簿，每年必须更换新账
   D. 除结账和更正错账外，一律不得用红色墨水笔登记账簿
15. 下列明细分类账中，既适用于金额核算，又适用于数量核算的是（　　）。
   A. 库存商品明细分类账　　B. 实收资本明细分类账
   C. 制造费用明细分类账　　D. 应收账款明细分类账
16. 在启用之前就已将账页装订在一起，并对账页进行了连续编号的账簿称为（　　）。
   A. 订本账　　B. 卡片账　　C. 联合式账　　D. 活页账
17. 卡片账一般在进行（　　）时采用。
   A. 固定资产总分类核算　　B. 原材料总分类核算
   C. 原材料明细分类核算　　D. 固定资产明细分类核算

18. 将每一相关的业务登记在一起，从而可依据每一行各个栏目的登记是否齐全来判断该项业务进展情况的明细分类账格式属于（　　）。
A. 多栏式　B. 数量金额式　C. 横线登记式　D. 三栏式
19. 下列账簿中，一般采用活页账形式的是（　　）。
A. 日记账　B. 备查账　C. 总分类账　D. 明细分类账
20. 下列项目中，不属于账实核对内容的是（　　）。
A. 库存现金日记账与库存现金数核对
B. 债权债务明细账与对方单位的账面记录核对
C. 银行存款日记账余额与银行对账单余额核对
D. 账簿记录与原始凭证核对
21. 下列错账中，可以采用补充登记法的是（　　）。
A. 在结账前发现账簿记录有文字或数字错误，而记账凭证没有错误
B. 记账后发现记账凭证填写的会计科目无误，只是所记金额小于应记金额
C. 记账后在当年内发现记账凭证所记的会计分录错误
D. 记账后在当年内发现记账凭证所记金额小于应记金额
22. 从银行提取现金，登记库存现金日记账的依据是（　　）。
A. 库存现金收款凭证　B. 银行存款付款凭证
C. 银行存款收款凭证　D. 库存现金付款凭证
23. 在登记账簿过程中，每一账页的最后一行及下一页都要办理转页手续，是为了（　　）。
A. 防止遗漏　B. 便于查账　C. 保持记录的连续性　D. 防止隔页
24. 企业开出转账支票 1 790 元购买办公用品，编制记账凭证时，误记金额 1 970 元，科目与方向无误并已记账，应采用的更正方法是（　　）。
A. 红字冲销 180 元　B. 把错误凭证撕掉重新编制
C. 在凭证中划线更正　D. 补充登记 180 元
25. 下列账簿中，可以跨年连续使用的是（　　）。
A. 日记账　B. 多数明细分类账
C. 备查账　D. 总分类账

二、多项选择题

1. 下列说法不正确的是（　　）。
A. 银行存款日记账应按企业在银行开立的账户和币种分别设置，每个银行账户设置一本日记账
B. 平行式明细分类账不适用于一次性备用金业务
C. 总分类账最常用的格式为三栏式
D. 日记账必须采用三栏式
2. 以下表述正确的是（　　）。
A. 在会计核算中，一般应通过财产清查进行账实核对
B. 多栏式明细分类账一般适用于资产类账户
C. 因记账凭证错误而造成的账簿记录错误，一定采用红字更正法进行更正
D. 各种日记账、总分类账及资本、债权债务明细分类账都可采用三栏式账簿

3. 错账更正的方法一般有（　　）。

A. 划线更正法　　B. 平行登记法　　C. 补充登记法　　D. 红字更正法

4. 下列各项中，根据《企业会计准则》，应当建立备查账簿登记的是（　　）。

A. 银行存款　　B. 原材料　　C. 已贴现的应收票据　　D. 经营租入设备

5. 以下凭证可以作为库存现金日记账收入栏依据的是（　　）。

A. 库存现金收款凭证　　B. 库存现金付款凭证

C. 银行存款付款凭证　　D. 银行存款收款凭证

6. 记账后发现记账凭证中应借、应贷会计科目正确，只是金额发生错误，可采用的错账更正方法是（　　）。

A. 划线更正法　　B. 横线登记法　　C. 补充登记法　　D. 红字更正法

7. 下列内容中，属于结账工作的是（　　）。

A. 清点库存现金　　B. 按照权责发生制对有关账项进行调整

C. 编制试算平衡表　　D. 结算有关账户的本期发生额及期末余额

8. 下列观点正确的是（　　）。

A. 总分类账必须采用订本式账簿

B. 不是所有的账户都需要开设明细分类账户

C. 明细分类账户提供详细、具体的核算指标

D. 总分类账户提供总括核算指标

9. 下列各账户中，只需反映金额指标的是（　　）。

A. 实收资本账户　　B. 库存商品账户　　C. 短期借款账户　　D. 原材料账户

10. 下列说法正确的是（　　）。

A. 对账的内容包括账证核对、账账核对、账实核对

B. 短期借款明细分类账应采用三栏式账页格式

C. 应收账款明细分类账应采用订本式账簿

D. 多栏式明细分类账一般适用于成本、费用、收入和利润类的明细分类账

11. 以下内容中，属于对账范围的是（　　）。

A. 账簿记录与报表记录的核对

B. 账簿记录与有关会计凭证的核对

C. 库存商品明细分类账余额与库存商品的核对

D. 日记账余额与有关总分类账户余额的核对

12. 数量金额式账簿的收入、发出和结存三大栏内，都分设（　　）三个小栏。

A. 金额　　B. 单价　　C. 数量　　D. 种类

13. 下列关于平行登记的说法，正确的是（　　）。

A. 总分类账户的期初余额=明细分类账户期初余额合计

B. 计入总分类账户的金额与计入其所属明细分类账户的合计金额相等

C. 总分类账户的本期发生额=所属明细分类账户本期发生额合计

D. 总分类账户的期末余额=所属明细分类账户期末余额合计

三、判断题（正确的打“√”，错误的打“×”）

1. （　　）设置和登记账簿是编制会计报表的基础，是连接会计凭证与会计报表的中间环节。
2. （　　）补充登记法一般适用于记账凭证所记会计科目无误，只是所记金额大于应记金额，从而引起的记账错误。
3. （　　）在账簿记录中有可能出现红字。
4. （　　）活页账无论是在账簿登记完毕之前还是之后，账页都不固定装订在一起，而是装在活页账夹中。
5. （　　）各种日记账、总分类账以及资本、债权债务明细分类账都可采用三栏式账簿。
6. （　　）会计人员在记账以后，若发现所依据的记账凭证中的应借、应贷会计科目有错误，则不论金额多记还是少记，均采用红字更正法进行更正。
7. （　　）登记账簿要用蓝黑墨水笔或碳素墨水笔书写，不得使用铅笔书写，但可使用钢笔或圆珠笔书写。
8. （　　）启用会计账簿时，应当在账簿封面上写明单位名称和账簿名称，并在账簿扉页上附启用表。
9. （　　）主要账簿中不予登记或登记不详细的经济业务，可以在备查账簿中予以登记。
10. （　　）在我国，单位一般只对原材料的明细核算采用卡片账。
11. （　　）总分类账户平时不必每日结出余额，只需要每月结出月末余额。
12. （　　）新旧账簿有关账户之间的结转余额，也需要编制记账凭证。
13. （　　）凡是只进行金额核算的明细分类账户都应采用三栏式的账页格式。
14. （　　）对需要结计本年累计发生额的账户，结计“过次页”的本页合计数应为年初起至本月末止的累计数。
15. （　　）会计部门的财产物资明细账期末余额与财产物资使用部门的财产物资明细账余额相核对，属于账实核对。
16. （　　）对各种明细分类账除可采用活页账外表形式外，还可采用卡片账外表形式。
17. （　　）严格地说，卡片账也是一种活页账，只不过它不是装在活页夹中，而是装在卡片箱内。
18. （　　）在平行登记法下，总分类账和明细分类账要同时间登记。

四、计算分析题

1. 某企业2021年7月发生的经济业务及登记的应付账款总分类账如下：

（1）4日，向A企业购入甲材料1 000千克，单价17元，购入乙材料2 500千克，单价9元，价款22 500元，款项39 500元尚未支付（不考虑增值税，下同）。

（2）8日，向B公司购入甲材料2 000千克，单价17元，价款34 000元，货物已经验收入库，款项尚未支付。

（3）13日，生产车间为生产产品领用材料，其中领用甲材料1 400千克，单价17元，领用乙材料3 000千克，单价9元，价值27 000元。

（4）23日，向A公司偿还货款20 000元，向B公司偿还货款40 000元，以银行存款支付。

（5）26日，向A公司购入乙材料1 600千克，价款14 400元以银行存款支付，货物验收入库。

要求：根据上述资料，完成应付账款总分类账的登记。

总分类账

会计科目：应付账款　　　　单位：元

2021 年		凭证号	摘　要	借　方	贷　方	借或贷	余　额
月	日						
4	1		月初余额			贷	(1)
	4		购入材料		(2)	贷	82 500
	8		购入材料		34 000	贷	(3)
	23		归还前欠货款	60 000		贷	(4)
	31		本月合计		(5)	贷	56 500

2. 某公司会计人员在结账前进行对照时，发现企业所做的部分账务处理如下：

（1）预付原材料款 40 000 元，款项以银行存款支付，编制的会计分录为：

借：应付账款　　　　40 000

　　贷：银行存款　　　　40 000

（2）用银行存款预付建造固定资产的工程款 60 000 元，编制的会计分录为：

借：固定资产　　　　60 000

　　贷：银行存款　　　　60 000

（3）用现金支付职工生活困难补助费 7 000 元，编制的会计分录为：

借：管理费用　　　　7 000

　　贷：库存现金　　　　7 000

（4）计提生产车间固定资产折旧 4 500 元，编制的会计分录为：

借：制造费用　　　　45 000

　　贷：累计折旧　　　　45 000

（5）用现金支付职工工资 65 000 元，编制的会计分录为：

借：应付职工薪酬　　　　6 500

　　贷：库存现金　　　　6 500

要求：上述企业原账务处理科目或金额上存在错误，请编制各项业务正确的会计分录。

扫一扫

手到擒来——账簿的登记　　现金日记账登记　　银行存款日记账登记　　日记账和备查簿常识

备查簿的登记　　划线更正法　　红字更正法　　补充登记法

项目七

财 产 清 查

本项目知识体系

财产清查	模块一　财产清查概述	一、财产清查的概念与作用★★
		二、财产清查的种类★★
		三、财产清查的一般程序★★
	模块二　财产清查的方法	一、货币资金的清查方法★★★★
		二、实物资产的清查方法★★
		三、往来款项的清查方法★★
	模块三　财产清查的结果处理	一、财产清查结果处理的要求★★
		二、财产清查结果处理的步骤与方法★★
		三、财产清查结果的账务处理★★★★

模块一　财产清查概述

一、财产清查的概念与作用

财产清查是指通过对货币资金、实物资产和往来款项等财产物资进行盘点或核对，确定其实存数，查明账存数与实存数是否相符的一种专门方法。

企业应当建立健全财产物资清查制度，加强管理，以保证财产物资核算的真实性和完整性。具体而言，财产清查的作用主要有：

（1）确保会计信息的真实可靠。通过财产清查，可以确定各项财产物资的实有数量，将实存数与账存数进行对比，确定各项财产的盘盈数或盘亏数，并及时调整账簿记录，做到账实相符，以保证账簿记录的真实、可靠，提高会计信息的质量。

（2）切实保障各项财产物资的安全完整。通过财产清查，可以查明各项财产物资的储备和保管情况及各种责任制度的建立和执行情况，揭示财产物资管理上存在的问题，促使单位不断改进财产物资管理制度，加强保管人员责任感，保证各项财产物资的安全完整。

（3）加速资金周转，提高资金使用效益。通过财产清查，可以揭示各项财产物资的使用情况，从而促进单位改善经营管理，挖掘各项财产物资的潜力，加速资金周转，提高财产物资的使用效率。

二、财产清查的种类

财产清查可以按不同的标志进行分类，常见的分类主要有以下几种。

（一）按照清查范围分类

1. 全面清查

全面清查是指对所有财产进行全面的盘点和核对。全面清查范围大、内容多、时间长、参与人员多，一般不宜经常进行。一般来说，在以下情况下才需要进行全面清查：

（1）企业编制年度会计报表前，需要进行全面清查。

（2）单位主要负责人调离本单位前，需要进行全面清查。

（3）单位撤销、分立、合并或改变隶属关系前，需要进行全面清查。

（4）中外合资、国内联资前，企业股份制改制前，需要进行全面清查。

（5）开展清产核资、资产评估时，需要进行全面清查。

2. 局部清查

局部清查是指根据需要只对部分财产进行盘点和核对。其清查的主要对象是流动性较大的财产。局部清查范围小、内容少、时间短、参与人员少，但专业性较强。进行局部清查的情况主要有：

（1）对库存现金，应由出纳人员在每日终了时清点核对。

（2）对银行存款，应由出纳人员每月同开户银行至少核对一次。

（3）对于材料、在产品和库存商品，除年度清查外，应有计划地轮流清查；对贵重物资，应每月清查盘点一次，在有关人员调动时，应进行专项清查。

（4）对债权债务，应每年与对方至少核对一次至两次。

（二）按照清查时间分类

1. 定期清查

定期清查是指按照预先计划安排的时间对财产进行的盘点和核对。这种清查的对象不定，可以是全面清查，也可以是局部清查。其清查的目的在于保证会计核算资料的真实性，一般是在年末、季末或月末结账后进行。例如，年末进行全面清查、出纳人员每日终了对现金清点核对等。

2. 不定期清查

不定期清查是指事前不规定清查日期，而是根据特殊需要临时进行的盘点和核对。例如，更换财产物资保管人员、更换出纳人员时对财产物资、货币资金的清查，发生自然灾害或意外损失时对财产物资的清查等。不定期清查，可以是全面清查，也可以是局部清查，应根据实际需要来确定清查的对象和范围。

（三）按照清查的执行系统分类

1. 内部清查

内部清查是指由本单位内部自行组织清查工作小组所进行的财产清查工作。大多数财产清查都是内部清查。

2. 外部清查

外部清查是指由上级主管部门、审计机关、司法部门、注册会计师根据国家有关规定或情况需要对本单位所进行的财产清查。一般来讲，进行外部清查时应有本单位相关人员参加。

三、财产清查的一般程序

财产清查既是会计核算的一种专门方法，又是财产物资管理的一项重要制度。企业必须有计划、有组织地进行财产清查。财产清查一般包括以下程序：

（1）建立财产清查组织，清查组织应由单位领导和财务会计、业务、仓库等有关部门的人员组成，一般应由管理层研究制订财产清查计划，确定工作进度和方式方法。

（2）组织清查人员学习有关政策规定，掌握有关法律、法规和相关业务知识，以提高财产清查工作的质量。

（3）确定清查对象、范围，明确清查任务。

（4）制定清查方案，具体安排清查内容、时间、步骤、方法，以及必要的清查前的准备工作。

（5）清查时本着先清查数量、核对有关账簿记录等，后认定质量的原则进行。

（6）填制盘存清单。

（7）根据盘存清单，填制实物、往来账项清查结果报告表。

【例 7-1】（单选题）单位主要领导调离工作岗位前进行的财产清查，应属于（　　）。

A. 重点清查　　B. 全面清查　　C. 局部清查　　D. 定期清查

【答案】 B

【解析】 单位主要负责人调离本单位前，需要进行全面清查。

【例 7-2】（多选题）财产物资的盘存制度有（　　）。

A. 权责发生制　　B. 收付实现制　　C. 实地盘存制　　D. 永续盘存制

【答案】 CD

【解析】 企业财产物资的盘存制度通常有以下两种：永续盘存制、实地盘存制。

模块二　财产清查的方法

由于货币资金、实物、往来款项的特点各有不同，在进行财产清查时，应采用与其特点和管理要求相适应的方法。

一、货币资金的清查方法

货币资金的清查包括库存现金的清查和银行存款的清查。

（一）库存现金的清查

1. 库存现金清查方法

库存现金的清查一般采用实地盘点法。即通过实地盘点，确定库存现金的实存数，然后与库存现金日记账的账面余额核对，确定账实是否相符。

库存现金清查主要有以下两种情形：

一是由出纳人员对库存现金进行经常性清查，即出纳人员应在每日营业终了将库存现金日记账的账面余额与库存现金的实存数进行核对，做到账账相符；

二是由会计主管人员或财务处负责人和出纳人员对库存现金进行定期或不定期的清查，并填制“库存现金盘点报告表”。

2. 库存现金清查注意事项

为了明确经济责任，现金清查时出纳人员必须在场；在盘点过程中不能用“白条”抵库，也就是不能用不具备法律效力的借条、收据等抵充库存现金。

3. 库存现金清查结果处理

库存现金盘点后，应根据盘点结果和库存现金日记账核对情况，填制“库存现金盘点报告表”，其格式如表 7-1 所示。“库存现金盘点报告表”是重要的原始凭证，它既起确定实有数的作用，也具有实存账存对比表的作用，因此能据以调整库存现金日记账的账面记录。“库存现金盘点报告表”应由盘点人员和出纳人员共同签章方能生效。

表 7-1 库存现金盘点报告表

实存金额	账存金额	对比结果		备注
		长款（盘盈）	短款（盘亏）	

会计主管（签字）：　　　　盘点人（签字）：　　　　出纳人员（签字）：

（二）银行存款的清查

1. 银行存款的清查方法

银行存款的清查采用对账单法。即将企业的银行存款日记账与开户银行送来的对账单进行逐笔核对，查明银行存款的实有数额。银行存款的清查一般在月末进行。

2. 银行存款日记账与银行对账单不一致的原因

将截止到清查日所有银行存款的收付业务都登记入账后，对发生的错账、漏账应及时查清更正，再与银行的对账单逐笔核对。如果二者余额相符，通常说明没有错误；如果二者余额不相符，则可能是企业或银行一方或双方记账过程有错误或存在未达账项。

3. 未达账项

未达账项是指企业与银行之间，由于记账时间不一致，而发生的一方已登记入账，另一方尚未登记入账的事项。未达账项一般有以下四种情况：

（1）企业已收款记账，银行未收款未记账的款项。如企业销售产品收到转账支票 45 200 元，送存银行后即可入账，而银行尚未办妥转账收款手续而没有入账。如此时对账，则形成“企业已收款记账，银行尚未收款记账”银行的未达账项。

（2）企业已付款记账，银行未付款未记账的款项。如企业开出转账支票支付欠货款 16 950 元且已入账，但收款单位尚未将支票送存银行办理转账手续或银行尚未办妥转账付款手续而没有入账。如此时对账，则形成“企业已付款记账，银行尚未付款记账”银行的未达账项。

（3）银行已收款记账，企业未收款未记账的款项。如企业委托银行代收银行承兑汇票款 101 700 元，银行已经办妥收款手续而入账，但收款通知尚未到达企业而使企业没有入账。如此时对账，则形成“银行已收款记账，企业尚未收款记账”企业的未达账项。

（4）银行已付款记账，企业未付款未记账的款项。如银行代企业支付水费 5 500 元，银行已办妥付款手续且已入账，但因付款通知尚未到达企业而使企业没有入账。如此时对账，则形成“银行已付款记账，企业尚未付款记账”企业的未达账项。

上述任何一种未达账项的存在，都会造成企业银行存款日记账余额与银行对账单余额不符。出现上述第（1）和第（4）两种情况，会使企业银行存款日记账账面余额大于银行对账单余额；出现上述第（2）和第（3）两种情况，会使企业银行存款日记账账面余额小于银行对账单余额。

4. 银行存款余额调节表的编制

企业与银行对账时，首先应查明有无未达账款，如果存在未达账项，应编制“银行存款余额调节表”，以确定企业银行存款实有数。“银行存款余额调节表”是为了核对企业与其开户银行双方记录的企业银行存款账面余额而编制的，列示双方未达账项的一种表格。现举例说明其格式和编制方法。

【例 7-3】 弘毅公司 2021 年 4 月份银行存款日记账和中国银行梁溪分理处对账单如表 7-2、表 7-3 所示。

表 7-2 银行存款日记账

单位：元

2021年		凭证号	对方科目	摘要	借方	贷方	余额
月	日						
4	1			期初余额			668 900
	2	银付 1	库存现金	提现备用（现支 553）		3 000√	665 900
	4	银付 2	应交税费	缴所得税（转支 6370）		60 000√	605 900
	5	银付 3	在途物资等	购材料		81 900√	524 000
	6	现付 1	库存现金	销售款解存银行	58 500√		582 500
	10	银收 1	主营业务收入等	销售商品	35 100√		617 600
	11	银付 4	应付职工薪酬	代发工资（转支 6371）		101 500√	516 100
	13	银收 2	其他货币资金	汇票多余款	24 500√		540 600
	16	银收 3	短期借款	借入借款	500 000√		1 040 600
	18	银付 5	其他货币资金	办理银行本票		50 000√	990 600
	22	银付 6	其他货币资金	办理银行汇票		100 000√	890 600
	30	银付 7	预付账款	财产保险费（转支 6372）		6 500	884 100
	30	银收 4	预收账款	预收南海公司货款	30 000		914 100
				本月合计	648 100	402 900	914 100

表 7-3 中国银行梁溪分理处对账单

账号：388990021　　单位名称：弘毅公司　　2021 年 4 月 30 日止

单位：元

2021年		摘要	结算凭证	借方	贷方	借或贷	金额
月	日						
4	1	期初余额				贷	668 900
	3	支取现金	现支 553	3 000√		贷	665 900
	4	缴纳税款	转支 6379	60 000√		贷	605 900

续表

2021年		摘　要	结算凭证	借　方	贷　方	借或贷	金　额
月	日						
	5	汇购材料	电汇 8746	81 900√		贷	524 000
	6	送存现金	现缴 245		58 500√	贷	582 500
	9	汇票余款	银汇 6743		24 500√	贷	607 000
	10	转发工资	转支 6371	101 500√		贷	505 500
	14	收到销货款	转支 8922		35 100√	贷	540 600
	15	付货款办理本票	本票 6025	50 000√		贷	490 600
	16	贷款	借款单 4230		500 000√	贷	990 600
	26	办理汇票	汇票 0559	100 000√		贷	890 600
	30	委托付款电费	委托 7543	2 260		贷	888 340
	30	收货款进账	汇划 5678		12 260	贷	900 600
	30	存款利息	结算单 345		3 019	贷	903 619

注：企业银行日记账和银行对账单的记账方向相反，即企业银行存款日记账借方为收入，贷方为支出；银行对账单贷方为收入，借方为支出。

银行存款余额调节表的编制步骤如下：

（1）将本单位银行存款日记账和银行对账单，以结算凭证的种类、号码和金额为依据，逐日、逐笔核对。凡双方都有记录的，用铅笔在金额旁打上记号“√”。

（2）找出未达账项，即银行存款日记账和银行对账单中没有打“√”的款项。

① 4月29日，银行代企业支付电费2 260元，企业尚未接到付款通知而未入账。

② 4月30日，银行为企业收回货款12 260元，已入企业存款户，企业尚未接到通知而未入账。

③ 4月30日，银行计算企业存款利息3 019元，已入企业存款户，企业尚未接到通知而未入账。

④ 4月30日，企业签发转账支付财产保险费6 500元，持票人尚未到银行办理进账，银行未入账。

⑤ 4月30日，企业收到南海公司转账支票一张，支付预付货款30 000元，已开具进账单办妥进账，但银行尚未入账。

（3）将银行存款日记账和银行对账单的月末余额及找出的未达账项填入“银行存款余额调节表”，并计算出调整后的余额，如表7-4所示。

表7-4　银行存款余额调节表

2021年4月30日　　　　单位：元

项　目	金　额	项　目	金　额
银行存款日记账余额	914 100	银行对账单余额	903 619
加：银行已收、企业未收	15 279	加：企业已收、银行未收	30 000
减：银行已付、企业未付	2 260	减：企业已付、银行未付	6 500
调节后的余额	927 119	调节后的余额	927 119

（4）将调整平衡的“银行存款余额调节表”经主管会计签章后，呈报开户银行。

银行存款余额调节表的编制，是以双方账面余额为基础，各自分别加上对方已收款入账而己方尚未入账的数额，减去对方已付款入账而己方尚未入账的数额。其计算公式如下：

企业银行存款日记账余额+银行已收企业未收款-银行已付企业未付款=银行对账单存款余额+企业已收银行未收款-企业已付银行未付款

经过银行存款余额调节表调节后，如果双方的余额相等，则表明双方记账基本正确，而这个相等的余额表示企业可动用的银行存款实有数；若不符，则表示本单位及开户银行的一方或双方存在记账错误，应进一步查明原因，采用正确的方法进行更正。

需要注意的是，企业不应该也不需要根据调节后的余额调整银行存款日记账的余额，银行存款余额调节表只是一种对账记录或对账工具，不能作为调整账面记录的依据。对于银行已入账而企业尚未入账的未达账项，企业应在收到有关结算凭证后再进行有关的账务处理。

二、实物资产的清查方法

对于各种实物资产，如固定资产、库存商品、原材料等，都必须要从数量和质量上进行清查。由于实物资产的形态、体积、重量、堆放形式不同，采用的清查方法也各不相同，主要有以下两种。

1. 实地盘点法

实地盘点法是指在财产物资存放现场逐一清点数量或用计量仪器确定实存数的一种方法。如以件或台为计量单位的商品或机器设备等，可以通过点数的方法确定实有数。

这种方法适用范围较广，大多数财产物资的清查都适用该种方法，但是工作量大，如果事先能按照财产物资的实物形态进行科学码放，则有助于提高盘点速度。

2. 技术推算法

技术推算法是指通过技术测算的方法来确定财产物资实存数量的一种方法。如露天堆放的砂石、焦炭等，可以通过技术推算的方法确定实有数。

这种方法主要适用于那些大量成堆、价廉笨重且不能逐项清点的物资。

无论采用何种方法对实物进行清查，都应按计划有步骤地进行，以避免遗漏或重复。

为了明确经济责任，在对各项财产物资进行盘点时，有关财产物资的保管人员必须在场，并参加盘点工作。对各项实物财产进行盘点的结果，应逐一如实地登记在“盘存单”上，并由参加盘点的人员和实物保管人员同时签章生效。“盘存单”是记录各项实物财产盘点结果的书面证明，也是反映财产物资实存数的原始凭证。“盘存单”的格式如表 7-5 所示。

表 7-5　盘存单

单位名称：　　　　盘点时间：　　　　编号：

财产类别：　　　　存放地点：

序号	名称及规格	计量单位	实存数量	单价	金额	备注

盘点人（签章）：　　　　保管人（签章）：

盘点结束后，将“盘存单”的实存数与账面结存数相核对。若发现某些财产物资账实不符，应填制“实存账存对比表”，以确定财产物资盘盈或盘亏数额。“实存账存对比表”是调整账面记录的原始凭证，也是分析差异原因、明确经济责任的重要依据，应认真填报。其格式如表7-6所示。

表7-6　实存账存对比表

单位名称　　　　年　月　日　　　　编号：

序号	名称及规格	计量单位	单价	实存		账存		盘盈		盘亏		备注
				数量	金额	数量	金额	数量	金额	数量	金额	

主管人员（签章）：　　　　会计（签章）：　　　　制表人（签章）：

三、往来款项的清查方法

往来款项主要包括应收账款、预付账款、应付账款、预收账款等。为了保证往来款项的正确性，并保证及时清算，防止长期拖欠，应对往来款项进行及时清查。

往来款项的清查一般采取“发函询证的方法”进行核对，即通过向对方单位发函查询以核对账目的方法进行清查。清查单位应在检查本单位各往来款项正确性的基础上，按每一个往来单位编制“往来款项对账单”一式两联，发送至各往来单位查询核对。对方单位经过核对相符后，在回单上加盖公章退回，表示已核对；如果经核对数字不相符，对方应在回联单上说明情况，或者另抄对账单退回本单位，待进一步查明原因再行核对，直到相符为止。

往来款项清查结束后，将清查结果编制“往来款项清查结果报告单”，填列各项债权、债务的余额。对于有争执的款项及无法收回的款项，应在报告单上详细列明情况，以便及时采取措施进行处理，避免或减少坏账损。

【例7-4】（单选题）对于应收账款进行清查，应采用的方法是（　　）。

A. 技术推算法　　B. 实地盘点法　　C. 询证核对法　　D. 抽查法

【答案】 C

【解析】 往来款项的清查一般采取“发函询证的方法”进行核对。

【例7-5】（多选题）银行存款日记账余额与银行对账单余额不一致的原因可能是（　　）。

A. 银行存款日记账有误　　B. 银行记账有误

C. 存在未达账项　　D. 存在未付款项

【答案】 ABC

【解析】 银行存款日记账余额与银行对账单余额不一致可能是企业或银行一方或双方记账过程有错误或存在未达账项。

【例7-6】（判断题）银行存款余额调节表只是为了核对账目，并不能作为调整银行存款账面余额的原始凭证。（　　）

【答案】 对

【解析】 银行存款余额调节表只是一种对账记录或对账工具，不能作为调整账面记录的依据。

【例 7-7】（计算分析题）甲公司 2021 年 12 月银行存款日记账与银行对账单在 28 日以后的资料如下：

银行存款日记账

日　期	摘　要	金额（元）
12.29	存入银行转账支票 # 891	24 800
12.30	开出转账支票 # 352 支付货款	16 400
12.30	开出转账支票 # 253 支付运输费	800
12.31	存入购货款转账支票 # 740	16 000
月末余额		76 500

银行对账单

日　期	摘　要	金额（元）
12.30	存入转账支票 # 891	24 800
12.30	转账支票支付 # 352	16 400
12.31	代划借款利息	1 500
12.31	收回托收款	13 500
月末余额		73 300

银行存款余额调节表

编制单位：甲公司　　　2021 年 12 月 31 日　　　单位：元

项　目	金　额	项　目	金　额
企业银行存款日记账余额	76 500	银行对账单余额	73 300
加：银行已收、企业未收款项合计	(1)	加：企业已收、银行未收款项合计	(4)
减：银行已付、企业未付款项合计	(2)	减：企业已付、银行未付款项合计	800
调节后余额	(3)	调节后余额	(5)

要求：根据上述资料，编制甲公司的银行存款余额调节表。

【答案】（1）13 500；（2）1 500；（3）88 500；（4）16 000；（5）88 500

模块三　财产清查的结果处理

一、财产清查结果处理的要求

财产清查结束后，企业必须按国家有关财务制度规定，严肃认真地处理。财产清查中发现的盘盈、盘亏、毁损、变质、超储、积压等问题，应核准数字，查明原因，并按规定的程序上报批准后进行处理。

财产清查结果处理的具体要求有：

（1）分析产生差异的原因和性质，提出处理建议。财产清查结束后，应根据“库存现金盘点报告表”“实存账存对比表”等，核准库存现金、实物财产的盘盈、盘亏数字。同时，对各项差异产生的原因和性质进行分析，明确经济责任，提出相应的处理意见，并按规定的管理权限报经批准。

（2）积极处理多余积压财产，清理往来款项。对于财产清查中发现的多余积压物资，应分不同情况进行处理。对于债权债务在核实过程中产生的争议问题，及时组织清理。

（3）总结经验教训，建立和健全各项管理制度。财产清查后，要针对存在的问题和不足，总结经验教训，采取必要的措施，建立健全财产管理制度，进一步提高财产管理水平。

（4）及时调整账簿记录，保证账实相符。对于财产清查中发现的盘盈、盘亏或毁损，应及时调整账面记录，以保证账实相符。要根据清查中取得的原始凭证编制记账凭证，登记有关账簿，使各种财产物资的账存数与实存数相一致，同时反映待处理财产损溢的发生额。

二、财产清查结果处理的步骤与方法

对于财产清查结果的处理可分为以下两种情况。

1. 审批之前的处理

根据“清查结果报告表”“盘点报告表”等已经查实的数据资料，填制记账凭证，记入有关账簿，使账簿记录与实际盘存数相符，同时根据权限，将处理建议报股东大会或董事会，或者经理（厂长）会议或类似机构批准。

2. 审批之后的处理

企业清查的各种财产的损溢，应于期末前查明原因，并根据企业的管理权限，经股东大会或董事会，或者经理（厂长）会议或类似机构批准后，在期末结账前处理完毕。企业应严格按照有关部门对财产清查结果提出的处理意见进行账务处理，填制有关记账凭证，登记有关账簿，并追回由于责任者原因造成的财产损失。

企业清查的各种财产的损溢，如果在期末结账前尚未经批准，在对外提供财务报表时，先按上述规定进行处理，并在附注中做出说明；其后批准处理的金额与已处理金额不一致的，调整财务报表相关项目的年初数。

三、财产清查结果的账务处理

（一）设置“待处理财产损溢”账户

为了反映和监督企业在财产清查中查明的各种财产物资的盘盈、盘亏和毁损情况，应设置“待处理财产损溢”账户（但固定资产盘盈和毁损分别通过“以前年度损益调整”“固定资产清理”账户核算）。该账户属于双重性质的资产类账户，下设“待处理流动资产损溢”和“待处理非流动资产损溢”两个明细分类账户进行明细分类核算。

该账户的借方登记财产物资的盘亏、毁损数额和批准转销的财产物资盘盈数额，贷方登记财产物资的盘盈数额和批准转销的财产物资盘亏、毁损数额，该账户在期末处理前的借方余额反映企业尚未处理财产的净损失，该账户在期末处理前的贷方余额反映企业尚未处理财产的净溢余。对于等待批准处理的财产盘盈、盘亏，会计年终前应处理完毕。会计期末，该账户无余额。

（二）库存现金清查结果的账务处理

1. 库存现金盘盈的账务处理

库存现金盘盈时，应及时办理库存现金的入账手续，调整库存现金账簿记录，即按盘盈的金额借记“库存现金”科目，贷记“待处理财产损溢——待处理流动资产损溢”科目。

对于盘盈的库存现金，应及时查明原因，按管理权限报经批准后，按盘盈的金额借记“待处理财产损溢——待处理流动资产损溢”科目，按需要支付或退还他人的金额贷记“其他应付款”科目，按无法查明原因的金额贷记“营业外收入”科目。

【例 7-8】 弘毅公司在现金清查中发现库存现金溢余 85 元。

在报经批准前，根据“库存现金盘点报告表”所确定的现金溢余金额，编制如下会计分录：

借：库存现金　　85

　　贷：待处理财产损溢　　85

【例 7-9】 经核查，上述现金溢余中有 50 元属于应支付给李琴的款项，其余 35 元原因不明。

在报经批准后，根据“库存现金盘点报告表”审批意见，编制如下会计分录：

借：待处理财产损溢　　85

　　贷：其他应付款——李琴　　50

　　　　营业外收入　　35

2. 库存现金盘亏的账务处理

库存现金盘亏时，应及时办理盘亏的确认手续，调整库存现金账簿记录，即按盘亏的金额借记“待处理财产损溢——待处理流动资产损溢”科目，贷记“库存现金”科目。

对于盘亏的库存现金，应及时查明原因，按管理权限报经批准后，按可收回的保险赔偿和过失人赔偿的金额借记“其他应收款”科目，按管理不善等原因造成净损失的金额借记“管理费用”科目，按自然灾害等原因造成净损失的金额借记“营业外支出”科目，按原计入“待处理财产损溢——待处理流动资产损溢”科目借记的金额贷记本科目。

【例 7-10】 弘毅公司在现金清查中发现短缺现金 156 元。

在报经批准前，根据“库存现金盘点报告表”所确定的现金短缺金额，编制如下会计分录：

借：待处理财产损溢　　156

　　贷：库存现金　　156

【例 7-11】 经核查，上述现金短缺中 100 元属于出纳人员赵芳的责任，应由赵芳赔偿；其余 56 元无法查明原因。

在报经批准后，根据“库存现金盘点报告表”审批意见，编制如下会计分录：

借：其他应收款——赵芳　　100

　　管理费用　　56

　　贷：待处理财产损溢　　156

【例 7-12】 承【例 7-8】，将上述现金盘盈中的 50 元支付给李琴。

根据现金支付清单，编制如下会计分录：

借：其他应付款——李琴　　50

　　贷：库存现金　　50

【例 7-13】 承【例 7-10】，收到出纳人员赵芳赔偿的现金 100 元。

根据开具的收款收据，编制如下会计分录：

借：库存现金　　100

　　贷：其他应收款——赵芳　　100

（三）存货清查结果的账务处理

1. 存货盘盈的账务处理

存货盘盈时，应及时办理存货入账手续，调整存货账簿的实存数。盘盈的存货应按其重置成本作为入账价值借记“原材料”“库存商品”等科目，贷记“待处理财产损溢——待处理流动资产损溢”科目。对于盘盈的存货，应及时查明原因，按管理权限报经批准后，冲减管理费用，即按其入账价值，借记“待处理财产损溢——待处理流动资产损溢”科目，贷记“管理费用”科目。

【例 7-14】 弘毅公司在财产清查中，盘盈甲材料 50 千克，每千克为 20 元。

在报经批准前，根据“账存实存对比表”确定的材料盘盈数，编制如下会计分录：

借：原材料——甲材料　　　　　1 000

　　贷：待处理财产损溢　　　　　1 000

【例 7-15】 上述盘盈的原材料，系收发计量差错原因造成，经批准处理。

在报经批准后，根据“账存实存对比表”审批意见，编制如下会计分录：

借：待处理财产损溢　　　　　1 000

　　贷：管理费用　　　　　1 000

2. 存货盘亏和毁损的账务处理

存货盘亏或毁损时，应按盘亏或毁损的金额借记“待处理财产损溢——待处理流动资产损溢”科目，贷记“原材料”“库存商品”等科目。材料、产成品、商品采用计划成本（或售价）核算的，还应同时结转材料成本差异（或商品进销差价）。涉及增值税的，还应进行相应处理。

对于盘亏的存货，应及时查明原因，按管理权限报经批准后，按可收回的保险公司赔偿和过失人赔偿的金额借记“其他应收款”科目，按管理不善等原因造成净损失的金额借记“管理费用”科目，按自然灾害或意外事故等原因造成净损失的金额借记“营业外支出”科目，按管理不善和自然灾害等原因造成毁损的残料金额借记“原材料”科目，按原计入“待处理财产损溢——待处理流动资产损溢”科目借方的金额贷记本科目。

【例 7-16】 弘毅公司在财产清查中，盘亏乙材料 20 千克，每千克为 45 元。

在报经批准前，根据“账存实存对比表”确定的材料盘亏数，编制如下会计分录：

借：待处理财产损溢　　　　　900

　　贷：原材料——乙材料　　　　　900

【例 7-17】 弘毅公司上述盘亏的乙材料经查明属于自然损耗，经批准转销。

在报经批准后，根据“账存实存对比表”审批意见，编制如下会计分录：

借：管理费用　　　　　900

　　贷：待处理财产损溢　　　　　900

【例 7-18】 弘毅公司在财产清查中，发现丙残料毁损 40 千克，每千克为 35 元。

在报经批准前，根据“账存实存对比表”确定的材料盘亏数，编制如下会计分录：

借：待处理财产损溢　　　　　1 400

　　贷：原材料　　　　　1 400

【例 7-19】 弘毅公司上述毁损的丙材料，经查明属于保管人员丁海保管不善造成，经评估可收回残料 800 元，应由丁海赔偿 600 元，尚未收到丁海的赔款。

在报经批准后，根据“账存实存对比表”审批意见，编制如下会计分录：

借：原材料——丙材料　　　　　800

　　其他应收款——丁海　　　　　600

　　贷：待处理财产损溢　　　　　1 400

【例 7-20】 弘毅公司一仓库因遭受台风袭击毁损 A 产品 200 台，每台成本为 623 元。

在报经批准前，根据“账存实存对比表”确定的材料毁损数，编制如下会计分录：

借：待处理财产损溢　　124 600

　　贷：库存商品——A 产品　　124 600

【例 7-21】 弘毅公司上述因遭受台风袭击毁损的 A 产品，回收材料 15 000 元，应由保险公司理赔 67 000 元，款项尚未收到，其余经批准转为企业净损失。

根据对毁损产品的处理结果，应根据材料入库单、理赔协议和相关审批意见，编制如下会计分录：

借：原材料——甲材料　　15 000

　　其他应收款——保险公司　　67 000

　　营业外支出　　42 600

　　贷：待处理财产损溢　　124 600

（四）固定资产清查结果的账务处理

1. 固定资产盘盈的账务处理

企业在财产清查过程中盘盈固定资产，经查明确属企业所有，按管理权限报经批准后，应根据盘存凭证填制固定资产交接凭证，经有关人员签字后送交企业会计部门，填写固定资产卡片账，并作为前期差错处理，通过“以前年度损益调整”科目核算。盘盈的固定资产通常按其重置成本作为入账价值，借记“固定资产”科目，贷记“以前年度损益调整”科目。涉及增值税、所得税和盈余公积的，还应按相关规定处理。

【例 7-22】 弘毅公司在财产清查中，发现一台未入账的设备，重置成本为 45 000 元。

在报经批准前，根据“账存实存对比表”，编制如下会计分录：

借：固定资产　　45 000

　　贷：以前年度损益调整　　45 000

2. 固定资产盘亏的账务处理

固定资产盘亏时，应及时办理固定资产注销手续，按盘亏固定资产的账面价值，借记“待处理财产损溢——待处理非流动资产损溢”科目，按已提折旧额，借记“累计折旧”科目，按固定资产原价，贷记“固定资产”科目。涉及增值税和递延所得税的，还应按相关规定处理。

对于盘亏的固定资产，应及时查明原因，按管理权限报经批准后，按过失人及保险公司应赔偿额，借记“其他应收款”科目，按盘亏固定资产的原价扣除累计折旧和过失人及保险公司赔偿后的差额，借记“营业外支出”科目，按盘亏固定资产的账面价值，贷记“待处理财产损溢——待处理非流动资产损溢”科目。

【例 7-23】 弘毅公司在财产清查中，发现盘亏设备一台，账面原价 65 000 元，已提折旧 24 000 元。

在报经批准前，根据“账存实存对比表”，编制如下会计分录：

借：待处理财产损溢　　41 000

　　累计折旧　　24 000

　　贷：固定资产　　65 000

【例7-24】 上述盘亏的固定资产经批准转销。

在报经批准后，根据“账存实存对比表”审批意见，编制如下会计分录：

借：营业外支出　　41 000

　　贷：待处理财产损溢　　41 000

（五）结算往来款项盘存的账务处理

在财产清查过程中发现的长期未结算的往来款项，应及时清查。对于经查明确实无法支付的应付款项可按规定程序报经批准后，转作营业外收入。

【例7-25】 弘毅公司通过对应付账款的清理，确认海宁公司已撤销执照，前欠的应付款40 000元无法支付，经批准转入营业外收入。

应付账款无法支付，会计部门根据无法支付应付账款审批表，编制会计分录如下：

借：应付账款——海宁公司　　40 000

　　贷：营业外收入　　40 000

对于无法收回的应收款项则作为坏账损失冲减坏账准备。坏账是指企业无法收回或收回的可能性极小的应收款项。由于发生坏账而产生的损失，称为坏账损失。

企业通常应将符合下列条件之一的应收款项确认为坏账：

（1）债务人死亡，以其遗产清偿后仍然无法收回。

（2）债务人破产，以其破产财产清偿后仍然无法收回。

（3）债务人较长时间内未履行其偿债义务，并有足够的证据表明无法收回或收回的可能性极小。

企业对有确凿证据表明确实无法收回的应收款项，经批准后作为坏账损失。

对于已确认为坏账的应收款项，并不意味着企业放弃了追索权，一旦重新收回，应及时入账。

【例7-26】 弘毅公司通过对应收账款的清理，确认江海公司的应收账款为35 000元。因该公司破产无法收回，确认为坏账损失。

应收账款确认无法收回，会计部门根据应收账款坏账审批表等相关资料，编制如下会计分录：

借：坏账准备　　35 000

　　贷：应收账款——江海公司　　35 000

【例7-27】 （单选题）在财产清查中发现盘亏一台设备，其账面原值为80 000元，已提折旧20 000元，则该企业计入“待处理财产损溢”科目的金额为（　　）元。

A. 80 000　　B. 20 000　　C. 60 000　　D. 100 000

【解析】 C

【解析】 按盘亏固定资产的账面价值，借记“待处理财产损溢——待处理非流动资产损溢”科目。

【例7-28】 盘盈的固定资产，一般应计入（　　）科目。

A. “本年利润”　　B. “以前年度损益调整”

C. “营业外收入”　　D. “其他业务收入”

【答案】 B

【解析】 盘盈的固定资产通常按其重置成本作为入账价值，借记“固定资产”科目，贷记“以前年度损益调整”科目。

【例 7-29】（多选题）盘亏的存货经批准后，可能计入（　　）科目。

A. “其他应收款”　　B. “营业外支出”　　C. “营业外收入”　　D. “管理费用”

【答案】 ABD

【解析】 盘亏的存货，按可收回的保险公司赔偿和过失人赔偿的金额借记“其他应收款”科目，按管理不善等原因造成净损失的金额借记“管理费用”科目，按自然灾害或意外事故等原因造成净损失的金额借记“营业外支出”科目，按管理不善和自然灾害等原因造成毁损的残料金额借记“原材料”科目。

【例 7-30】（计算分析题）乙公司期末进行财产清查时发现如下情况：

（1）现金盘盈 290 元，原因待查。

（2）上述盘盈的现金无法查明其原因，经有关部门批准后进行会计处理。

（3）盘亏一台设备，原值 2 990 元，已提折旧 990 元，原因待查。

（4）经查明设备的盘亏由企业自行承担，报经有关部门后进行会计处理。

（5）经确认无法收回应收款项 2 700 元，报经有关部门批准后进行会计处理。

要求：根据上述业务编制会计分录。

【答案】

（1）借：待处理财产损溢　　290
　　　　贷：库存现金　　290

（2）借：待处理财产损溢　　290
　　　　贷：营业外收入　　290

（3）借：待处理财产损溢　　2 000
　　　　累计折旧　　990
　　　　贷：固定资产　　2 990

（4）借：营业外支出　　2 000
　　　　贷：待处理财产损溢　　2 000

（5）借：坏账准备　　2 700
　　　　贷：应收账款　　2 700

项目训练

一、单项选择题

1. 在实际工作中，企业一般以（　　）作为财产物资的盘存制度。

A. 永续盘存制　　B. 收付实现制　　C. 实地盘存制　　D. 权责发生制

2. 对财产清查结果进行正确账务处理的主要目的是保证（　　）。

A. 账实相符　　B. 账表相符　　C. 账证相符　　D. 账账相符

3. 下列项目中清查时应采用实地盘点法的是（　　）。

A. 固定资产　B. 银行存款　C. 应付账款　D. 应收账款

4. 财产物资的经管人员发生变动时，应对其经管的那部分财产进行清查，这种清查属于（　　）。

A. 全面清查和不定期清查　B. 全面清查和定期清查

C. 局部清查和不定期清查　D. 局部清查和定期清查

5. “待处理财产损溢”账户的贷方余额表示（　　）。

A. 发生的待处理财产盘亏、毁损数

B. 转销已批准处理的财产盘盈数

C. 尚待批准处理的财产盘亏、毁损数大于尚待批准处理的财产盘盈数的差额

D. 尚待批准处理的财产盘盈数大于尚待批准处理的财产盘亏、毁损数的差额

6. 财产清查中发现账外机器一台，其市场价格为 80 000 元，估计六成新，则该固定资产的入账价值为（　　）元。

A. 80 000　B. 48 000　C. 12 800　D. 32 000

7. 库存现金清查的方法是（　　）。

A. 技术推算法　B. 实地盘点法　C. 发函询证法　D. 核对账目法

8. 对于大量堆积的煤炭的清查，一般采用（　　）方法进行清查。

A. 技术推算盘点　B. 抽查检验　C. 查询核对　D. 实地盘点

9. 采用实地盘存制，平时账簿记录中不能反映（　　）。

A. 财产物资的盘盈数　B. 财产物资的减少数

C. 财产物资的增加数　D. 财产物资的增加数和减少数

10. 一般来说，在企业撤销、合并和改变隶属关系时，应对财产进行（　　）。

A. 定期清查　B. 局部清查　C. 全面清查　D. 实地盘点

11. 在企业与银行双方记账无误的情况下，银行存款日记账与银行对账单余额不一致是由于存在（　　）。

A. 应付账款　B. 未达账项　C. 其他货币资金　D. 应收账款

12. 库存现金清查汇总，对无法查明原因的长款，经批准应计入（　　）账户。

A. “其他应付款”　B. “营业外收入”　C. “管理费用”　D. “其他应收款”

13. 在财产清查中发现盘亏一台设备，其账面原值为 80 000 元，已提折旧 20 000 元，则该企业计入“待处理财产损溢”账户的金额为（　　）元。

A. 20 000　B. 60 000　C. 100 000　D. 80 000

14. 月末，企业银行存款日记账余额为 180 000 元，银行对账单余额为 170 000 元，经过未达账项调节后的余额为 160 000 元，则对账日企业可以动用的银行存款实有数额为（　　）元。

A. 170 000　B. 160 000　C. 180 000　D. 不能确定

15. 库存现金盘点时发现短缺，则应借记的会计科目是（　　）。

A. “其他应付款”　B. “待处理财产损溢”　C. “其他应收款”　D. “库存现金”

16. 对盘亏的固定资产净损失经批准后可计入（　　）账户的借方。

A. “管理费用”　B. “生产成本”　C. “营业外支出”　D. “制造费用”

17. 对实物资产进行清查盘点时，(　　) 必须在场。

A. 单位领导　　B. 记账人员　　C. 会计主管　　D. 实物保管员

18. 盘盈的固定资产，一般应计入 (　　) 账户。

A. “其他业务收入”　　B. “以前年度损益调整”

C. “营业外收入”　　D. “本年利润”

19. 下列说法正确的是 (　　)。

A. 库存现金应该每日清点一次　　B. 银行存款每月至少同银行核对两次

C. 贵重物资每天应盘点一次　　D. 债权债务每年至少核对两至三次

20. 在财产清查中，实物盘点的结果应如实登记在 (　　) 中。

A. 盘存单　　B. 账存实存对比表　　C. 对账单　　D. 盘盈盘亏报告表

21. 对企业与其开户银行之间的未达账项，进行账务处理的时间是 (　　)。

A. 收到银行对账单时　　B. 实际收到有关结算凭证时

C. 编好银行存款余额调节表时　　D. 查明未达账项时

22. 财产清查是用来检查 (　　) 的一种专门方法。

A. 账表是否相符　B. 账证是否相符　　C. 账实是否相符　D. 账账是否相符

23. 下列情况下，应进行局部清查的是 (　　)。

A. 年终决算前　　B. 单位撤销、合并

C. 更换实物保管员　　D. 单位改制

24. 对于应收账款进行清查应采用的方法是 (　　)。

A. 技术推算法　　B. 发函询证核对法　　C. 抽查法　　D. 实地盘点法

25. 在银行存款清查中发现的未达账项，应编制 (　　) 来检查调整后的余额是否相等。

A. 实存账存对比表　　B. 盘存单

C. 银行存款余额调节表　　D. 对账单

26. 某企业上期发生原材料盘亏，现查明原因属于自然灾害，经批准后，会计人员应编制的会计分录为 (　　)。

A. 借：待处理财产损溢
　　贷：原材料

B. 借：管理费用
　　贷：待处理财产损溢

C. 借：营业外支出
　　贷：待处理财产损溢

D. 借：待处理财产损溢
　　贷：管理费用

27. 账存实存对比表是一种 (　　)。

A. 备查账簿　　B. 会计账簿　　C. 原始凭证　　D. 记账凭证

二、多项选择题

1. 按财产清查范围和时间的不同，可将财产清查分为 (　　)。

A. 全面定期清查　　B. 局部定期清查

C. 全面不定期清查　　D. 局部不定期清查

2. 与“待处理财产损溢”账户借方发生对应关系的账户可能是（　　）。
   A. “原材料”　B. “应收账款”　C. “营业外收入”　D. “固定资产”
3. 银行存款日记账余额与银行对账单余额不一致的，原因可能是（　　）。
   A. 银行存款日记账有误　B. 存在未达款项
   C. 存在未付款项　D. 银行记账有误
4. 采用技术推算法清查的实物资产应具备的特点是（　　）。
   A. 数量大　B. 不便于用计量器具计量
   C. 价值低　D. 逐一清点有困难
5. 关于银行存款余额调节表，下列说法正确的是（　　）。
   A. 不能够作为调整本单位银行存款日记账记录的原始凭证
   B. 调节后的余额表示企业可以实际动用的银行存款数额
   C. 是更正本单位银行存款日记账记录的依据
   D. 该表是通知银行更正错误的依据
6. 使企业银行存款日记账余额小于银行对账单余额的未达账项是（　　）。
   A. 银行已收而企业未收　B. 企业已收而银行未收
   C. 银行已付而企业未付　D. 企业已付而银行未付
7. 单位年终决算时进行的清查属于（　　）。
   A. 定期清查　B. 全面清查　C. 不定期清查　D. 局部清查
8. 当（　　），需要对财产物资进行不定期的局部清查。
   A. 发生非常灾害造成财产物资损失时
   B. 企业改变隶属关系时
   C. 库存现金、财产物资保管人员更换时
   D. 企业进行清查核资时
9. 下列各项中，属于财产物资盘存制度的是（　　）。
   A. 实地盘存制　B. 收付实现制　C. 权责发生制　D. 永续盘存制
10. 以下资产可以采用实地盘点法进行清查的是（　　）。
   A. 固定资产　B. 库存现金　C. 银行存款　D. 原材料
11. 常用的实物资产的清查方法包括（　　）。
   A. 技术推算法　B. 账目核对法　C. 实地盘点法　D. 函证核对法
12. 下列业务中需要通过“待处理财产损溢”账户核算的是（　　）。
   A. 库存现金丢失　B. 应收账款无法收回
   C. 原材料盘亏　D. 发现账外固定资产
13. 以下情况可能造成账实不符的是（　　）。
   A. 管理不善　B. 财产收发计量或检验不准
   C. 账簿记录发生差错　D. 未达账项
14. 下列各项中，对永续盘存制表述正确的是（　　）。
   A. 账面随时反映财产物资的收入、发出和结余数额
   B. 对各项财产物资的增加数和减少数，平时要根据会计凭证登记账簿
   C. 财产物资品种繁杂的企业，其明细分类核算工作量较大
   D. 平时在账簿中只登记财产物资的增加数，不登记减少数

15. 企业编制银行存款余额调节表,在调整银行存款日记账余额时,应考虑的情况有(　　)。

A. 企业已付、银行未付　　B. 银行已收、企业未收

C. 银行已付、企业未付　　D. 企业已收、银行未收

三、判断题（正确的打“√”，错误的打“×”）

1. (　　) 实地盘存制能随时反映存货的收入、发出和结存动态。

2. (　　) 永续盘存制下，可以通过存货明细账的记录随时结出存货的结存数量，故不需要对存货进行盘点。

3. (　　) 银行已经付款记账而企业尚未付款记账，会使开户单位银行存款账面余额小于银行对账单的存款余额。

4. (　　) 未达账项仅仅是指企业未收到凭证而未入账的款项。

5. (　　) 对于盘盈或盘亏的财产物资，需在期末结账前处理完毕，如在期末结账前尚未经批准处理的，等批准后进行处理。

6. (　　) 库存现金清查包括出纳人员每日终了前进行的库存现金账款核对和清查小组进行的定期或不定期的现金盘点、核对。清查小组清查时，出纳人员可以不在场。

7. (　　) 只有在永续盘存制下才可能出现财产的盘盈、盘亏现象。

8. (　　) 盘点实物时，发现账面数大于实存数，即为盘盈。

9. (　　) 先确定期末库存存货成本，后确定本期发出存货成本的方法，称为永续盘存制。

10. (　　) 对银行存款进行清查时，如果存在账实不符的现象，肯定是由未达账项引起的。

11. (　　) 转销已批准处理的财产盘盈数登记在“待处理财产损溢”账户的贷方。

12. (　　) 定期财产清查一般在结账以后进行。

13. (　　) 永续盘存制是以耗计存或以销计存，一般适用于一些价值低、品种杂、进出频繁的商品或材料物资。

14. (　　) 银行存款余额调节表只是为了核对账目，并不能作为调整银行存款账目余额的原始凭证。

15. (　　) 企业的银行存款日记账与银行对账单所记的内容是相同的，都反映企业银行存款的增减变动情况。

16. (　　) 对仓库中所有的存货进行的盘点属于全面清查。

17. (　　) 经批准转销固定资产盘亏净损失时，账务处理应借记“营业外支出”账户，贷记“固定资产清理”账户。

18. (　　) 无论采用哪种盘存制度，都应对财产物资进行定期或不定期的清查盘点，但清查的目的和作用是不同的。

四、计算分析题

1. 甲公司财产清查中发现如下问题：

(1) 盘盈库存现金 20 000 元，其中 12 000 元属于应付给其他单位的违约金，其余无法查明原因。

(2) 盘亏设备一台，原值 80 000 元，已提折旧 50 000 元。已批准处理。

(3) 发现短款 52 元，属于出纳人员的责任，尚未收到赔款。

（4）发现某产品盘盈200千克，单位成本为10元，共计2 000元。经查属于计量收发差错。

（5）盘亏材料10 000元，可收回的保险赔款和过失人赔款共计5 000元，其中2 000元属于自然损耗，3 000元属于非常损失。

2. 资料：

XYZ公司2021年10月31日银行存款日记账余额为70 000元，银行对账单的存款余额为73 150元，经过双方逐笔核对后，发现存在以下未达账项：

（1）公司因采购材料开出转账支票一张，金额为2 000元，公司已入账，但持票人尚未到银行办理转账手续。

（2）公司因销售商品而收到购货方开来的转账支票一张，金额为5 850元，将支票送存银行后公司作收入入账，但银行尚未办理入账手续。

（3）公司委托银行代收外地销货款12 000元，银行已收款入账，但公司尚未收到收款通知。

（4）银行代为支付本月水电费5 000元，已入账，但公司尚未收到付款通知。

要求：根据上述资料，完成以下"银行存款余额调节表"的编制。

银行存款余额调节表

编制单位：XYZ公司　　　　2021年10月31日　　　　单位：元

项　目	金　额	项　目	金　额
企业银行存款日记账余额	70 000	银行对账单余额	73 150
加：银行已收、企业未收的款项合计	(1)	加：企业已收、银行未收的款项合计	(3)
减：银行已付、企业未付的款项合计	5 000	减：企业已付、银行未付的款项合计	(4)
调节后的余额	(2)	调节后的余额	(5)

扫一扫

现金的清查

财产物资的清查方法

财产清查结果的账务处理

吾常三省吾身

项目八

财 务 报 告

本项目知识体系

财务报告	模块一 财务报告概述	一、财务报告的概念及财务报表的组成★★★
		二、财务报表的分类★★★
		三、财务报表编制前的准备工作★★
	模块二 资产负债表	一、资产负债表概述★★★
		二、资产负债表的结构★★★
		三、资产负债表编制的基本方法★★★★★
	模块三 利润表	一、利润表概述★★★★
		二、利润表的结构★★★
		三、利润表编制的基本方法★★★★★

模块一 财务报告概述

一、财务报告的概念及财务报表的组成

（一）财务报告的概念

财务报告，是指企业对外提供的能够反映企业某一特定日期财务状况和某一会计期间经营成果、现金流量等会计信息的文件。财务报告包括财务报表和其他应当在财务报告中披露的相关信息和资料。

财务报告的目标是向财务报告使用者提供与企业财务状况、经营成果和现金流量等有关的会计信息，反映企业管理层受托责任履行情况，有助于财务报告使用者做出经济决策。财务报告使用者包括投资者、债权人、政府及其相关部门和社会公众等。不同的财务报告使用者对财务报表所提供信息的要求各有侧重。

（二）财务报表的组成

财务报表，是对企业财务状况、经营成果和现金流量的结构性表述。一套完整的财务报表至少应当包括资产负债表、利润表、现金流量表、所有者权益变动表及附注。

资产负债表，是反映企业在某一特定日期的财务状况的会计报表。

利润表，是反映企业一定会计期间经营成果的会计报表。

现金流量表，是反映企业在一定会计期间现金和现金等价物流入和流出的会计报表。

所有者权益变动表，是反映构成使用者权益的各组成部分当期增减变动情况的会计报表。

附注，是财务报表不可或缺的组成部分，是对资产负债表、利润表、现金流量表和所有者权益变动表等报表中列示项目的文字描述或明细资料，以及对未能在这些报表中列示项目的说明等。

二、财务报表的分类

1. 按编制的期间分类

财务报表按其编制的期间不同分为中期财务报表和年度财务报表。

（1）中期财务报表。中期财务报表是指以短于一个完整会计年度的报告期间为基础编制的财务报表，包括月报、季报和半年报。中期财务报表至少应当包括资产负债表、利润表、现金流量表和附注。其中，中期资产负债表、利润表和现金流量表应当是完整报表，其格式和内容应当与年度财务报表一致。与年度财务报表相比，中期财务报表中的附注披露可适当简略。

（2）年度财务报表。年度财务报表是指以一个完整的会计年度（自公历 1 月 1 日起至 12 月 31 日止）为基础编制的财务报表。年度财务报表一般包括资产负债表、利润表、现金流量表、所有者权益变动表和附注等内容。

2. 按编制的主体分类

财务报表按其编制的主体不同分为个别财务报表和合并财务报表。

（1）个别财务报表。个别财务报表是指由企业在自身会计核算的基础上对账簿记录进行加工而编制的财务报表，主要用以反映企业自身的财务状况、经营成果和现金流量。

（2）合并财务报表。合并财务报表是指以母公司和子公司组成的企业集团为会计主体，在母公司和所属子公司个别财务报表的基础上，由母公司编制的综合反映企业集团财务状况、经营成果和现金流量的财务报表。

三、财务报表编制前的准备工作

在编制财务报表前，需要完成下列工作：

（1）严格审核会计账簿的记录和有关资料。

（2）进行全面财产清查、核实债务，并按规定程序报批，进行相应的会计处理。

（3）按规定的结账日进行结账，结出有关会计账簿的余额和发生额，并核对各会计账簿之间的余额。

（4）检查相关的会计核算是否按照国家统一的会计制度的规定进行。

（5）检查是否存在因会计差错、会计政策变更等原因需要调整前期或本期相关项目的情况等。

【例 8-1】（多选题）财务报表按其编制主体不同分为（　　）。

A. 个别财务报表　　B. 合并财务报表　　C. 中期财务报表　　D. 年度财务报表

【答案】 AB

【解析】 财务报表按其编制主体不同分为个别财务报表和合并财务报表。

【例 8-2】（多选题）年度财务报表包括（　　）。

A. 资产负债表　　B. 利润表

C. 所有者权益变动表和附注　　D. 现金流量表

【答案】 ABCD

【解析】 年度财务报表一般包括资产负债表、利润表、现金流量表、使用者权益变动表和附注等内容。

【例 8-3】（多选题）中期财务报表至少应当包括（　　）。

A. 资产负债表和利润表　　B. 附注　　C. 所有者权益变动表　　D. 现金流量表

【答案】 ABD

【解析】 中期财务报表至少应当包括资产负债表、利润表、现金流量表和附注。

【例 8-4】（判断题）财务报告即财务报表。（　　）

【答案】 错

【解析】 财务报告包括财务报表和其他应当在财务报告中披露的相关信息和资料。

【例 8-5】（判断题）当期财务报表的列报，至少应当提供所有列报项目上一个可比会计期间的比较数据。

【答案】 对

【解析】 财务报表中的资产项目和负债项目的金额、收入项目和费用项目的金额、直接计入当期利润的利得项目和损失项目的金额不得相互抵销，但其他会计准则另有规定的除外。

【例 8-6】（判断题）企业所有报表均应当按照权责发生制原则编制。（　　）

【答案】 错

【解析】 除现金流量表按照收付实现制原则编制外，企业应当按照权责发生制原则编制财务报表。

模块二　资产负债表

一、资产负债表概述

资产负债表是反映企业在某一特定日期（如月末、季末、年末）财务状况的一种会计报表。

资产负债表是根据“资产=负债+所有者（股东）权益”这一会计等式，按照一定的分类标准和顺序，将企业在一定日期的全部资产、负债和所有者（股东）权益项目进行适当分类、汇总、排列后编制而成的。由于报表中的数据体现的是特定时刻的状况，因此，资产负债表属于静态报表，它也是企业基本会计报表之一，是所有独立核算的企业单位都必须对外报送的会计报表。

企业编制资产负债表的目的是如实反映企业的资产、负债和所有者权益金额及其构成情况，帮助报表使用者评价企业资产的质量以及短期偿债能力、长期偿债能力、利润分配能力和其他财务指标，为其做出经济决策提供依据。

二、资产负债表的结构

资产负债表由表头和表体两部分组成。表头部分应列明报表名称、编表单位名称、资产负债表日和人民币金额单位；表体部分是资产负债表的主体和核心。

资产负债表的格式主要有报告式资产负债表和账户式资产负债表两种。报告式资产负债表是上下结构，上半部列示资产，下半部列示负债和所有者权益；账户式资产负债表是左右结构，左边列示资产，右边列示负债和所有者权益。

我国企业的资产负债表采用账户式格式，左边列示资产项目，反映全部资产的分布及存在形态，按资产的流动性大小排列，流动性大的资产排在前面，流动性小的资产排在后面；右边列示负债和所有者权益项目，反映全部负债和所有者权益的内容及构成情况，按求偿权先后顺序排列，偿还期在一年以内或长于一年的一个营业周期内偿还的流动负债排在前面，偿还期在一年以上或长于一年的一个营业周期以上偿还的非流动负债排在中间，在企业清算之前不需要偿还的所有者权益排在后面。资产负债表左右双方平衡，资产各项目的合计数等于负债和所有者权益各项目的合计数，即“资产=负债+所有者权益”。

我国企业资产负债表的格式一般如表8-1所示。

表8-1　资产负债表

编制单位：　　　　2021年6月30日　　　　单位：元

资　　产	期末余额	年初余额	负债和所有者权益（或股东权益）	期末余额	年初余额
流动资产：			流动负债：		
货币资金			短期借款		
交易性金融资产			交易性金融负债		
衍生金融资产			衍生金融负债		
应收票据			应付票据		
应收账款			应付账款		
应收款项融资			预收款项		
预付款项			合同负债		
其他应收款			应付职工薪酬		
存货			应交税费		
合同资产			其他应付款		
持有待售资产			持有待售负债		
一年内到期的非流动资产			一年内到期的非流动负债		
其他流动资产			其他流动负债		
流动资产合计			流动负债合计		
非流动资产：			非流动负债：		
债权投资			长期借款		
其他债权投资			应付债券		
长期应收款			其中：优先股		
长期股权投资			永续债		
其他权益工具投资			租赁负债		

续表

资　产	期末余额	年初余额	负债和所有者权益（或股东权益）	期末余额	年初余额
其他非流动金融资产			长期应付款		
投资性房地产			预计负债		
固定资产			递延收益		
在建工程			递延所得税负债		
生产性生物资产			其他非流动负债		
油气资产			非流动负债合计		
使用权资产			负债合计		
无形资产			所有者权益（或股东权益）：		
开发支出			实收资本（或股本）		
商誉			其他权益工具		
长期待摊费用			其中：优先股		
递延所得税资产			永续债		
其他非流动资产			资本公积		
非流动资产合计			减：库存股		
			其他综合收益		
			专项储备		
			盈余公积		
			未分配利润		
			所有者权益（或股东权益）合计		
资产总计			负债和所有者权益（或股东权益）总计		

三、资产负债表编制的基本方法

资产负债表中的各项目均需要填列“年初余额”和“期末余额”两栏。其中“年初余额”栏内各项数字，应根据上年年末有关项目的期末余额填列，且与上年年末资产负债表“期末余额”栏一致。如果企业上年度资产负债表规定的项目名称和内容与本年度不一致，应当对上年年末资产负债表相关项目的名称和数字按照本年度的规定进行调整，填入“年初余额”栏。

资产负债表中的“期末余额”为月末、季末、年末的数字，应根据会计账簿余额填列。具体填列方法归纳起来主要有以下几种。

1. 根据一个或几个总分类科目的期末余额直接填列

此填列方法包含以下三种情况：

（1）按某个总账科目的期末余额填列。资产负债表中的部分项目可以根据总账科目的期末余额直接填列。如“递延所得税资产”“短期借款”“递延所得税负债”“预计负债”“实收资本（股本）”“资本公积”“盈余公积”等项目。

（2）余额在相反方向以“－”填列，资产负债表中有些项目，如“应交税费”“应付职工薪酬”等项目，如果其相应科目出现借方余额，应以“－”填列在期末余额栏内。

【例 8-7】 2021 年 12 月 31 日，A 公司结账后有关总账科目余额如表 8-2 所示。

表 8-2　A 公司结账后有关总账科目余额

单位：元

总账科目名称	借方余额	贷方余额
应付职工薪酬		125 000
应交税费	38 000	
实收资本		5 000 000
盈余公积		2 400 000

计算资产负债表中，应付职工薪酬、应交税费、实收资本、盈余公积项目的金额。

应付职工薪酬项目金额=125 000（元）

应交税费项目金额=－38 000（元）

实收资本项目金额=5 000 000（元）

盈余公积项目金额=2 400 000（元）

（3）按多个总账科目的期末余额填列。

资产负债表中的一些项目需要根据多个总账科目的余额计算填列。如“货币资金”项目，应根据“库存现金”“银行存款”“其他货币资金”等三个总账科目期末余额合计数填列；“未分配利润”项目，1—11 月份本项目应根据“本年利润”科目贷方余额减去“利润分配”科目借方余额填列；12 月份，本项目只根据“利润分配——未分配利润”科目的期末余额填列。余额在贷方的直接填列，余额在借方的，在本项目内以“-”填列。

【例 8-8】 2021 年 12 月 31 日，A 公司结账后有关总账科目余额如表 8-3 所示。

表 8-3　A 公司结账后有关总账科目余额

单位：元

总账科目名称	借方余额	贷方余额
库存现金	6 500	
银行存款	426 000	
其他货币资金	90 000	
利润分配		436 000

计算资产负债表中货币资金、未分配利润项目的金额。

货币资金项目金额=6 500+426 000++90 000=522 500（元）

未分配利润项目金额=436 000（元）

【例 8-9】 2021 年 10 月 31 日，A 公司“本年利润”科目贷方余额为 240 000 元，“利润分配”科目贷方余额为 110 000 元，则 12 月 31 日资产负债表中未分配利润项目金额=240 000－（－110 000）=350 000（元）

2. 根据明细分类科目的余额计算填列

根据有关总分类账所属的明细分类账的期末余额分析计算填列的项目主要有“应收账款”“预付账款”“应付账款”“预收账款”等。

（1）“应收账款”项目，应根据“应收账款”科目及“预收账款”科目所属明细分类账的期末借方余额合计减去“坏账准备”科目中相关坏账准备期末余额后的金额分析填列。

（2）“预付账款”项目，应根据“预付账款”科目及“应付账款”科目所属明细分类账的期末借方余额合计填列。

（3）“应付账款”项目，应根据“应付账款”科目及“预付账款”科目所属明细分类账的期末贷方余额合计填列。

（4）“预收账款”项目，应根据“预收账款”科目及“应收账款”科目所属明细分类账的期末贷方余额合计填列。

（5）“开发支出”项目，需要根据“研发支出”科目中所属的“资本化支出”明细分类科目期末余额计算填列。

（6）“一年内到期的非流动资产”“一年内到期的非流动负债”项目，需要根据有关非流动资产和非流动负债的明细分类科目余额计算填列。

【例 8-10】 2021 年 12 月 31 日，A 公司结账后有关总分类账科目及所属明细分类账余额如表 8-4 所示。

表 8-4　A 公司结账后有关总分类账科目及所属明细分类账余额

单位：元

总分类账科目名称	明细分类账户	借方余额	贷方余额
应收账款		320 000	
	甲公司	430 000	
	乙公司		110 000
预付账款		180 000	
	丙公司	250 000	
	丁公司		70 000
应付账款			320 000
	A 公司		350 000
	B 公司	30 000	
预收账款			400 000
	C 公司		250 000
	D 公司	200 000	
	E 公司		350 000
坏账准备			2 000

要求：计算资产负债表中“应收账款”“预付账款”“应付账款”“预收账款”项目的金额。

“应收账款”项目金额=430 000+200 000−2 000=628 000（元）

“预付账款”项目金额=250 000+30 000=280 000（元）

“应付账款”项目金额=350 000+70 000=420 000（元）

“预收账款”项目金额=250 000+350 000+110 000=710 000（元）

3. 根据有关总分类账科目和其明细分类账的期末余额分析计算填列

根据有关总分类账科目和其明细分类账的期末余额分析计算填列的项目主要有“长期借款”“长期待摊费用”“其他非流动资产”等。

（1）“长期借款”项目，应根据“长期借款”科目的期末余额减去其中在资产负债表日起一年内到期且企业不能自动地将清偿义务展期的部分后的金额填列。

（2）“长期待摊费用”项目，应根据“长期待摊费用”科目的余额减去将于一年内摊销的长期待摊费用金额计算填列。

（3）“其他非流动资产”项目，应根据有关科目的期末余额减去将于一年内（含一年）收回数后的金额填列；“其他非流动负债”项目，应根据有关总分类账科目的期末余额减去一年内（含一年）到期偿还数后的金额填列。

【例 8-11】 A公司2021年12月31日结账后“长期借款”总账余额为3 200 000元，其长期借款明细情况如表8-5所示。

表 8-5　长期借款明细情况

借款起始日期	借款期限（年）	金额（元）
2019年3月1日	5	1 500 000
2019年3月1日	3	700 000
2021年5月1日	3	1 000 000
合计		3 200 000

A公司长期借款总分类账余额为3 200 000元，其中，将于一年内到期的长期借款为700 000元（2022年3月1日到期需归还），应填列在资产负债表下“一年内到期的非流动负债”项目中，所以，该企业2021年12月31日的资产负债表中“长期借款”项目金额=1 500 000+1 000 000=2 500 000（元）。

【例 8-12】 A公司2021年12月31日结账后“长期待摊费用”总分类账科目的期末借方余额为456 000元，其中，将于一年内摊销的数额为250 000元。

A公司“长期待摊费用”总账科目余额中，将于一年内摊销的数额为250 000元，应填列在流动资产下“一年内到期的非流动资产”项目中，所以，该企业2021年12月31日的资产负债表中“长期待摊费用”项目的金额=456 000−250 000=206 000（元）。

4. 根据有关科目余额减去与其备抵科目余额的净额填列

根据有关科目余额减去与其备抵科目余额的净额填列的项目主要有“长期股权投资”“在建工程”“固定资产”“无形资产”“投资性房地产”等。

（1）“长期股权投资”项目，应根据“长期股权投资”科目期末余额，减去“长期股权投资减值准备”科目余额填列。

（2）“固定资产”项目，应根据“固定资产”科目期末余额，减去“累计折旧”和“固定资产减值准备”等备抵科目的期末余额，以及“固定资产清理”科目的期末余额填列。

（3）“无形资产”项目，应根据“无形资产”科目期末余额，减去“累计摊销”和“无形资产减值准备”等备抵科目的期末余额填列。

【例 8-13】 2021 年 12 月 31 日，A 公司结账后有关科目余额如表 8-6 所示。

表 8-6　A 公司结账后有关科目余额

单位：元

账户名称	借方余额	贷方余额
固定资产	5 000 000	
无形资产	600 000	
长期股权投资	450 000	
累计折旧		1 520 000
固定资产减值准备		400 000
累计摊销		240 000
无形资产减值准备		20 000
长期股权投资减值准备		40 000

计算资产负债表中“固定资产”“无形资产”“长期股权投资”项目金额：

（1）“固定资产”项目金额=5 000 000−1 520 000−400 000=3 080 000（元）

（2）“无形资产”项目金额=600 000−240 000−20 000=340 000（元）

（3）“长期股权投资”项目金额=450 000−40 000=410 000（元）

5. 综合运用上述填列方法分析填列

综合运用上述填列方法分析填列的项目主要有“存货”“其他应收款”“在建工程”“长期应付款等”项目。

（1）“存货”项目，应根据“在途物资”“材料采购”“原材料”“发出商品”“库存商品”“委托加工物资”“委托代销商品”“生产成本”“受托代销商品”等科目期末余额合计，减去“受托代销商品款”“存货跌价准备”等科目余额后的净额填列。

（2）“其他应收款”项目，应根据“应收利息”“应收股利”“其他应收款”科目的期末余额合计数，减去“坏账准备”科目中相关坏账准备期末余额后填列。

（3）“在建工程”项目，应根据“在建工程”“工程物资”等科目的期末余额合计数，减去“在建工程减值准备”“工程物资减值准备”等科目期末余额后填列。

（4）“长期应付款”项目，应根据“长期应付款”科目期末余额，减去相关的“未确认融资费用”科目期末余额后的金额，以及“专项应付款”科目期末余额填列。

【例 8-14】 2021 年 12 月 31 日，A 公司结账后有关科目余额如表 8-7 所示。

表 8-7　A 公司结账后有关科目余额

单位：元

账户名称	借方余额	贷方余额
在途物资	68 000	
原材料	256 000	
生产成本	176 000	
库存商品	195 000	
存货跌价准备		27 000

计算资产负债表中“存货”项目金额。

“存货”项目金额=68 000+256 000+176 000+195 000−27 000=668 000（元）

【例 8-15】 弘毅公司 2021 年 12 月 31 日有关科目的期末余额如表 8-8 所示。

表 8-8　科目余额表

2021年12月31日　　　　单位：元

账户名称	借方余额	贷方余额
库存现金	3 560	
银行存款	800 000	
其他货币资金	84 000	
交易性金融资产	18 000	
应收票据	295 200	
应收账款——A企业	400 000	
——B企业		40 000
坏账准备		10 800
预付账款——C企业	130 000	
——D企业		10 000
其他应收款	6 000	
原材料	2 000 000	
周转材料	336 000	
库存商品	760 000	
生产成本	120 000	
长期股权投资	300 000	
长期股权投资减值准备		100 000
固定资产	1 809 720	
累计折旧		400 000
固定资产减值准备		80 000
在建工程	158 000	
在建工程减值准备		8 000
工程物资	30 000	
长期待摊费用	78 800	
无形资产	1 160 000	
无形资产减值准备		200 000
短期借款		360 000
应付票据		240 000
应付账款——E企业	20 000	
——F企业		360 000
预收账款——G企业		4 960
——H企业	400	
其他应付款		260 000

续表

账户名称	借方余额	贷方余额
应付职工薪酬		132 000
应交税费		36 000
其他应付款		260 000
长期借款 其中：一年内到期的长期借款		1 807 920 200 000
实收资本		4 045 000
盈余公积		160 000
未分配利润		255 000

根据上述资料，编制弘毅公司2021年的资产负债表，如表8-9所示。

表 8-9　资产负债表

编制单位：弘毅公司　　　　2021年12月31日　　　　单位：元

资　　产	期末余额	年初余额	负债和所有者权益（或股东权益）	期末余额	年初余额
流动资产：			流动负债：		
货币资金	887 560	略	短期借款	360 000	
交易性金融资产	18 000		交易性金融负债		
衍生金融资产			衍生金融负债		
应收票据	295 200		应付票据	240 000	
应收账款	389 600		应付账款	370 000	
应收款项融资			预收款项	44 960	
预付款项	150 000		合同负债		
其他应收款			应付职工薪酬	132 000	
存货	3 216 000		应交税费	36 000	
合同资产			其他应付款	260 000	
持有待售资产			持有待售负债		
一年内到期的非流动资产			一年内到期的非流动负债	200 000	
其他流动资产			其他流动负债		
流动资产合计	4 962 360		流动负债合计	1 642 960	
非流动资产：			非流动负债：		
债权投资			长期借款	1 607 920	
其他债权投资			应付债券		
长期应收款			其中：优先股		
长期股权投资	200 000		永续债		
其他权益工具投资			租赁负债		
其他非流动金融资产			长期应付款		
投资性房地产			预计负债		
固定资产	1 329 720		递延收益		

续表

资　产	期末余额	年初余额	负债和所有者权益（或股东权益）	期末余额	年初余额
在建工程	180 000		递延所得税负债		
生产性生物资产			其他非流动负债		
油气资产			非流动负债合计	1 607 920	
使用权资产			负债合计	3 250 880	
无形资产	960 000		所有者权益（或股东权益）：		
开发支出			实收资本（或股本）	4 045 000	
商誉			其他权益工具		
长期待摊费用	78 800		其中：优先股		
递延所得税资产			永续债		
其他非流动资产			资本公积		
非流动资产合计	2 748 520		减：库存股		
			其他综合收益		
			专项储备		
			盈余公积	160 000	
			未分配利润	255 000	
			所有者权益（或股东权益）合计	4 460 000	
资产总计	7 710 880		负债和所有者权益（或股东权益）总计	7 710 880	

注：上述“资产负债表”中有关项目的计算方法：

货币资金=3 560+800 000+84 000=887 560（元）

应收账款=400 000+400−10 800=389 600（元）

预付账款=130 000+20 000=150 000（元）

存货=2 000 000+336 000+760 000+120 000=3 216 000（元）

长期股权投资=300 000−100 000=200 000（元）

固定资产=1 809 720−400 000−80 000=1 329 720（元）

在建工程=158 000−8 000+30 000=180 000（元）

无形资产=1 160 000−200 000=960 000（元）

应付账款=360 000+10 000=370 000（元）

预付账款=130 000+20 000=150 000（元）

长期借款=1 807 920−200 000=1 607 920（元）

【例 8-16】（单选题）在编制资产负债表时，下列各项中，按某个总分类账科目期末余额填列的是（　　）。

A.“短期借款”　　B.“实收资本”　　C.“盈余公积”　　D.“应付账款”

【答案】 D

【解析】 “应付账款”项目，应根据“应付账款”科目及“预付账款”科目所属明细分类账的期末贷方余额合计数填列。

【例 8-17】（单选题）资产负债表中，“应收账款”项目应根据（　　）填列。

A. “应收账款”总分类科目的期末余额

B. “应收账款”总分类科目所属各明细分类科目期末借方余额合计数

C. “应收账款”总分类科目所属各明细分类科目期末贷方余额合计数

D. “应收账款”和“预收账款”总分类科目所属各明细分类科目期末借方余额合计数减去“坏账准备”科目中有关应收账款计提的坏账准备期末余额后的金额

【答案】 D

【解析】 “应收账款”项目，应根据“应收账款”和“预收账款”总分类科目所属各明细分类科目期末借方余额合计数减去“坏账准备”科目中有关应收账款计提的坏账准备期末余额后的金额填列。

模块三　利　润　表

一、利润表概述

利润表又称损益表，是反映企业在一定会计期间（如月度、季度、半年度或年度）经营成果的财务报表。反映了企业经营业绩的主要来源和构成。

利润表主要是依据“收入-费用=利润”这一会计等式，按一定的分类标准和顺序，将企业一定扣减期间的各种收入、费用和利润（或亏损）进行分类排序后编制而成的。利润表属于动态报表，也是企业基本会计报表之一，是所有独立核算的企业单位都必须对外报送的会计报表。

企业编制利润表的目的是如实反映企业的收入、费用和利润的金额及其结构情况，帮助报表使用者全面了解企业的经营成果，分析企业的获利能力及盈利增长趋势，为其做出经济决策提供依据。

二、利润表的结构

利润表根据其结构的不同，可分为单步式利润表和多步式利润表两种。单步式利润表是将当期所有的收入列在一起，然后将所有的费用列在一起，两者相减得出当期净损益。多步式利润表是通过对当期的收入、费用、支出项目按性质加以归类，按利润形成的主要环节列示一些中间性利润指标，分步计算当期净损益。

我国企业的利润表采用多步式格式，将不同性质的收入和费用分别进行对比，以便得出一些中间性的利润数据，帮助使用者理解企业经营成果的不同来源。

利润表包括表头和表体两部分。表头部分应列明报表名称、编表单位名称、财务报表涵盖的会计期间和人民币金额单位；表体部分是利润表的主体，列示了形成经营成果的各个项目及计算过程。我国企业利润表的格式如表 8-10 所示。

表 8-10 利润表

编制单位： 年 月 单位：元

项 目	本期金额	上期金额
一、营业收入		（略）
减：营业成本		
税金及附加		
销售费用		
管理费用		
研发费用		
财务费用 其中：利息费用 利息收入		
加：其他收益		
投资收益（损失以“–”填列）		
其中：对联营企业和合营企业的投资收益		
以摊余成本计量的金融资产终止确认收益（损失以“-”填列）		
净敞口套期收益（损失以“-”填列）		
资产处置收益（损失以“–”填列）		
公允价值变动收益（损失以“–”填列）		
信用减值损失（损失以“–”填列）		
资产减值损失（损失以“–”填列）		
资产处置收益（损失以“–”填列）		
二、营业利润（亏损以“–”填列）		
加：营业外收入		
减：营业外支出		
三、利润总额（亏损总额以“–”填列）		
减：所得税费用		
四、净利润（净亏损以“–”填列）		
五、其他综合收益的税后净额		
六、综合收益总额		
七、每股收益 （一）基本每股收益 （二）稀释每股收益		

三、利润表编制的基本方法

利润表中的各项目均需要填列“上期金额”和“本期金额”两栏。

利润表中“上期金额”栏内各项数字，应根据上年该期利润表“本期金额”栏内所列数字填列。如果上年该期利润表规定的各个项目的名称和内容同本期不一致，应当对上年该期利润表各项目的名称和数字按本期的规定进行调整，填入利润表“上期金额”栏内。

利润表中“本期金额”栏内各项数字一般应根据本期损益类科目的发生额分析填列。利润表各项目的填列方法如下：

“营业收入”项目，应根据“主营业务收入”和“其他业务收入”科目的发生额分析填列。

“营业成本”项目，应根据“主营业务成本”和“其他业务成本”科目的发生额分析填列。

“税金及附加”项目，应根据“税金及附加”科目的发生额分析填列。

“销售费用”项目，应根据“销售费用”科目的发生额分析填列。

“管理费用”项目，应根据“管理费用”科目的发生额分析填列。

“研发费用”项目，应根据“研发费用”科目的发生额分析填列。

“财务费用”项目，应根据“财务费用”科目的发生额分析填列。

“利息费用”项目，应根据“财务费用”科目的相关明细分类科目的发生额分析填列。

“利息收入”项目，应根据“财务费用”科目的相关明细分类科目的发生额分析填列。

“资产减值损失”项目，应根据“资产减值损失”科目的发生额分析填列。

“公允价值变动收益”项目，应根据“公允价值变动损益”科目的发生额分析填列，如为净损失，本项目以“-”填列。

“投资收益”项目，应根据“投资收益”科目的发生额分析填列，如为投资损失，本项目以“-”填列。

“营业利润”项目，应根据表中有关项目计算后的余额填列，如为亏损，本项目以“-”填列。

营业利润=营业收入-营业成本-税金及附加-销售费用-管理费用-财务费用-资产减值损失+其他收入+投资收益（-投资损失）+公允价值变动收益（-公允价值变动收益损失）+资产处置收益（-资产处置损失）。

“营业外收入”项目，应根据“营业外收入”科目发生额分析填列。

“营业外支出”项目，应根据“营业外支出”科目发生额分析填列。

“利润总额”项目，应根据表中有关项目计算后的余额填列，如为亏损，本项目以“-”填列。

利润总额=营业利润+营业外收入-营业外支出

“所得税费用”项目，应根据“所得税费用”科目的发生额分析填列。

“净利润”项目，应根据表中有关项目计算后的余额填列，如为亏损，本项目以“-”填列。

净利润=利润总额-所得税费用

【例 8-18】 弘毅公司 2021 年年末有关损益类科目发生额如表 8-11 所示。

表 8-11　损益类科目发生额

单位：元

账户名称	借方发生额	贷方发生额
主营业务收入	40 000	3 980 000
主营业务成本	1 260 000	12 800
税金及附加	260 000	
销售费用	130 000	
管理费用	100 000	

续表

账户名称	借方发生额	贷方发生额
财务费用 其中：利息费用 利息收入	340 000 340 000	 50 000
资产减值损失	120 000	
公允价值变动损益	900 000	
其他业务收入		238 800
其他业务成本	300 000	
投资收益	200 000	900 000
营业外收入		200 000
营业外支出	80 000	
所得税费用	412 900	

根据上述资料，编制该公司2021年度的利润表，如表8-12所示。

表8-12 利润表

编制单位：弘毅公司　　2021年度　　单位：元

项目	本期金额	上期金额
一、营业收入	4 178 800	（略）
减：营业成本	1 547 200	
税金及附加	260 000	
销售费用	130 000	
管理费用	100 000	
研发费用	0	
财务费用 其中：利息费用 利息收入	290 000 340 000 50 000	
加：其他收益		
投资收益（损失以"–"填列）	700 000	
其中：对联营企业和合营企业的投资收益		
以摊余成本计量的金融资产终止确认收益（损失以"–"填列）		
净敞口套期收益（损失以"–"填列）		
资产处置收益（损失以"–"填列）		
公允价值变动收益（损失以"–"填列）	–900 000	
信用减值损失（损失以"–"填列）		
资产减值损失（损失以"–"填列）	–120 000	
资产处置收益（损失以"–"填列）		
二、营业利润（亏损以"–"填列）	1 531 600	
加：营业外收入	200 000	
减：营业外支出	80 000	

续表

项　　目	本期金额	上期金额
三、利润总额（亏损总额以"-"填列）	1 651 600	
减：所得税费用	412 900	
四、净利润（净亏损以"-"填列）	1 238 700	
五、其他综合收益的税后净额	略	
六、综合收益总额	略	
七、每股收益：	略	
（一）基本每股收益	略	
（二）稀释每股收益	略	

注：上述"利润表"中有关项目的计算方法：

营业收入=3 980 000−40 000+238 800=4 178 800（元）

营业成本=1 260 000−12 800+300 000=1 547 200（元）

财务费用=340 000−50 000=290 000（元）

投资收益=900 000−200 000=700 000（元）

【例 8-19】（单选题）编制利润表主要是根据（　　）。

A. 资产、负债及所有者权益各科目的本期发生额

B. 资产、负债及所有者权益各科目的期末余额

C. 损益类各科目的本期发生额

D. 损益类各科目的期末余额

【答案】C

【解析】利润表中"本期金额"栏内各项数字一般应根据本期损益类科目的发生额分析填列。

【例 8-20】（单选题）企业本月利润表中的营业收入为 450 000 元，营业成本为 216 000 元，税金及附加为 9 000 元，管理费用为 10 000 元，财务费用为 5 000 元，销售费用为 8 000 元，则其营业利润为（　　）元。

A. 217 000　　B. 225 000　　C. 234 000　　D. 202 000

【答案】D

【解析】营业利润=450 000−216 000−9 000−10 000−5 000−8 000=202 000（元）。

项目训练

一、单项选择题

1. 编制财务报表时，以"收入-费用=利润"这一会计等式作为编制依据的财务报表是（　　）。

A. 利润表　　B. 所有者权益变动表

C. 资产负债表　　D. 现金流量表

2. 资产负债表的下列项目中，需要根据几个总账科目的期末余额进行汇总填列的是（　　）。

A. "应付职工薪酬"　　B. "短期借款"　　C. "货币资金"　　D. "资本公积"

3. “应收账款”科目所属明细分类科目如有贷方余额，应在资产负债表（　　）项目中反映。

A. “预付账款”　B. “预收账款”　C. “应收账款”　D. “应付账款”

4. 下列各项中，不会引起利润总额增减变化的是（　　）。

A. “销售费用”　B. “管理费用”　C. “所得税费用”　D. “营业外支出”

5. 关于资产负债表的格式，下列说法不正确的是（　　）。

A. 资产负债表主要有账户式和报告式

B. 我国的资产负债表采用报告式

C. 账户式资产负债表分为左、右两方，左方为资产，右方为负债和所有者权益

D. 负债和所有者权益按照求偿权的先后顺序排列

6. 多步式利润表中的利润总额是以（　　）为基础来计算的。

A. 营业收入　B. 营业成本　C. 投资收益　D. 营业利润

7. 以“资产=负债+所有者权益”这一会计等式作为编制依据的财务报表是（　　）。

A. 利润表　B. 所有者权益变动表

C. 资产负债表　D. 现金流量表

8. 某日，大华公司的负债为7 455万元、非流动资产合计为4 899万元、所有者权益合计为3 000万元，则当日该公司的流动资产合计应当为（　　）万元。

A. 2 556　B. 4 455　C. 1 899　D. 5 556

9. 某企业“原材料”期末余额为100 000元，“生产成本”期末余额为50 000元，“库存商品”期末余额为120 000元，“存货跌价准备”期末余额为10 000元，则资产负债表“存货”项目应填列的是（　　）元。

A. 300 000　B. 260 000　C. 280 000　D. 270 000

10. 下列各项中不应列示在资产负债表流动资产部分的是（　　）。

A. “货币资金”　B. “应收账款”　C. “预付账款”　D. “在建工程”

11. 反映企业某一特定日期财务状况的会计报表是（　　）。

A. 资产负债表　B. 现金流量表

C. 基本会计报表　D. 基本会计报表及附注

12. 下列不属于财务会计报告基本要求的是（　　）。

A. 真实可靠　B. 合法实用　C. 编报及时　D. 便于理解

13. 将分散的零星的日常会计资料归纳整理为更集中、更系统、更概括的会计资料，以总括反映企业财务状况和经营成果的方法是（　　）。

A. 编制会计凭证　B. 编制记账凭证　C. 编制会计报表　D. 登记会计账簿

14. 企业财务会计报告所提供的信息资料应具有时效性，这是指编制财务会计报告应符合（　　）的要求。

A. 真实可靠　B. 相关可比　C. 全面完整　D. 编报及时

15. 在资产负债表中，资产是按照（　　）排列的。

A. 清偿时间的先后顺序　B. 会计人员的填写习惯

C. 金额大小　D. 流动性大小

二、多项选择题

1. 利润表中的“营业成本”项目填列的依据是（　　）。
   A. “营业外支出”发生额　　B. “主营业务成本”发生额
   C. “其他业务成本”发生额　　D. “税金及附加”发生额
2. 编制资产负债表时，需根据有关总分类账科目期末余额分析、计算填列的项目是（　　）。
   A. “货币资金”　B. “预付款项”　C. “存货”　D. “短期借款”
3. 资产负债表中的“存货”项目反映的内容包括（　　）。
   A. “发出商品”　　B. “材料成本差异”
   C. “委托加工物资”　　D. “生产成本”
4. 资产负债表中“应收账款”项目应根据（　　）之和减去“坏账准备”账户中有关应收账款计提的坏账准备期末余额填列。
   A. “应收账款”科目所属明细分类科目的借方余额
   B. “应收账款”科目所属明细分类科目的贷方余额
   C. “应付账款”科目所属明细分类科目的贷方余额
   D. “预收账款”科目所属明细分类科目的借方余额
5. 下列等式正确的是（　　）。
   A. 资产=负债+所有者权益
   B. 营业利润=主营业务收入+其他业务收入-主营业务成本-其他业务成本+投资收益+公允价值变动收益
   C. 利润总额=营业利润+营业外收入-营业外支出
   D. 净利润=利润总额-所得税费用
6. 企业提供的财务会计报告的使用者有（　　）。
   A. 投资者　　B. 债权人
   C. 政府及相关机构　　D. 企业管理人员、职工和社会公众等
7. 借助利润表提供的信息，可以帮助管理者（　　）。
   A. 分析企业资产的结构及其状况　　B. 分析企业的债务偿还能力
   C. 分析企业的获利能力　　D. 分析企业利润未来的发展趋势
8. 企业财务会计报表按其编报的时间不同，分为（　　）。
   A. 半年度报表　B. 月度报表　C. 季度报表　D. 年度报表
9. 期末，下列账户的余额应转入“本年利润”账户的是（　　）。
   A. “主营业务成本”　　B. “制造费用”
   C. “管理费用”　　D. “投资收益”
10. 下列账户中，可能影响资产负债表中“预付款项”项目金额的是（　　）。
   A. “预收账款”　B. “应收账款”　C. “应付账款”　D. “预付账款”

三、判断题（正确的打“√”，错误的打“×”）

1. （　　）利润表是反映企业一定日期经营成果的财务报表。
2. （　　）资产负债表中资产类至少包括流动资产项目、长期投资项目和固定资产项目。

3.（　　）利润表中收入类项目大多是根据收入类账户期末结转前借方发生额减去贷方发生额后的差额填列，若差额为负数，则以“－”填列。

4.（　　）利润表中“营业成本”项目，反映企业销售产品和提供劳务等主要经营业务的各项销售费用和实际成本。

5.（　　）资产负债表中“固定资产”项目应根据“固定资产”账户余额减去“累计折旧”“固定资产减值准备”等账户的期末余额后的金额填列。

6.（　　）一套完整的财务报表至少应当包括资产负债表、利润表、现金流量表、所有者权益变动表和附注等部分。

7.（　　）资产负债表是总括反映企业特定日期资产、负债和所有者权益情况的动态报表，通过它可以了解企业的资产构成、资金的来源构成和企业债务的偿还能力。

8.（　　）资产负债表中“货币资金”项目，应根据“银行存款”账户的期末余额填列。

9.（　　）营业利润减去管理费用、销售费用、财务费用和所得税费用后得到净利润。

10.（　　）季度、月度财务会计报告通常仅指财务报表，至少应该包括资产负债表、利润表和现金流量表。

11.（　　）账户式资产负债表分左、右两方，左方为资产项目，一般按照流动性大小排列；右方为负债及所有者权益项目，一般按要求偿还时间的先后顺序排列。

12.（　　）“制造费用”和“管理费用”都应当在期末转入“本年利润”账户。

13.（　　）在企业财务会计报告体系中，最核心的内容是会计报表。

14.（　　）损益类科目用于核算收入、费用、成本的发生和归集，提供一定期间与损益相关的会计信息的会计科目。

15.（　　）营业利润是以主营业务利润为基础，加上其他业务利润，减去销售费用、管理费用和财务费用，再加上营业外收入减去营业外支出计算出来的。

四、计算分析题

1. N公司20××年7月31日总分类账及其有关所属明细分类账余额如下表所示。

20××年7月31日总分类账及其有关所属明细分类账余额

单位：元

总分类账户	余额		明细分类账户	余额	
	借方	贷方		借方	贷方
库存现金	7 000				
银行存款	160 000				
应收账款	106 000		甲公司	86 000	
			乙公司	20 000	
材料采购	20 000				
原材料	60 000				
库存商品	40 000				
生产成本	30 000				
固定资产	440 000				

续表

总分类账户	余额		明细分类账户	余额	
	借方	贷方		借方	贷方
累计折旧		40 000			
短期借款		80 000			
应付账款		85 000	A公司		60 000
			B公司		25 000
应交税费		17 000	应交增值税		17 000
实收资本		600 000			
盈余公积		6 000			
本年利润		30 000			
利润分配		5 000			
合计	863 000	863 000			

要求：根据上述资料编制资产负债表项目。

（1）货币资金=

（2）存货=

（3）固定资产=

（4）应付账款=

（5）未分配利润=

2. 某企业年末损益类账户转账前的本期发生额如下表所示。

某企业年末损益类账户转账前的本期发生额

单位：元

账户	借方发生额	贷方发生额
主营业务收入		130 000
主营业务成本	90 000	
税金及附加	3 600	
其他业务收入		10 000
其他业务成本	3 000	
销售费用	5 000	
管理费用	3 000	
财务费用	1 000	
投资收益		5 000
营业外收支	3 700	
公允价值变动损益		9 000
资产减值损失	4 200	
营业外收入		4 000

假设企业本年没有其他纳税事项调整，所得税税率为25%。

要求：计算利润表中各项目的填列数。

（1）营业收入=

（2）营业成本=

（3）营业利润=

（4）利润总额=

（5）净利润=

扫一扫

不会编报表，愧为会计人

财务报表概述

资产负债表的编制

利润表的编制

项目九

会计账务处理程序

本项目知识体系

会计账务处理程序	模块一　账务处理程序概述	一、账务处理程序的概念与意义★★
		二、账务处理程序的种类★★★
	模块二　记账凭证账务处理程序	一、一般步骤★★
		二、记账凭证账务处理程序的内容★★★★
	模块三　汇总记账凭证账务处理程序	一、汇总记账凭证的编制方法★★★
		二、一般步骤★★
		三、汇总记账凭证账务处理程序的内容★★★★
	模块四　科目汇总表账务处理程序	一、科目汇总表的编制方法★★★★
		二、一般步骤★★
		三、科目汇总表账务处理程序的内容★★★★

模块一　账务处理程序概述

一、账务处理程序的概念与意义

账务处理程序，又称会计核算组织程序或会计核算形式，是指会计凭证、会计账簿、财务报表相结合的方式，包括账簿组织和记账程序。账簿组织是指会计凭证和会计账簿的种类、格式，会计凭证与账簿之间的联系方法；记账程序是由填制、审核原始凭证到填制、审核记账凭证，登记日记账、明细分类账和总分类账，编制财务报表的工作程序与方法等。

科学、合理地选择账务处理程序的意义主要有：

（1）有利于规范会计工作，保证会计信息加工过程的严密性，提高会计信息质量。

（2）有利于保证会计记录的完整性和正确性，增强会计信息的可靠性。

（3）有利于减少不必要的会计核算环节，提高会计工作效率，保证会计信息的及时性。

二、账务处理程序的种类

在会计实践中，不同的账簿组织、记账程序和记账方法及其不同的结合方式，形成了不同种类的账务处理程序。在我国，常用的账务处理主要有记账凭证账务处理程序、汇总记账凭证账务处理程序和科目汇总表账务处理程序。它们之间的主要区别表现在登记总账的依据和方法不同。

（一）记账凭证账务处理程序

记账凭证账务处理程序是指对发生的经济业务，先根据原始凭证或汇总原始凭证填制记账凭证，再直接根据记账凭证登记总分类账的一种账务处理程序。

（二）汇总记账凭证账务处理程序

汇总记账凭证账务处理程序是指先根据原始凭证或汇总原始凭证填制记账凭证，定期根据记账凭证分类编制汇总收款凭证、汇总付款凭证和汇总转账凭证，再根据汇总记账凭证登记总分类账的一种账务处理程序。

（三）科目汇总表账务处理程序

科目汇总表账务处理程序又称记账凭证汇总表账务处理程序，是指根据记账凭证定期编制科目汇总表，再根据科目汇总表登记总分类账的一种账务处理程序。

【例 9-1】（单选题）各种账务处理程序的主要区别是（　　）。

A. 凭证格式不同

B. 设置账户不同

C. 程序繁简不同

D. 登记总账的依据和方法不同

【答案】 D

【解析】 各种账务处理程序的主要区别表现在登记总账的依据和方法不同。

模块二　记账凭证账务处理程序

一、一般步骤

记账凭证账务处理程序的一般步骤如下：

（1）根据原始凭证填制汇总原始凭证。

（2）根据原始凭证或汇总原始凭证，填制收款凭证、付款凭证和转账凭证，也可以填制通用记账凭证。

（3）根据收款凭证、付款凭证逐笔登记库存现金日记账和银行存款日记账。

（4）根据原始凭证、汇总原始凭证和记账凭证，登记各种明细分类账。

（5）根据记账凭证逐笔登记总分类账。

（6）期末，将库存现金日记账、银行存款日记账和明细分类账的余额与有关总分类账的余额核对相符。

（7）期末，根据总分类账和明细分类账的记录，编制财务报表。

记账凭证账务处理程序如图 9-1 所示。

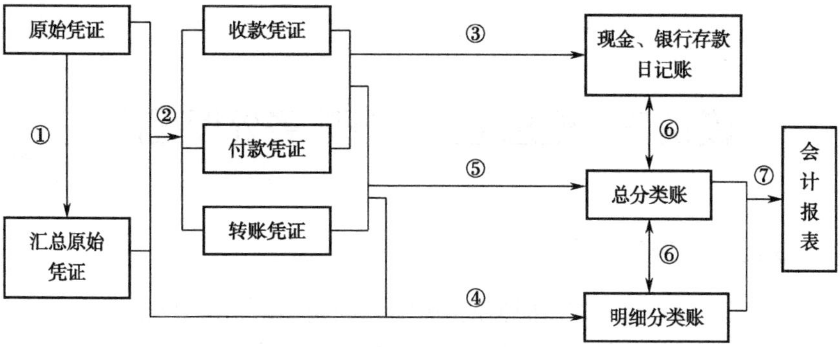

图 9-1　记账凭证账务处理程序

二、记账凭证账务处理程序的内容

（一）特点

记账凭证账务处理程序的特点是直接根据记账凭证对总分类账进行逐笔登记。它是最基本的账务处理程序，其他各种会计核算形式都是在此基础上发展形成的。

（二）优缺点

记账凭证账务处理程序的优点：

（1）记账程序简单明了，易于理解。

（2）总分类账可以较详细地反映经济业务的发生情况。

记账凭证账务处理程序的缺点：登记总分类账的工作量比较大。

（三）适用范围

记账凭证账务处理程序的适用范围：只适用于规模较小、经济业务量较少的单位。

【例 9-2】（单选题）适用于规模较小、业务量不多的单位的账务处理程序是（　　）。

A. 记账凭证账务处理程序　　B. 科目汇总表账务处理程序

C. 汇总记账凭证账务处理程序　　D. 多栏式日记账账务处理程序

【答案】 A

【解析】 记账凭证账务处理程序的适用范围是规模较小、经济业务量较少的单位。

【例 9-3】（多选题）记账凭证账务处理程序的优点有（　　）。

A. 可减轻登记总分类账的工作量　　B. 总分类账可以详细地反映经济业务发生情况

C. 简单明了，易于理解　　D. 便于进行试算平衡

【答案】 BC

【解析】 记账凭证账务处理程序的优点：记账程序简单明了，易于理解；总分类账可以较详细地反映经济业务的发生情况。

模块三　汇总记账凭证账务处理程序

一、汇总记账凭证的编制方法

汇总记账凭证是指对一段时期内同类记账凭证进行定期汇总而编制的记账凭证。汇总记账凭证分为汇总收款凭证、汇总付款凭证和汇总转账凭证，三种凭证有不同的编制方法。

（一）汇总收款凭证的编制

汇总收款凭证是指按照“库存现金”和“银行存款”账户的借方分别设置的一种汇总记账凭证。它汇总了一定时期内库存现金和银行存款的收款业务。

汇总收款凭证的编制方法：根据“库存现金”和“银行存款”账户的借方进行编制。汇总收款凭证是在对各账户对应的贷方分类之后，进行汇总编制。总分类账根据各汇总收款凭证的合计数进行登记，分别计入“库存现金”“银行存款”总分类账户的借方，并将汇总收款凭证上各账户贷方的合计数分别计入有关总分类账户的贷方。一般按 5 天、10 天或 15 天汇总一次，月终计算出合计数，据以登记总分类账。汇总收款凭证的格式如表 9-1 所示。

表 9-1　汇总收款凭证

借方账户：　　　　年　月　　　　汇收第　号

贷方账户	金　额				总账页数	
	1—10 日 收款凭证 第 号至第 号	1—10 日 收款凭证 第 号至第 号	1—10 日 收款凭证 第 号至第 号	合　计	借　方	贷　方
合 计						

（二）汇总付款凭证的编制

汇总付款凭证是根据“库存现金”和“银行存款”账户的贷方分别设置的一种汇总记账凭证。它汇总了一定时期内库存现金和银行存款的付款业务。

汇总付款凭证的编制方法：根据“库存现金”和“银行存款”账户的贷方进行编制。汇总付款凭证是在对各账户对应的借方分类之后，进行汇总编制。总分类账根据各汇总付款凭证的合计数进行登记，分别计入“库存现金”“银行存款”总分类账户的贷方，并将汇总付款凭证上各账户贷方的合计数分别计入有关总分类账户的借方。一般按 5 天、10 天或 15 天汇总一次，月终计算出合计数，据以登记总分类账。汇总付款凭证的格式如表 9-2 所示。

表 9-2　汇总付款凭证

贷方账户：　　　　年　月　　　　汇付第　　号

借方账户	金额				总账页数	
	1—10 日 付款凭证 第 号至第 号	1—10 日 付款凭证 第 号至第 号	1—10 日 付款凭证 第 号至第 号	合计	借方	贷方
合计						

（三）汇总转账凭证的编制

汇总转账凭证是根据每一贷方科目分别设置，用来汇总一定时期内转账业务的一种汇总记账凭证。

汇总转账凭证的编制方法：根据所设置账户的贷方进行编制。汇总转账凭证是在对所设置账户相对应的借方账户分类之后，进行汇总编制。总分类账根据各汇总转账凭证的合计数进行登记，分别计入对应账户的总分类账户的贷方，并将汇总转账凭证上各账户借方的合计数分别计入有关总分类账户的借方。一般按 5 天或 10 天汇总一次，每月编制一张，月末根据计算出的每个借方账户发生额合计数，登记总分类账。值得注意的是，在编制的过程中贷方账户必须唯一，借方账户可一个或多个，即转账凭证必须一借一贷或多借一贷。汇总转账凭证的格式如表 9-3 所示。

表 9-3　汇总转账凭证

贷方账户：　　　　年　月　　　　汇收第　　号

借方账户	金额				总账页数	
	1—10 日 转账凭证 第 号至第 号	1—10 日 转账凭证 第 号至第 号	1—10 日 转账凭证 第 号至第 号	合计	借方	贷方
合计						

如果在一个月内某一贷方账户的转账凭证不多，可不编制汇总转账凭证，直接根据单个转账凭证登记总分类账。

编制完汇总记账凭证，据以登记总分类账。总分类账的登记在月终进行。根据汇总收款凭证的合计数，计入总分类账“库存现金”和“银行存款”账户的借方，以及有关账户的贷方；根据汇总付款凭证的合计数，计入总分类账“库存现金”或“银行存款”账户的贷方，以及有关账户的借方；根据汇总转账凭证的合计数，计入总分类账户设置科目的贷方，以及有关账户的借方。

二、一般步骤

汇总记账凭证账务处理程序的一般步骤如下：

（1）根据原始凭证编制汇总原始凭证。

（2）根据原始凭证或汇总原始凭证，填制收款凭证、付款凭证和转账凭证，也可以填制通用记账凭证。

（3）根据收款凭证、付款凭证逐笔登记库存现金日记账和银行存款日记账。

（4）根据原始凭证、汇总原始凭证和记账凭证登记各种明细分类账。

（5）根据各种记账凭证分别编制有关汇总记账凭证。

（6）根据各种汇总记账凭证登记总分类账。

（7）期末，将库存现金日记账、银行存款日记账和明细分类账的余额与有关总分类账的余额核对相符。

（8）期末，根据总分类账和明细分类账的记录，编制财务报表。

汇总记账凭证账务处理程序的步骤，如图9-2所示。

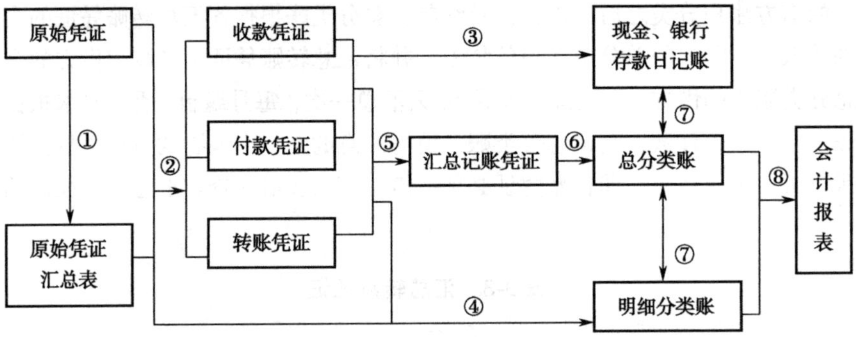

图9-2　汇总记账凭证账务处理程序的步骤

三、汇总记账凭证账务处理程序的内容

（一）特点

汇总记账凭证账务处理程序的特点是先根据记账凭证编制汇总记账凭证，再根据汇总记账凭证登记总分类账。

（二）优缺点

汇总记账凭证账务处理程序的优点：

（1）可减轻登记总分类账的工作量。

（2）由于汇总记账凭证是根据一定时期的全部记账凭证，按照对应关系进行归类、汇总编制的，所以便于了解账户之间的对应关系，了解经济业务的来龙去脉，便于查对账目。

汇总记账凭证账务处理程序的缺点：

（1）汇总记账凭证是按每一贷方账户设置，而不是按经济业务的性质归类、汇总，因而不利于会计日常分工。

（2）当转账凭证较多时，编制汇总转账凭证的工作量较大。

（三）适用范围

汇总记账凭证账务处理程序的适用范围：通常适用于规模较大、经济业务量较多的单位。

【例 9-4】（单选题）汇总转账凭证是按（　　）科目设置。

A. 借方　　B. 贷方　　C. 借方或贷方　　D. 借方和贷方

【答案】 B

【解析】 汇总转账凭证是根据每一贷方科目分别设置，用来汇总一定时期内转账业务的一种汇总记账凭证。

【例 9-5】（多选题）为便于填制汇总转账凭证，平时填制转账凭证时应尽可能使账户的对应关系保持（　　）。

A. 一借一贷　　B. 一贷多借　　C. 一借多贷　　D. 多借多贷

【答案】 AB

【解析】 在编制的过程中贷方账户必须唯一，借方账户可一个或多个，即转账凭证必须一借一贷或多借一贷。

【例 9-6】（计算分析题）资料：某公司 2021 年 11 月上旬发生下列部分经济业务：

（1）借：库存现金　　300
　　贷：其他应收款　　300

（2）借：销售费用　　5 000
　　贷：银行存款　　5 000

（3）借：制造费用　　2 000
　　贷：原材料　　2 000

（4）借：库存现金　　400
　　贷：其他应收款　　400

（5）借：应付账款　　7 000
　　贷：银行存款　　7 000

（6）借：制造费用　　6 000
　　贷：原材料　　6 000

（7）借：其他应收款　　500
　　贷：库存现金　　500

（8）借：原材料　　2 000
　　贷：应付账款　　2 000

（9）借：库存现金　　10 000
　　贷：银行存款　　10 000

（10）借：银行存款　　40 000
　　贷：库存现金　　40 000

要求：根据以上资料，回答问题：

（1）在编制汇总收款凭证时，“库存现金”科目的借方金额应为（　　）元。

（2）在编制汇总收款凭证时，“其他应收款”科目的贷方金额应为（　　）元。

（3）在编制汇总付款凭证时，“银行存款”科目的贷方金额应为（　　）元。

（4）在编制汇总付款凭证时，“应付账款”科目的借方金额应为（　　）元。

（5）在编制汇总转账凭证时，“原材料”科目的贷方金额应为（　　）元。

【答案】（1）700 元（300+400）;（2）700 元（300+400）;（3）22 000 元（5 000+7 000+10 000）;（4）12 000 元（5 000+7 000）;（5）8 000 元（2 000+6 000）。

模块四　科目汇总表账务处理程序

一、科目汇总表的编制方法

科目汇总表，又称记账凭证汇总表，是企业通常定期对全部记账凭证进行汇总后，按照不同的会计科目分别列示各账户借方发生额和贷方发生额的一种汇总凭证。科目汇总表可每月编制一张，按旬汇总，其格式如表 9-4 所示；业务量大的单位也可以按旬汇总，每月编制一张科目汇总表，其格式如表 9-5 所示。任何格式的科目汇总表都只反映各个账户的借方本期发生额和贷方本期发生额，不反映各个账户之间的对应关系。

表 9-4　科目汇总表（一）

年　月　日至　月　日　　　　第　号

会计科目	本期发生额		总账页数	记账凭证起讫号数
	借　方	贷　方		
合　计				

表 9-5　科目汇总表（二）

年　月

会计科目	1—10 日		11—20 日		21—31 日		合计		总账页数
	借方	贷方	借方	贷方	借方	贷方	借方	贷方	
合 计									

科目汇总表的编制方法是，根据一定时期内的全部记账凭证，按照会计科目进行归类，定期汇总出每一账户的借方本期发生额和贷方本期发生额，填写在科目汇总表的相关栏内。

二、一般步骤

科目汇总表账务处理程序的一般步骤如下：

（1）根据原始凭证编制汇总原始凭证。

（2）根据原始凭证或汇总原始凭证，编制收款凭证、付款凭证和转账凭证，也可以编制通用记账凭证。

（3）根据收款凭证、付款凭证逐笔登记库存现金日记账和银行存款日记账。

（4）根据原始凭证、汇总原始凭证和记账凭证，登记各种明细分类账。

（5）根据各种记账凭证编制科目汇总表。

（6）根据科目汇总表登记总分类账。

（7）期末，将库存现金日记账、银行存款日记账和明细分类账的余额与有关总分类账的余额核对相符。

（8）期末，根据总分类账和明细分类账的记录，编制财务报表。

科目汇总表账务处理程序的步骤如图 9-3 所示。

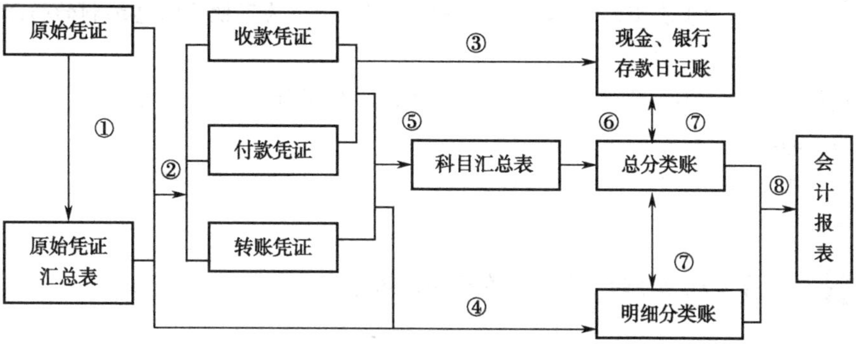

图 9-3　科目汇总表账务处理程序的步骤

三、科目汇总表账务处理程序的内容

（一）特点

科目汇总表账务处理程序的特点是定期将所有的记账凭证编制成科目汇总表，然后根据科目汇总表登记总分类账。

（二）优缺点

科目汇总表账务处理程序的优点：可减轻登记总分类账的工作量，易于理解，方便学习，并且科目汇总表还具有试算平衡的作用。

科目汇总表账务处理程序的缺点：科目汇总表不能反映账户之间的对应关系，不便于核对账目。

（三）适用范围

科目汇总表账务处理程序的适用范围：一般适用于业务量较多的单位。

【例9-7】（单选题）编制科目汇总表的直接依据是（　　）。

A. 原始凭证　B. 汇总原始凭证　C. 记账凭证　D. 汇总记账凭证

【答案】C

【解析】根据各种记账凭证编制科目汇总表。

【例9-8】（单选题）根据科目汇总表登记总分类账，在简化登记总分类账工作的同时也可起到（　　）的作用。

A. 简化报表的编制　B. 反映账户对应关系

C. 简化明细账工作　D. 发生额试算平衡

【答案】D

【解析】科目汇总表账务处理程序的优点：可减轻登记总分类账的工作量，易于理解，方便学习，并且科目汇总表还具有试算平衡的作用。

【例9-9】（多选题）下列属于记账凭证的有（　　）。

A. 科目汇总表　B. 汇总记账凭证　C. 发料凭证汇总表　D. 转账凭证

【答案】ABD

【解析】发料凭证汇总表属于原始凭证。

【例9-10】（多选题）在汇总记账凭证账务处理程序中，为了便于汇总编制的转账凭证必须（　　）。

A. 一借一贷　B. 多借一贷　C. 一借多贷　D. 多借多贷

【答案】AB

【解析】在汇总记账凭证账务处理程序中，为了便于汇总编制，转账凭证必须是一借一贷或多借一贷。

【例9-11】各账务处理程序的主要区别在于登记账簿的依据和方法不同。

【答案】错

【解析】各种账务处理程序的主要区别在于登记总分类账的依据和方法不同。

项目训练

一、单项选择题

1. 设计账务处理程序是（　　）的一项重要内容。

A. 会计制度设计　B. 会计账簿设计

C. 会计凭证设计　D. 会计报表设计

2. 下列属于科目汇总表账务处理程序优点的是（　　）。

A. 便于检查核对账目　B. 便于进行试算平衡

C. 便于反映各账户之间的对应关系　D. 便于进行分工核算

3. 汇总记账凭证账务处理程序与科目汇总表账务处理程序的相同点是（　　）。

A. 记账凭证的汇总方法相同　B. 登记总分类账的依据相同

C. 可简化登记总分类账的工作量　D. 可保持账户之间的对应关系

4. 科目汇总表定期汇总的是（　　）。

A. 每一账户的本期贷方发生额　　B. 每一账户的本期借方发生额

C. 每一账户的本期借、贷方余额　　D. 每一账户的本期借、贷方发生额

5. 采用记账凭证汇总表核算形式，（　　）是其登记总账的直接依据。

A. 记账凭证　　B. 科目汇总表　　C. 原始凭证　　D. 汇总记账凭证

6. 下列凭证中，不能作为登记总分类账依据的是（　　）。

A. 汇总记账凭证　　B. 科目汇总表　　C. 原始凭证　　D. 记账凭证

7. 汇总转账凭证是按（　　）科目设置的。

A. 借方或贷方　　B. 贷方　　C. 借方和贷方　　D. 借方

8. 平时在填制记账凭证时，应尽量使账户的对应关系保持一借一贷是（　　）的要求。

A. 记账凭证核算形式　　B. 多栏式日记账核算形式

C. 科目汇总表核算形式　　D. 汇总记账凭证核算形式

9. 汇总记账凭证账务处理程序的特点是根据（　　）登记总分类账。

A. 记账凭证　　B. 原始凭证　　C. 汇总记账凭证　D. 科目汇总表

10. 汇总记账凭证是根据（　　）编制的。

A. 原始凭证汇总表　　B. 原始凭证　　C. 记账凭证　　D. 各种总分类账

11. 关于科目汇总表账务处理程序，下列说法正确的是（　　）。

A. 编制会计报表的直接依据是科目汇总表

B. 登记总分类账的直接依据是科目汇总表

C. 登记总分类账的直接依据是记账凭证

D. 与记账凭证会计核算程序相比较，增加了一道编制汇总记账凭证的程序

12. 账务处理程序的核心是（　　）。

A. 报表组织　　B. 账簿组织　　C. 凭证组织　　D. 记账程序

13. 会计报表是根据（　　）资料编制的。

A. 日记账、总账和明细分类账　　B. 日记账和明细分类账

C. 日记账和总分类账　　D. 明细分类账和总分类账

14. 适用于规模较小、业务量不多的单位的账务处理程序是（　　）。

A. 多栏式日记账账务处理程序　　B. 汇总记账凭证账务处理程序

C. 记账凭证账务处理程序　　D. 科目汇总表账务处理程序

15. 下列属于汇总记账凭证账务处理程序缺点的是（　　）。

A. 编制汇总转账凭证的工作量较大　　B. 不便于进行账目的核对

C. 登记总分类账的工作量较大　　D. 不便于体现账户之间的对应关系

16. （　　）核算形式是最基本的一种会计核算形式。

A. 日记总账　　B. 记账凭证　　C. 科目汇总表　　D. 汇总记账凭证

17. 以下项目中，属于科目汇总表账务处理程序缺点的是（　　）。

A. 可增加会计核算的账务处理程序　　B. 不便于进行试算平衡

C. 不便于检查核对账目　　D. 可增加登记总分类账的工作量

18. 汇总转账凭证编制的依据是（　　）。

A. 付款凭证　　B. 收款凭证　　C. 原始凭证　　D. 转账凭证

二、多项选择题

1. 在汇总记账凭证账务处理程序下，月末应与总分类账核对的内容有（　　）。
   A. 会计报表　B. 记账凭证
   C. 明细分类账　D. 银行存款日记账
2. 账簿组织包括（　　）。
   A. 账簿的格式　B. 账簿之间的关系
   C. 账户的名称　D. 账簿的种类
3. 适用于生产经营规模较大、业务量较多企业的账务处理程序是（　　）。
   A. 记账凭证账务处理程序　B. 科目汇总表账务处理程序
   C. 汇总记账凭证账务处理程序　D. 多栏式日记账账务处理程序
4. 以下属于汇总记账凭证账务处理程序优点的是（　　）。
   A. 反映内容详细　B. 简化总分类账的登记
   C. 手续简便　D. 能反映账户之间的对应关系
5. 在常见的会计核算程序中，共同的账务处理工作是（　　）。
   A. 均应填制和取得原始凭证　B. 均应编制记账凭证
   C. 均应填制汇总记账凭证　D. 均应设置和登记总分类账
6. 常用的账务处理程序主要有（　　）。
   A. 汇总记账凭证账务处理程序　B. 科目汇总表账务处理程序
   C. 日记总账账务处理程序　D. 记账凭证账务处理程序
7. 下列项目中，可以根据记账凭证汇总编制的是（　　）。
   A. 汇总付款凭证　B. 发出材料汇总表
   C. 汇总转账凭证　D. 科目汇总表
8. 下列项目中，属于科学、合理地选择适用于本单位账务处理程序的意义是（　　）。
   A. 有利于提高会计信息的质量　B. 有利于增强会计信息的可靠性
   C. 有利于保证会计信息的及时性　D. 有利于会计工作程序的规范化
9. 关于记账凭证汇总表，下列表述正确的是（　　）。
   A. 记账凭证汇总表是一种记账凭证
   B. 记账凭证汇总表能起到试算平衡的作用
   C. 可以简化总分类账的登记工作
   D. 记账凭证汇总表保留了账户之间的对应关系
10. 在各种会计核算形式下，明细分类账可以根据（　　）登记。
    A. 原始凭证汇总表　B. 记账凭证汇总表　C. 记账凭证　D. 原始凭证
11. 在科目汇总表核算形式下，记账凭证是用来（　　）的依据。
    A. 登记库存现金日记账　B. 登记总分类账
    C. 登记明细分类账　D. 编制科目汇总表
12. 账务处理程序也称会计核算程序，它是指（　　）相结合的方式。
    A. 会计科目　B. 会计账簿　C. 会计报表　D. 会计凭证

三、判断题（正确的打“√”，错误的打“×”）

1.（　　）科目汇总表账务处理程序只适用于经济业务不太复杂的中小型单位。

2.（　　）在各种账务处理程序下，其登记库存现金日记账的直接依据都是相同的。

3.（　　）在科目汇总表账务处理程序中，不能反映账户之间的对应关系，因而不便于分析经济业务的来龙去脉，不便于查对账目。

4.（　　）原始凭证可以作为登记各种账簿的直接依据。

5.（　　）同一企业可以同时采用几种不同的账务处理程序。

6.（　　）各种会计核算形式的共同点之一是编制会计报表的方法不同。

7.（　　）汇总记账凭证账务处理程序的缺点在于保持账户之间的对应关系。

8.（　　）各种账务处理程序的不同之处在于登记明细分类账的直接依据不同。

9.（　　）科目汇总表核算形式与汇总记账凭证核算形式的适用范围是完全相同的。

10.（　　）汇总转账凭证按库存现金、银行存款账户的借方设置，并按其对应的贷方账户归类汇总。

11.（　　）账务处理程序就是指记账程序。

12.（　　）记账凭证账务处理程序的主要特点是直接根据各种记账凭证登记总分类账。

13.（　　）会计报表是根据总分类账、明细分类账和日记账的记录定期编制的。

14.（　　）库存现金日记账和银行存款日记账不论在何种会计核算形式下，都是根据收款凭证和付款凭证逐日、逐笔顺序登记的。

15.（　　）科目汇总表的作用与汇总记账凭证相似，但它们的结构不同，填制的方法也不同。

16.（　　）为了便于编制科目汇总表，平时填制转账凭证时，应尽可能使账户之间保持一借一贷的对应关系。

17.（　　）各个企业的业务性质、组织规模、管理上的要求不同，企业应根据自身的特点，制定出恰当的会计账务处理程序。

18.（　　）企业不论采用哪种会计核算形式，都必须设置日记账、总分类账和明细分类账。

四、计算分析题

某公司 2021 年 6 月下旬有关记账凭证如下：

（1）借：生产成本　　25 000
　　　贷：原材料　　　25 000

（2）借：库存现金　　5 000
　　　贷：银行存款　　　5 000

（3）借：制造费用　　3 000
　　　贷：原材料　　　3 000

（4）借：银行存款　　5 000
　　　贷：应收账款　　　5 000

（5）借：银行存款　　30 000
　　　贷：库存现金　　　30 000

（6）借：银行存款　　　　60 000
　　　贷：预收账款　　　　60 000
（7）借：原材料　　　　25 000
　　　贷：在途物资　　　　25 000
（8）借：制造费用　　　　4 500
　　　贷：累计折旧　　　　4 500
（9）借：应付账款　　　　60 000
　　　贷：银行存款　　　　60 000
（10）借：其他应收款　　　　3 000
　　　贷：库存现金　　　　3 000

要求：根据以上资料，回答问题：

（1）编制汇总收款凭证时，“银行存款”科目借方金额为（　　）元。

（2）编制汇总付款凭证时，“银行存款”科目贷方金额为（　　）元。

（3）编制汇总付款凭证时，“库存现金”科目贷方金额为（　　）元。

（4）编制汇总转账凭证时，“原材料”科目贷方金额为（　　）元。

（5）编制汇总转账凭证的张数为（　　）张。

扫一扫

凭证大汇总

记账凭证账务处理程序

汇总记账凭证账务处理程序

科目汇总表账务处理程序

综 合 测 试

全真模拟试卷一

一、单项选择题（下列各题只有一个正确答案，每题 0.5 分，共 90 题。不选、错选均不得分）

1. 下列原始凭证中，(　　) 属于外来原始凭证。
   A. 提货单　　B. 发出材料汇总表
   C. 购货发票　　D. 领料单
2. 下列各项中，根据连续反映某一时期、不断重复发生而分次进行的特定业务编制的原始凭证是 (　　)。
   A. 一次凭证　　B. 累计凭证　　C. 记账编制凭证　　D. 汇总原始凭证
3. 下列各项中，(　　) 适合采用活页式账簿形式。
   A. 明细分类账　　B. 银行存款日记账
   C. 库存现金日记账　　D. 备查账
4. 关于需要结计本年累计发生额的账户，结计“过次页”的合计数，下列说法正确的是 (　　)。
   A. 自年初起至本日止累计数　　B. 自年初起至本页末止累计数
   C. 自月初起至本页末止累计数　　D. 自本页初起至本页末止累计数
5. 下列关于会计科目设置的表述中，不正确的是 (　　)。
   A. 应当遵循谨慎性原则　　B. 应当符合单位自身特点
   C. 应当符合国家统一会计制度的规定　　D. 应当满足相关各方的信息需求
6. 会计科目按其 (　　) 不同，分为总分类科目和明细分类科目。
   A. 反映的经济业务　　B. 归属的会计要素
   C. 反映的会计对象　　D. 提供信息的详细程度及其统驭关系
7. 下列各项中，(　　) 不应作为本企业库存商品。
   A. 库存产成品　　B. 发出展览的商品
   C. 已实现销售的发出商品　　D. 存放在门市部准备出售的商品

8. 下列会计报表中，反映企业在某一特定日期财务状况的是（　　）。

A. 利润表　　B. 利润分配表　　C. 资产负债表　　D. 现金流量表

9. 下列各项中，（　　）正确反映了资产负债表中资产按流动性从大到小进行排列。

A. 存货、无形资产、货币资金、交易性金融资产

B. 交易性金融资产、存货、无形资产、货币资金

C. 无形资产、货币资金、交易性金融资产、存货

D. 货币资金、交易性金融资产、存货、无形资产

10. 下列经济业务中，（　　）不会使会计等式两边总额发生变化。

A. 收到应收账款存入银行　　B. 从银行取得借款存入银行

C. 收到投资者以固定资产进行的投资　D. 以银行存款偿还应付账款

11. 某公司资产总额为6万元，负债总额为3万元，以银行存款2万元偿还短期借款，并以银行存款1.5万元购买设备，上述业务入账后，该公司资产总额为（　　）万元。

A. 3　　B. 4　　C. 2.5　　D. 1.5

12. 盘盈的固定资产，一般应计入（　　）账户。

A. "其他业务收入"　　B. "营业外收入"

C. "以前年度损益调整"　　D. "本年利润"

13. 下列情况下，（　　）企业应当采用局部财产清查。

A. 年终决算前　　B. 企业清产核资时

C. 企业更换财产保管人员时　　D. 企业改组为股份制试点企业时

14. 某单位6月预付第三季度财产保险费1 800元；支付本季度借款利息3 900元；用银行存款支付本月水电费3 000元。根据收付实现制，该单位6月确认的费用是（　　）元。

A. 4 800　　B. 4 300　　C. 6 900　　D. 8 700

15. （　　）界定了从事会计工作和提供会计信息的空间范围。

A. 会计职能　　B. 会计对象　　C. 会计内容　　D. 会计主体

16. 企业资产以历史成本计价而不以现行成本或清算价格计价，依据的会计基本假设是（　　）。

A. 会计主体　　B. 持续经营　　C. 会计分期　　D. 货币计量

17. 会计以货币为主要计量单位，通过确认、计量、记录、报告等环节，对特定主体的经济活动进行记账、算账、报账，为各有关方面提供会计信息的功能称为（　　）。

A. 会计核算职能　　B. 会计监督职能

C. 会计控制职能　　D. 会计预测职能

18. 在下列项目中，属于账户的金额要素的是（　　）。

A. 本期借方发生额　　B. 本期贷方发生额

C. 本期减少发生额　　D. 借方余额

19. 对于本月新购入的固定资产，下列说法正确的是（　　）。

A. 当月开始计提折旧　　B. 下月开始计提折旧

C. 下年开始计提折旧　　D. 不计提折旧

20. 下列账簿中，属于会计账簿主体而且是编制财务会计报表主要依据的是（　　）。

A. 日记账　　B. 分类账　　C. 备查账　　D. 订本账

21. 在利润表的表体中，全部指标均依据有关账簿的（　　）填列。

A. 期末余额　　B. 发生额

C. 期末余额或发生额　　D. 本期金额

22. 企业以银行存款偿还所欠购货款，下列表述正确的是（　　）。

A. 资产项目之间此增彼减　　B. 权益项目之间此增彼减

C. 资产项目和权益项目同增　　D. 资产项目和负债项目同减

23. 损益类账户期末结转时余额应转入（　　）。

A. “生产成本”　　B. “本年利润”　　C. “利润分配”　　D. “库存商品”

24. 经营租出的设备计提折旧时，应编制的会计分录是（　　）。

A. 借记“其他业务成本”科目，贷记“累计折旧”科目

B. 借记“其他业务成本”科目，贷记“固定资产”科目

C. 借记“制造费用”科目，贷记“累计折旧”科目

D. 借记“制造费用”科目，贷记“固定资产”科目

25. 委托加工材料登记簿属于（　　）。

A. 序时账簿　　B. 分类账簿　　C. 卡片式账簿　　D. 备查账簿

26. 下列各项中，（　　）属于日记账登记的特点。

A. 定期逐笔登记　B. 逐日逐笔登记　C. 顺序登记　　D. 汇总登记

27. 存在对应关系的科目称为（　　）。

A. 联系科目　　B. 对应科目　　C. 明细分类科目　D. 总分类科目

28. 企业保管现金的出纳人员发生变动时，应对其保管的现金进行清查。该清查属于（　　）。

A. 全面清查和定期清查　　B. 局部清查和不定期清查

C. 全面清查和不定期清查　　D. 局部清查和定期清查

29. 企业结账的时间应为（　　）。

A. 每项交易或事项办理完毕时　　B. 每一个工作日终了时

C. 一定时期终了时　　D. 会计报表编制完成时

30. 接受投资人投资的会计分录中不可能出现的账户是（　　）。

A. “银行存款”　　B. “固定资产”　　C. “本年利润”　　D. “实收资本”

31. 某公司 2018 年 2 月 1 日形成的会计档案，可暂由本单位财务部门保管到（　　），期满后，原则上移交档案保管部门保管。

A. 2018 年 3 月 1 日　　B. 2018 年 12 月 31 日

C. 2021 年 2 月 1 日　　D. 2021 年 12 月 31 日

32. 下列有关记账凭证账务处理程序、汇总记账凭证账务处理程序和科目汇总表账务处理程序的表述中，正确的是（　　）。

A. 登记总分类账的依据相同　　B. 登记总分类账的方法不同

C. 三者完全不同　　D. 三者完全相同

33. 下列关于编制汇总记账凭证的表述中，正确的是（　　）。
    A. 汇总付款凭证按现金、银行存款账户的借方设置，并按其对应的贷方账户归类汇总
    B. 汇总收款凭证按现金、银行存款账户的贷方设置，并按其对应的借方账户归类汇总
    C. 汇总转账凭证按每一账户的借方设置，并按其对应的贷方账户归类汇总
    D. 汇总转账凭证按每一账户的贷方设置，并按其对应的借方账户归类汇总
34. 期末，应转入“本年利润”账户借方的是（　　）。
    A. “主营业务收入”账户　　B. “其他业务收入”账户
    C. “其他业务成本”账户　　D. “库存商品”账户
35. 会计的目标是（　　）。
    A. 提供会计信息　B. 完成会计任务　C. 进行数据分析　D. 结出账簿余额
36. 下列关于汇总记账凭证账务处理程序优点的表述中，正确的是（　　）。
    A. 详细反映经济业务的发生情况　　B. 可以做到试算平衡
    C. 处理手续简便　　D. 便于了解账户之间的对应关系
37. 下列各项中，既能汇总登记总分类账、减轻总分类账登记工作，又能明确反映账户对应关系，便于查账、对账的账务处理程序是（　　）。
    A. 科目汇总表账务处理程序　　B. 汇总记账凭证账务处理程序
    C. 多栏式日记账账务处理程序　　D. 日记账账务处理程序
38. 下列各项中，属于实物资产清查对象的是（　　）。
    A. 库存现金　B. 存货　C. 银行存款　D. 应收账款
39. 根据财产清查结果调整账簿记录的主要目的是（　　）。
    A. 改正错账　B. 账实相符　C. 明确经济责任　D. 编制会计报表
40. 下列各项中，（　　）不属于收入。
    A. 营业外收入　　B. 固定资产租金收入
    C. 提供劳务的收入　　D. 销售材料的收入
41. 企业从银行借入3年期借款，应贷记的科目是（　　）。
    A. “库存现金”　B. “短期借款”　C. “长期借款”　D. “长期应付款”
42. 下列账簿组成部分中，（　　）是记录经济业务事项的载体。
    A. 封面　B. 扉页　C. 账页　D. 说明
43. 下列各种凭证中，（　　）属于采用补充登记法纠正错误时应编制的。
    A. 红字记账凭证　　B. 蓝字记账凭证
    C. 一张红字及一张蓝字记账凭证　　D. 不能确定
44. 甲公司为增值税一般纳税人，购入一台不需要安装即可投入使用的生产设备，取得的增值税专用发票上注明的价款为200 000元，增值税税额为26 000元，发生运费5 000元。假定不考虑其他相关税费，该设备的取得成本为（　　）元。
    A. 200 000　B. 205 000　C. 234 000　D. 239 000
45. 企业发放2月份工资时，有10名员工因回乡而未领，金额总计30 000元，财务部门收回未领工资时，应借记“库存现金”科目，贷记（　　）科目。
    A. “应付职工薪酬”　　B. “应付账款”
    C. “其他应付款”　　D. “其他应收款”

46. 甲银行将短期贷款20万元转为对乙公司的投资。下列关于乙公司资产要素发生变化的表述中，正确的是（　　）。
A. 负债减少，资产增加　　B. 负债减少，所有者权益增加
C. 资产减少，所有者权益增加　　D. 所有者权益内部一增一减
47. 下列经济业务中，（　　）能够引起资产类项目和负债类项目同时增加。
A. 用银行存款购买原材料
B. 借入短期借款存入银行
C. 用银行存款偿还购买原材料所欠的货款
D. 把现金存入银行
48. 下列有关财务会计报告的表述中，不正确的是（　　）。
A. 财务会计报告就是会计报表
B. 财务会计报告分为年度、半年度、季度和月度
C. 会计报表附注是财务会计报告的重要组成部分
D. 企业财务会计报告是根据审核后的会计账簿记录和有关资料编制而成的
49. 下列各项中，填制资产负债表时不计入存货项目的是（　　）。
A. “工程物资”　B. “生产成本”　C. “原材料”　D. “存货跌价准备”
50. 汇总原始凭证与累计原始凭证的主要区别是（　　）。
A. 登记的经济业务内容不同　　B. 填制时期不同
C. 会计核算工作繁简不同　　D. 填制手续和方法不同
51. 下列各项中，将原始凭证分为一次凭证、累计凭证等类别的依据是（　　）。
A. 用途和填制程序　　B. 形成来源
C. 填制方式　　D. 填制程序及内容
52. 会计是以（　　）为主要计量单位。
A. 实物　B. 货币　C. 劳动量　D. 价格
53. 会计核算和监督的内容是特定主体的（　　）。
A. 经济活动　B. 实物运动　C. 资金运动　D. 经济资源
54. 下列四类账簿中，（　　）不是依据记账凭证登记的。
A. 明细分类账　B. 总分类账　C. 日记账　D. 备查账
55. 下列各项中，（　　）一般适用于序时账簿和总分类账簿。
A. 订本式　B. 活页式　C. 卡片式　D. 辅助式
56. 下列各项中，（　　）不属于科目汇总表账务处理程序步骤。
A. 根据原始凭证、汇总原始凭证和记账凭证，登记各种明细分类账
B. 根据各种记账凭证编制汇总记账凭证
C. 根据科目汇总表登记总分类账
D. 期末，根据总分类账和明细分类账的记录编制会计报表
57. 下列各项中，（　　）不属于常用账务处理程序。
A. 记账凭证账务处理程序　　B. 科目汇总表账务处理程序
C. 汇总记账凭证账务处理程序　　D. 日记总账账务处理程序

58. 下列各项中，（　　）属于记账凭证的填制基础。

A. 会计科目　　B. 借贷记账法　　C. 会计要素　　D. 审核无误的原始凭证

59. 出差人员预借差旅费应当填写借款单，下列表述正确的是（　　）。

A. 借款单是一种自制的原始凭证　　B. 借款单是一种外来的原始凭证

C. 借款单是一种付款凭证　　D. 借款单是一种单式凭证

60. 下列情况中，企业应当进行全面清查的是（　　）。

A. 企业合并　　B. 更换仓库保管员

C. 出纳离职　　D. 会计主管调离工作岗位

61. 库存现金在盘点后应编制的原始凭证是（　　）。

A. 实存账存对比表　　B. 库存现金盘点报告表

C. 余额调节表　　D. 对账单

62. 下列关于资产与权益平衡关系的表述中，正确的是（　　）。

A. 一项资产金额与一项权益金额的相等关系

B. 几项资产金额与一项权益金额的相等关系

C. 资产总额与所有者权益总额的相等关系

D. 资产总额与权益总额的相等关系

63. 下列业务中，影响会计等式总额发生变化的是（　　）。

A. 以银行存款 50 000 元购买材料

B. 结转完工产品成本 40 000 元

C. 购买机器设备 20 000 元，货款未付

D. 收回客户所欠的货款 330 000 元

64. 下列各项中，（　　）不会影响企业利润总额的增减变化。

A. “销售费用”　　B. “管理费用”　　C. “所得税费用”　D. “营业外支出”

65. 下列各项中，作为编制利润表主要根据的是（　　）。

A. 资产、负债及所有者权益各账户的本期发生额

B. 资产、负债及所有者权益各账户的期末余额

C. 损益类各账户的本期发生额

D. 损益类各账户的期末余额

66. 下列各项中，（　　）不属于企业的资产。

A. 经营租入的机器　　B. 融资租入的设备

C. 经营租出的厂房　　D. 商标权

67. 企业从应付职工工资中代扣的职工房租，应借记的会计科目是（　　）。

A. “应付职工薪酬”　　B. “银行存款”

C. “其他应收款”　　D. “其他应付款”

68. 下列关于企业原始凭证的保管期限，正确的是（　　）。

A. 3 年　　B. 5 年　　C. 15 年　　D. 永久

69. 会计循环是指按照一定的步骤反复运行的（　　）。

A. 会计工作　　B. 会计流程　　C. 会计核算　　D. 会计程序

70. 基于会计分期假设运用的特殊会计方法包括应收、应付和（　　）等。

A. 购入、售出　B. 投入、产出　C. 预收、预付　D. 收入、支出

71. 企业出售一辆自用高级小轿车，取得出售价款时应编制的会计分录是（　　）。

A. 借记“银行存款”科目，贷记“固定资产清理”科目

B. 借记“银行存款”科目，贷记“营业外收入”科目

C. 借记“银行存款”科目，贷记“其他业务收入”科目

D. 借记“银行存款”科目，贷记“主营业务收入”科目

72. 银行汇票存款通过（　　）账户进行核算。

A. “银行存款”　B. “应收票据”

C. “其他货币资金”　D. “银行汇票存款”

73. 在货币计量前提下，我国企业的会计核算可以选用一种外币作为记账本位币，但其编制的财务会计报告应折算为（　　）反映。

A. 记账本位币　B. 功能货币　C. 人民币　D. 某种外币

74. 在收付实现制下不能确认为当期费用的项目是（　　）。

A. 支付下年报纸、杂志费　B. 预提本月短期借款利息

C. 支付全年的财产保险费　D. 支付当月管理部门房屋的租金

75. 下列各项中，（　　）不应确认为费用。

A. 广告宣传费　B. 固定资产净损失

C. 管理费用　D. 财务费用

76. 负债按照预计期限内需要偿还的未来净现金流出量的折现金额计量，所采用的计量属性是（　　）。

A. 历史成本　B. 可变现净值　C. 公允价值　D. 现值

77. 某企业年初资产总额为 200 万元，所有者权益总额为 150 万元，本年度新增投资 20 万元，年末负债总额为 60 万元。该企业年末资产总额为（　　）万元。

A. 220　B. 260　C. 210　D. 230

78. 在借贷记账法下，关于余额试算平衡法平衡公式的表述中，正确的是（　　）。

A. 全部总分类科目借方发生额合计=全部总分类科目贷方发生额合计

B. 全部总分类科目借方期初余额合计=全部总分类科目借方期末余额合计

C. 全部总分类科目贷方期初余额合计=全部总分类科目贷方期末余额合计

D. 全部总分类科目借方期末余额合计=全部总分类科目贷方期末余额合计

79. 下列关于原始凭证金额错误处理方法的表述中，正确的是（　　）。

A. 在原始凭证上更正　B. 由出具单位更正并且加盖公章

C. 由经办人更正　D. 由出具单位重开，不得在原始凭证上更正

80. 审核原始凭证的（　　）包括审核原始凭证所记录的经济业务是否符合企业生产经营活动的需要、是否符合有关的计划和预算的目的。

A. 合理性　B. 合法性　C. 真实性　D. 完整性

81. 用来专门记载一定时期内发生的某类经济业务的账簿是（　　）。

A. 普通日记账　B. 特种日记账　C. 总分类账　D. 明细分类账

82. 结账时，应当划通栏双红线的是（　　）。
A. 12月月末结出全年累计发生额后　B. 各月末结出全年累计发生额后
C. 结出本季累计发生额后　D. 结出当月发生额后
83. 记账凭证账务处理程序是最基本的账务处理程序，其优点很多，但对于经济业务较多的企业，采用该程序的缺点是（　　）。
A. 记账工作量太大　B. 不便于理解
C. 不便于查对账目　D. 不利于会计核算的分工
84. 在汇总记账凭证账务处理程序下，汇总转账凭证应当按（　　）科目进行设置。
A. 借方　B. 贷方　C. 增加　D. 减少
85. 对实物资产进行清查盘点时，下列各项中，必须在场的人员是（　　）。
A. 实物保管员　B. 记账人员　C. 会计主管　D. 单位领导
86. 企业通过实地盘点法先确定期末存货的数量，然后倒挤出本期发出存货的数量，下列选项中，反映这种处理制度的是（　　）。
A. 权责发生制　B. 收付实现制　C. 账面盘存制　D. 实地盘存制
87. 下列关于财务会计报告的表述中，正确的是（　　）。
A. 资产负债表中确认的资产都是企业所拥有的资产
B. 实际工作中，为使会计报表及时报送，企业可以提前结账
C. 季度、月度财务报告通常仅指会计报表，会计报表至少应包括资产负债表和利润表
D. 半年度财务报告主要包括会计报表，不包括会计报表附注及财务情况说明书
88. 正常营业周期是指（　　）。
A. 一年　B. 短于一年　C. 长于一年　D. 以上都有可能
89. “利润分配”账户的年末余额如果在借方，其借方余额表示的是（　　）。
A. 历年累计未分配的利润　B. 本年未分配的利润
C. 历年累计未弥补的亏损　D. 本年未弥补的亏损
90. 计提生产设备的折旧时应借记的会计科目是（　　）。
A. “制造费用”　B. “累计折旧”
C. “生产成本”　D. “其他业务成本”

二、多项选择题（下列各题有两个或两个以上正确答案，每题1.5分，共10题。不选、少选、多选或错选均不得分）

91. 下列关于会计账簿与账户关系的说法中，正确的是（　　）。
A. 账户存在于账簿之中，账簿中的每一账页就是账户的存在形式和载体
B. 没有账簿，账户就无法存在
C. 账簿只是一个外在形式，账户才是其真实内容
D. 账簿与账户的关系是形式和内容的关系
92. 各种账务处理程序的基本相同点是（　　）。
A. 填制记账凭证的依据相同　B. 登记明细分类账的依据和方法相同
C. 登记总分类账的依据和方法相同　D. 编制会计报表的依据和方法相同

93. 会计分录的内容包括（　　）。

A. 经济业务内容摘要　　B. 会计科目名称

C. 经济业务发生额　　D. 应借应贷方向

94. 下列各项中，以"资产=负债+所有者权益"这一会计恒等式为理论依据的是（　　）。

A. 平行登记　B. 复式记账　C. 编制资产负债表　D. 成本计算

95. 下列各项中，（　　）属于财务会计报告的使用者。

A. 投资者　B. 债权人　C. 政府及相关机构　D. 单位管理人员

96. 下列属于非流动资产的是（　　）。

A. 交易性金融资产　　B. 固定资产

C. 无形资产　　D. 长期待摊费用

97. 下列情况下，（　　）可以用红色墨水笔记账。

A. 结账　B. 划线　C. 改错　D. 冲账

98. 下列各项中，（　　）属于原始凭证书写时应当注意的事项。

A. 不得使用未经国务院公布的简化汉字

B. 小写金额用阿拉伯数字逐个书写，也可以写连笔字

C. 金额数字一律填写到角、分，无角、分的，写"00"或符号"-"，有角无分的，分位写"0"，不得用符号"-"

D. 在金额前要填写人民币符号"¥"，人民币符号"¥"与阿拉伯数字之间不得留有空白

99. 下列各项中，可能引起企业银行存款日记账和银行对账单余额不一致的是（　　）。

A. 企业错账、漏账　　B. 银行错账、重账

C. 未达账项　　D. 应收账款

100. 下列各项中，（　　）应在年末将余额转入"本年利润"账户。

A. "主营业务收入"　　B. "制造费用"

C. "管理费用"　　D. "营业外收入"

三、判断题（每题 1 分，共 20 题，正确的打"√"，错误的打"×"。不答不得分）

101.（　　）会计主体一般都是法律主体，但法律主体不一定是会计主体。

102.（　　）为了保证会计信息的可比性，总分类科目一般由各省财政厅统一设置。

103.（　　）所有者权益与负债都是企业资产的来源。

104.（　　）企业在与外单位发生的任何经济业务中，取得的各种书面证明都是原始凭证。

105.（　　）启用订本式账簿时应当从第一页到最后一页顺序编定页数，不得跳页、缺号。

106.（　　）账务处理程序就是通过建立凭证、账簿和报表组织体系，并按一定的步骤或程序将三者有机结合起来，以实现最终产生并提供有用会计信息的目的。

107.（　　）年度终了，"利润分配"各明细分类账均无余额。

108.（　　）资本公积和盈余公积均可以用来转增资本，但只有盈余公积是从税后利润提取的。

109.（　　）实质重于形式原则要求企业应当按照交易或事项的法律形式进行确认、计量和报告。

110.（　　）企业收到投资者出资额超过其在注册资本中所占份额的部分，应当计入“盈余公积”。

111.（　　）“税金及附加”科目主要核算企业经营活动发生的增值税、消费税、所得税等相关税费。

112.（　　）银行存款余额调节表、银行进账单都是会计档案。

113.（　　）资产负债表的格式有账户式和报告式两种，我国企业的资产负债表采用账户式结构。

114.（　　）登记账簿要用蓝黑墨水笔或碳素墨水笔书写，不得使用铅笔书写，但可使用钢笔或圆珠笔书写。

115.（　　）记账凭证汇总表账务处理程序是会计核算中最基本的账务处理程序，其他账务处理程序都是在这种账务处理程序的基础上发展、演变形成的。

116.（　　）根据总分类账与明细分类账平行登记的要求，每项经济业务必须在同一天登记明细分类账和总分类账。

117.（　　）从外单位取得的原始凭证遗失时，必须取得原签发单位盖有公章的证明，并注明原始凭证的号码、金额、内容等，由经办单位会计机构负责人、会计主管人员审核签章后，才能代作原始凭证。

118.（　　）资产类科目结构与费用类科目结构完全相同。

119.（　　）企业计划于8月10日购入一台设备，设备款为20万元，因为可以准确预计，所以企业应于5月10日将应付的设备款确认为企业的负债。

120.（　　）所得税的计算是财务成果计算和处理的一个重要方面。

四、计算分析题（每小题1分，共4道大题，20分。答错、不答均不得分）

题目一：

1）A公司2021年11月20日至月末银行存款日记账所记载的经济业务如下：

（1）20日，开出支票#050计11 700元，用以支付购料款。

（2）21日，收到X企业开来的销货款转账支票35 100元。

（3）23日，开出支票#051计3 400元，支付购料的运杂费。

（4）26日，开出支票#052计1 000元，支付下半年的报纸杂志费。

（5）29日，收到D公司开来的销货款现金支票5 850元。

（6）30日，银行存款日记账的账面余额为92 800元。

2）银行对账单所列11月20日至月末的经济业务如下：

（1）22日，收到销货款转账支票35 100元。

（2）23日，收到A公司开出的支票#050，金额为11 700元。

（3）25日，收到A公司开出的支票#051，金额为3 400元。

（4）26日，银行为A公司代付本月电话费1 280元。

（5）29日，为A公司代收外地购货方汇来的货款6 800元。

（6）30日，结算银行借款利息650元。

（7）30日，银行对账单的存款余额为92 820元。

要求：根据上述资料，代A公司完成以下银行存款余额调节表的编制。

银行存款余额调节表

编制单位：A公司　　　　2021年11月30日　　　　单位：元

项　目	金　额	项　目	金　额
企业银行存款日记账余额	92 800	银行对账单余额	92 820
加：银行已收、企业未收的款项合计	121.	加：企业已收、银行未收的款项合计	5 850
减：银行已付、企业未付的款项合计	122.	减：企业已付、银行未付的款项合计	124.
调节后的余额	123.	调节后的余额	125.

题目二：Y公司为增值税一般纳税人，2021年12月发生如下经济业务：

（1）开出现金支票从银行提取现金2 000元备用。

（2）用现金支付生产车间办公用品费440元。

（3）收到B公司前欠货款80 000元，存入银行。

（4）向C工厂销售A产品一批，不含增值税的售价为100 000元，增值税税额为13 000元，款项尚未收到。

（5）接到开户银行的通知，收到D公司前欠货款150 000元。

要求：根据上述资料编制会计分录。

126.

127.

128.

129.

130.

题目三：Y公司所得税税率为25%，该公司2021年的收入和费用资料如下：

单位：元

账户名称	借方发生额	贷方发生额
主营业务收入		800 000
其他业务收入		120 000
营业外收入		15 000
投资收益		20 000
主营业务成本	460 000	
其他业务成本	80 000	
税金及附加	8 000	
销售费用	10 800	
管理费用	13 500	
财务费用	1 700	
资产减值损失	2 000	
营业外支出	4 000	

请计算Y公司2021年度利润表中下列项目的金额：

131. 营业收入=（ ）元

132. 营业成本=（ ）元

133. 营业利润=（ ）元

134. 利润总额=（ ）元

135. 净利润=（ ）元

题目四：甲公司2021年12月发生以下业务：

（1）12月1日，向银行借入一笔生产经营用短期借款，共计600 000元，期限为9个月，年利率为5%，根据与银行签署的借款协议，该项借款的本金到期一次归还，利息按月预提，按季支付。

（2）12月2日，向乙公司销售一批商品，开具增值税专用发票上注明售价为800 000元，增值税税额为104 000元，商品已发出，货款尚未收到。该批商品的成本为600 000元。

（3）12月3日，甲公司购入一批原材料，取得增值税专用发票上记载的价款为400 000元，增值税税额为52 000元，材料验收入库，款项尚未支付。

（4）12月31日，计提固定资产折旧24 000元，其中管理用设备折旧4 000元，生产设备折旧20 000元。

（5）12月31日，对应收乙公司账款进行减值测试，预计其未来现金流量现值为560 000元。

除上述资料外，不考虑其他因素。

要求：根据上述资料，逐笔编制会计分录。

全真模拟试卷二

一、单项选择题（下列各题只有一个正确答案，每题 0.5 分，共 90 题。不选、错选均不得分）

1. 下列不属于原始凭证审核内容的是（　　）。

A. 凭证是否有填制单位的公章和填制人员的签章

B. 会计科目使用是否正确

C. 凭证是否符合规定的审核程序

D. 凭证是否符合有关的计划和预算

2. 下列关于负债的表述中，正确的是（　　）。

A. 负债是企业过去的交易或事项形成的，预期会导致经济利益流出企业的现时义务

B. 负债是企业现在的交易或事项形成的，预期会导致经济利益流出企业的未来义务

C. 负债是企业过去的交易或事项形成的，预期会导致经济利益流出企业的未来义务

D. 负债是企业现在的交易或事项形成的，预期会导致经济利益流出企业的现时义务

3. 某企业月初甲产品在产品成本为 7 800 元，本月为生产甲产品投入生产费用 18 000 元，月末有在产品成本 6 200 元，则本月完工入库甲产品成本为（　　）元。

A. 19 600　　B. 25 800　　C. 18 000　　D. 11 800

4. 记账后在当年内发现记账凭证所记的会计科目错误，从而引起记账错误，应采用（　　）。

A. 平行登记法　　B. 划线更正法　　C. 补充登记法　　D. 红字更正法

5. 适用于规模较小、业务量不多的单位的账务处理程序是（　　）。

A. 多栏式日记账账务处理程序　　B. 记账凭证账务处理程序

C. 汇总记账凭证账务处理程序　　D. 科目汇总表账务处理程序

6. 根据资产与权益的恒等关系及借贷记账法的记账规则，检查所有科目记录是否正确的过程称为（　　）。

A. 查账　　B. 复式记账　　C. 对账　　D. 试算平衡

7. 在实际工作中，企业一般以（　　）作为财产物资的盘存制度。

A. 权责发生制　　B. 永续盘存制　　C. 收付实现制　　D. 实地盘存制

8. 年终结账后，“利润分配——未分配利润”科目的余额（　　）。

A. 在贷方　　B. 无余额

C. 在借方　　D. 既有可能在贷方，又有可能在借方

9. 对会计要素具体内容进行总括分类、提供总括信息的会计科目称为（　　）。

A. 备查科目　　B. 二级科目　　C. 明细分类科目　　D. 总分类科目

10. 记账凭证应根据审核无误的（　　）编制。

A. 原始凭证　　B. 转账凭证　　C. 付款凭证　　D. 收款凭证

11. 将账簿划分为序时账簿、分类账簿和备查账簿的依据是（　　）。
   A. 账簿的用途　B. 账页的格式　C. 账簿的性质　D. 账簿的外形特征
12. 下列关于借贷记账法的表述中，正确的是（　　）。
   A. 在借贷记账法下，可以利用试算平衡检查出所有记账错误
   B. 借贷记账法是复式记账法的一种
   C. 在借贷记账法下，资产增加记借方，负债减少记贷方
   D. 在借贷记账法下，"借"代表增加，"贷"代表减少
13. （　　）是会计核算的中心环节。
   A. 设置和登记账簿　B. 编制财务会计报告
   C. 进行成本计算　D. 填制和审核会计凭证
14. 下列经济业务中，不会发生的是（　　）。
   A. 资产不变，权益有增有减　B. 权益不变，资产有增有减
   C. 资产增加，权益增加　D. 资产减少，权益增加
15. "实存账存对比表"是一种（　　）。
   A. 原始凭证　B. 会计账簿　C. 备查账簿　D. 记账凭证
16. 专设销售机构职工的工资应计入（　　）科目的贷方。
   A. "销售费用"　B. "应付职工薪酬"
   C. "生产成本"　D. "管理费用"
17. 以下属于汇总记账凭证账务处理程序主要缺点的是（　　）。
   A. 不便于体现账户间的对应关系　B. 登记总分类账的工作量较大
   C. 编制汇总转账凭证的工作量较大　D. 不便于进行账目的核对
18. 企业的库存现金日记账、银行存款日记账的保管期限为（　　）。
   A. 25年　B. 15年　C. 3年　D. 永久
19. 在下列经济业务中，只能引起同一个会计要素内部增减变动的业务是（　　）。
   A. 取得借款存入银行　B. 用银行存款归还前欠货款
   C. 赊购原材料　D. 用银行存款购买材料
20. 企业固定资产可以按照其价值和使用情况，确定采用某一方法计提折旧，所依据的会计核算前提是（　　）。
   A. 会计主体　B. 持续经营　C. 货币计量　D. 会计分期
21. 下列各项中，（　　）属于既是在经济业务发生或完成时取得或填制的，也是用以记录或证明经济业务的发生或完成情况的书面证明。
   A. 原始凭证　B. 记账凭证　C. 收款凭证　D. 付款凭证
22. 企业对会计要素进行计量时，一般应当采用（　　）。
   A. 现值　B. 重置成本　C. 历史成本　D. 公允价值
23. 在借贷记账法下，资产类科目的期末余额等于（　　）。
   A. 期初余额+借方发生额-贷方发生额
   B. 期初余额-借方发生额-贷方发生额
   C. 期初余额-借方发生额+贷方发生额
   D. 期初余额+借方发生额+贷方发生额

24. 某一般纳税企业购入不需要安装设备一台，取得的增值税专用发票注明：买价 40 000 元，增值税税额为 5 200 元，另支付运杂费 1 200 元，保险费 600 元。则该设备的入账价值为（　　）元。

A. 48 000　　B. 48 600　　C. 41 200　　D. 41 800

25. 下列各项中，属于在记账凭证账务处理程序中，需要对所发生的经济业务事项，根据原始凭证或汇总原始凭证编制的是（　　）。

A. 记账凭证　　B. 汇总记账凭证　　C. 科目汇总表　　D. 原始凭证

26. 会计报表中各项目数字的直接来源是（　　）。

A. 原始凭证　　B. 账簿记录　　C. 记账凭证　　D. 日记账

27. 下列明细分类账中，一般不宜采用三栏式账页格式的是（　　）。

A. 应收账款明细账　　B. 原材料明细账

C. 实收资本明细账　　D. 应付账款明细账

28. 下列对账工作中属于账实核对的是（　　）。

A. 总分类账与所属明细分类账核对

B. 会计部门的财产物资明细分类账与财产物资保管部门的有关明细分类账相核对

C. 总分类账与日记账核对

D. 银行存款日记账与银行对账单核对

29. 根据一定时期内反映相同经济业务的多张原始凭证，按一定标准综合后一次填制完成的原始凭证是（　　）。

A. 一次凭证　　B. 累计凭证　　C. 汇总凭证　　D. 记账凭证

30. 银行代企业支付水电费，银行已入账，企业未收到通知，未入账，在编制银行存款余额调节表时，该笔金额应在（　　）。

A. 银行对账单上加　　B. 企业银行存款日记账上加

C. 企业银行存款日记账上减　　D. 银行对账单上减

31. 下列资产负债表项目中，（　　）是直接根据总分类账户余额填列的。

A. “固定资产清理”　　B. “应收账款”

C. “长期借款”　　D. “存货”

32. 企业从应付职工工资中代扣的职工房租，应贷记的会计科目是（　　）。

A. “应付职工薪酬”　　B. “银行存款”

C. “其他应收款”　　D. “其他应付款”

33. 在可预见的未来，会计主体不会破产清算，所持有的资产将正常营运，所负有的债务将正常偿还。这属于（　　）。

A. 会计分期假设　　B. 会计主体假设　　C. 持续经营假设　　D. 货币计量假设

34. 下列关于限额领料单性质的描述中，正确的是（　　）。

A. 属于外来原始凭证　　B. 属于累计凭证

C. 属于一次凭证　　D. 属于汇总凭证

35. 库存现金清查中，对无法查明原因的长款，经批准应计入（　　）科目。

A. “管理费用”　　B. “其他应付款”　　C. “其他应收款”　　D. “营业外收入”

36. 资产负债表是反映企业（　　）财务状况的会计报表。

A. 某一年份内　B. 某一月份内　C. 一定时期内　D. 某一特定日期

37. 下列账簿中可以采用卡片账的是（　　）。

A. 现金总分类账　B. 固定资产总分类账

C. 原材料总分类账　D. 固定资产明细分类账

38. 下列凭证中，不能作为登记总分类账依据的是（　　）。

A. 汇总记账凭证　B. 记账凭证　C. 科目汇总表　D. 原始凭证

39. 下列报表中，（　　）属于对外静态会计报表。

A. 资产负债表　B. 产品生产成本表

C. 利润表　D. 现金流量表

40. 对所发生的经济业务事项，根据原始凭证或汇总原始凭证编制记账凭证，然后直接根据记账凭证逐笔登记总分类账。下列各项中，（　　）属于这种账务处理程序。

A. 记账凭证账务处理程序　B. 汇总记账凭证账务处理程序

C. 科目汇总表账务处理程序　D. 不存在这种账务处理程序

41. （　　）假设为会计核算提供了必要手段。

A. 会计主体　B. 货币计量　C. 持续经营　D. 会计分期

42. 下列各项中，“预付账款”项目填列的依据是（　　）。

A. 应付账款和预付账款总分类账科目所属明细分类科目的期末借方余额之和

B. 预付账款和预收账款总分类账科目所属明细分类科目的期末借方余额之和

C. 应付账款和应收账款总分类账科目所属明细分类科目的期末借方余额之和

D. 应付账款和预收账款总分类账科目所属明细分类科目的期末借方余额之和

43. 汇兑损失应计入（　　）科目。

A. “营业外支出”　B. “管理费用”　C. “财务费用”　D. “销售费用”

44. 下列会计分录中，属于复合会计分录的是（　　）。

A. 借：制造费用　500
　　贷：库存现金　500

B. 借：管理费用——维修费　80 000
　　贷：原材料——甲材料　60 000
　　　　　　——乙材料　20 000

C. 借：制造费用　10 000
　　管理费用　5 000
　　贷：累计折旧　15 000

D. 借：银行存款　80 000
　　贷：实收资本——A 公司　55 000
　　　　　　——B 公司　25 000

45. 在某些情况下，企业应当进行全面清查，下列各项正确的是（　　）。

A. 企业总经理调离工作前　B. 出纳人员调离工作前

C. 库房失火后　D. 库房管理员更换前

46. 我国实行公历制会计年度是基于（　　）的基本会计假设。

A. 会计主体　B. 货币计量　C. 会计分期　D. 持续经营

47. “公允价值变动损益”科目按反映的经济业务内容不同，属于（　　）类科目。

A. 资产　B. 负债　C. 所有者权益　D. 损益

48. 对某项经济业务事项按照复式记账的要求，标明应借、应贷科目名称及其金额的记录称为（　　）。

A. 科目　　B. 对应关系　　C. 会计分录　　D. 对应科目

49. 填制记账凭证时，错误的做法是（　　）。

A. 根据每一张原始凭证填列

B. 根据若干张同类原始凭证汇总填制

C. 将若干张不同内容和类别的原始凭证汇总填制在一张记账凭证上

D. 根据原始凭证汇总表填制

50. “应交税费——应交增值税”账户的明细账的账页格式主要采用（　　）。

A. 三栏式　　B. 多栏式　　C. 数量金额式　　D. 横线登记式

51. 企业存货盘亏，属于一般经营损失，应该在批准处理后计入（　　）科目。

A. “管理费用”　　B. “营业外支出”

C. “销售费用”　　D. “生产成本”

52. 在资产负债表中，资产是按照（　　）排列的。

A. 清偿时间的先后顺序　　B. 会计人员的填写习惯

C. 金额大小　　D. 流动性大小

53. 反映财务状况的等式是（　　）。

A. 资产=负债+所有者权益　　B. 收入-费用=利润

C. 资产=负债+所有者权益+利润　　D. 资产=负债+所有者权益+收入-费用

54. 短期借款的期限通常在（　　）。

A. 一年以上　　B. 一年以下（含一年）

C. 一个经营周期以内　　D. 一个经营周期以上

55. 总分类账户与明细分类账户平行登记四要点中的“依据相同”是指（　　）。

A. 总分类账要根据明细分类账进行登记

B. 明细分类账要根据总分类账进行登记

C. 根据同一会计凭证登记

D. 由同一人员进行登记

56. 下列属于通用凭证的是（　　）。

A. 领料单　　B. 工资计算表　　C. 增值税专用发票　　D. 借款单

57. 下列关于会计账簿记账规则的表述中，不正确的是（　　）。

A. 对订本式账簿，不得任意撕毁账页，但是对活页式账簿，如在登记过程中不慎出现空页，可将其抽出替换

B. 根据审核无误的会计凭证登记账簿时，应按照凭证上的日期来填写账簿上的日期栏

C. 凡需结出余额的账户，结出余额后，应在“借或贷”栏内写明“借”或“贷”字样。没有余额的账户，应在“借或贷”栏内写“平”字，并在余额栏内用“θ”表示

D. 账页记满时，应办理转页手续

58. 对于盘亏、毁损的存货，经批准后进行账务处理时，不可能涉及的借方账户是（　　）。

A. “其他应收款”　B. “营业外支出”　C. “营业外收入”　D. “原材料”

59. 企业财务会计报告所提供的信息资料应具有时效性，这是指编制财务会计报告应符合（　　）的要求。

A. 真实可靠　　B. 相关可比　　C. 全面完整　　D. 编报及时

60. 销售产品一批，价款 100 000 元，增值税税额 13 000 元，货款尚未收到。该笔经济业务编写的会计分录是（　　）。

A. 一借一贷　　B. 一借多贷　　C. 一贷多借　　D. 多借多贷

61. 企业无论从何种途径取得的材料，入库时都要通过（　　）科目核算。

A. “在途物资”　　B. “应付票据”

C. “原材料”　　D. “应付账款”

62. 下列各项中，不通过“管理费用”科目核算的是（　　）。

A. 开办费　　B. 职工差旅费　　C. 广告费　　D. 印花税

63. 以下应作为债权处理的项目是（　　）。

A. 应付账款　　B. 应交税费　　C. 预收款项　　D. 预付款项

64. 企业负债按偿还期的不同，分为流动负债和非流动负债，下列属于非流动负债项目组的是（　　）。

A. 短期借款和长期借款　　B. 应付债券和长期应付款

C. 应付账款和长期应付款　　D. 预收账款和应付利息

65. 下列账户中，期末结转后无余额的账户有（　　）。

A. “银行存款”　　B. “生产成本”　　C. “固定资产”　　D. “制造费用”

66. 记账凭证填制完毕加计合计数以后，如有空行应（　　）。

A. 空置不填　　B. 划线注销　　C. 盖章注销　　D. 签字注销

67. 订本式账簿主要适用于（　　）。

A. 债权、债务明细分类账　　B. 收入、费用明细分类账

C. 材料、商品明细分类账　　D. 总分类账、日记账

68. 对贵重的财产物资，应每月清查盘点一次。此类财产清查通常称为（　　）清查。

A. 局部　　B. 全面　　C. 不定期　　D. 非重点

69. 以下说法不正确的是（　　）。

A. 通过资产负债表项目金额及其相关比率的分析，可以帮助报表使用者全面了解企业的资产状况、盈利能力，分析企业的债务偿还能力，从而为未来的经济决策提供参考信息

B. 负债一般分为流动负债和长期负债

C. 账户式资产负债表分为左右两方，左方为资产项目

D. 账户式资产负债表分为左右两方，右方为资产项目

70. 甲公司 2021 年年初“利润分配——未分配利润”科目的余额在借方，金额为 50 万元，2021 年实现净利润 200 万元，提取盈余公积 20 万元，分配利润 50 万元，则 2021 年年末未分配利润的数额为（　　）万元。

A. 130　　B. 150　　C. 80　　D. 180

71. 某企业用盈余公积转增了实收资本。下列各项中，（　　）表明了此业务对会计要素的影响。

A. 资产增加　　B. 负债减少

C. 所有者权益增加　　D. 所有者权益不变

72. 甲企业与乙企业之间存在购销关系，甲企业定期将“应收账款——乙企业”明细分类账与乙企业的“应付账款——甲企业”明细分类账进行核对。下列各项中，（　　）准确描述了这种对账性质。

A. 账证核对　　B. 账账核对　　C. 账实核对　　D. 余额核对

73. 月末，企业将期间费用账户的借方发生额转入（　　）。

A. “生产成本”账户的借方　　B. “利润分配”账户的借方

C. “本年利润”账户的借方　　D. “本年利润”账户的贷方

74. 下列应确认为资产的是（　　）。

A. 长期闲置且不再使用和转让的厂房

B. 已超过保质期的食品

C. 自然使用寿命已满但仍在使用的设备

D. 已签订合同拟于下月购进的材料

75. 某企业资产总额为 200 万元，负债总额为 40 万元，在将 20 万元负债转为投入资本后，所有者权益总额为（　　）万元。

A. 140　　B. 180　　C. 160　　D. 200

76. 付款凭证左上角的“贷方科目”可能登记的科目是（　　）。

A. “预付账款”　　B. “银行存款”　　C. “预收账款”　　D. “其他应付款”

77. 年终结账，将余额结转下年时，（　　）。

A. 不需要编制记账凭证，但应将上年科目的余额结平

B. 应编制记账凭证，并将上年科目的余额结平

C. 不需要编制记账凭证，只要将上年科目的余额直接结转下年即可

D. 应编制记账凭证予以结转

78. 编制银行存款余额调节表时，本单位银行存款调节后的余额等于（　　）。

A. 本单位银行存款余额+本单位已记增加而银行未记增加的账项-银行已记增加而本单位未记增加的账项

B. 本单位银行存款余额+银行已记增加而本单位未记增加的账项-银行已记减少而本单位未记减少的账项

C. 本单位银行存款余额+本单位已记增加而银行未记增加的账项-本单位已记增加而银行未记增加的账项

D. 本单位银行存款余额+银行已记减少而本单位未记减少的账项-银行已记增加而本单位未记增加的账项

79. 利润表按其报送的对象不同，属于（　　）。

A. 基本报表　　B. 对外会计报表

C. 对内会计报表　　D. 静态会计报表

80. 企业计提坏账准备，应贷记的科目是（　　）。

A. “管理费用”　　B. “营业外支出”

C. “资产减值损失”　　D. “坏账准备”

81. 某企业资产总额为 12.6 万元，负债总额为 4.8 万元，本年度取得收入共计 8.9 万元，发生费用共计 9.3 万元，月末负债总额为 5 万元。该企业年末资产总额为（　　）万元。

A. 12.4　　B. 12.2　　C. 12.8　　D. 13.1

82. 小王出差回来报销差旅费 2 600 元，原借 3 000 元，交回多余现金 400 元。下列关于该报销业务的会计分录中，正确的是（　　）。

A. 借：库存现金　400
　　管理费用　2 600
　　贷：银行存款　3 000

B. 借：库存现金　400
　　管理费用　2 600
　　贷：其他应收款　3 000

C. 借：管理费用　3 000
　　贷：其他应收款　3 000

D. 借：管理费用　3 000
　　贷：应收账款　3 000

83. 下列不属于总分类账科目的是（　　）。

A. “固定资产”　　B. “应交税费”　　C. “应交增值税”　　D. “预付账款”

84. 下列会计等式中，（　　）正确反映了企业在任一时点所拥有的资产以及债权人和所有者对企业要求权的基本状况。

A. 资产=负债+所有者权益

B. 资产=负债+所有者权益+收入

C. 资产=负债+所有者权益+收入-费用

D. 收入-费用=利润

85. 折旧计算表属于（　　）。

A. 转账凭证　　B. 自制原始凭证　　C. 收款凭证　　D. 付款凭证

86. 年终结账时，要在总账摘要栏内注明“本年合计”字样，结出全年发生额和年末余额，并在合计数（　　）。

A. 上方通栏划单红线　　B. 下方通栏划单红线

C. 上方通栏划双红线　　D. 下方通栏划双红线

87. 下列说法不正确的是（　　）。

A. 不需要根据“银行存款余额调节表”做任何账务处理

B. 对于未达账项，等以后有关原始凭证到达后再做账务处理

C. 如果调整之后双方的余额不相等，则说明银行或企业记账有误

D. 对于未达账项，需要根据“银行存款余额调节表”做账务处理

88. 企业收到投资方以库存现金投入的资本，实际投入的金额在注册资本中所占份额的部分，应计入（　　）科目。

A. “实收资本或股本”　　B. “资本公积”

C. “盈余公积”　　D. “利润分配”

89. 某企业收到客户交来的包装物押金（支票）500 元，下列会计分录正确的是（　　）。

A. 借：银行存款　　500
　　贷：包装物　　500

B. 借：银行存款　　500
　　贷：应付账款　　500

C. 借：库存现金　　500
　　贷：其他业务收入　　500

D. 借：银行存款　　500
　　贷：其他应付款　　500

90. 下列关于库存现金日记账的表述中，正确的是（　　）。

A. 库存现金日记账应当每月结出发生额和余额

B. 库存现金日记账应当每 15 天结出发生额

C. 库存现金日记账应当每隔 3 ~ 5 天结出余额

D. 库存现金日记账应当每日结出发生额和余额

二、多项选择题（下列各题有两个或两个以上正确答案，每题 1.5 分，共 10 题。不选、少选、多选或错选均不得分）

91. 原始凭证作为会计凭证之一，其作用可以是（　　）。

A. 作为登账的依据　　B. 作为编表的依据

C. 记录经济业务　　D. 明确经济责任

92. 下列项目中属于长期负债的是（　　）。

A. “应付债券”　B. “其他应付款”　C. “长期应付款”　D. “长期借款”

93. 记账凭证审核的主要内容有（　　）。

A. 项目是否齐全　B. 内容是否真实　C. 数量是否正确　D. 科目是否正确

94. 下列各账户中，只需反映金额指标的是（　　）。

A. “实收资本”账户　　B. “原材料”账户

C. “库存商品”账户　　D. “短期借款”账户

95. 下列项目中，应计入“营业外支出”科目的是（　　）。

A. 捐赠支出　B. 借款利息　C. 广告费　D. 固定资产盘亏

96. 下列各项中，（　　）属于账簿按照账页格式不同所做的分类。

A. 单式账簿　B. 三栏式账簿　C. 多栏式账簿　D. 数量金额式账簿

97. 下列各项中，（　　）属于企业财产清查的内容。

A. 货币资金　　B. 实物资产

C. 应收、应付款项　　D. 对外投资

98. 借记有关账户，贷记“待处理财产损溢”账户的会计分录，所反映的经济业务内容正确的是（　　）。

A. 发生的盘盈数　　B. 批准处理的盘亏、毁损数

C. 批准处理的盘盈数　　D. 发生的盘亏、毁损数

99. 下列各项中，（　　）可以作为会计主体。

A. 企业集团　B. 企事业法人　C. 非法人单位　D. 行政机关

100. 下列等式正确的是（　　）。

A. 资产=负债+所有者权益

B. 营业利润=主营业务收入+其他业务收入−主营业务成本−其他业务成本+投资收益+

公允价值变动收益

C. 利润总额=营业利润+营业外收入-营业外支出

D. 净利润=利润总额-所得税费用

三、判断题（每题1分，共20题，正确的打“√”，错误的打“×”。不答不得分）

101.（ ）经济业务的发生，可能使资产与权益总额发生变化，但是不会破坏会计基本等式的平衡关系。

102.（ ）采用实际成本进行材料日常核算的企业，已采购但尚未到达或验收入库的材料采购成本应计入“在途物资”科目。

103.（ ）转账凭证只登记与货币资金收付无关的经济业务。

104.（ ）固定资产处置净损益最终形成营业外收支。

105.（ ）“短期借款”账户的期末余额，表示企业期末尚未偿还的短期借款的本息。

106.（ ）期间费用包括销售费用、管理费用、财务费用和制造费用。

107.（ ）月末一次加权平均法平时逐笔登记入库存货的数量、单价和金额，发出存货只登记数量，不登记单价和金额。

108.（ ）资产负债表的“期末余额”栏各项目主要是根据总分类账或有关明细分类账本期发生额直接填列的。

109.（ ）科目的左方和右方，哪一方登记增加，哪一方登记减少，取决于所记录经济业务和科目的性质。

110.（ ）一般情况下债权债务明细账采用数量金额式。

111.（ ）各项借款、应付和预付款项都是企业的债务。

112.（ ）购入材料时在运输途中发生的合理损耗应计入“管理费用”。

113.（ ）记账凭证对经济业务的发生和完成有证明效力。

114.（ ）年度终了，日记账、总分类账和所有明细分类账都必须更换新账，不能延续使用旧账。

115.（ ）记账凭证账务处理程序的优点之一是记账程序简单明了，易于理解。

116.（ ）永续盘存制和实地盘存制最主要的区别在于是否需要进行盘点。

117.（ ）如果“固定资产清理”账户出现贷方余额，在资产负债表“固定资产清理”项目中以负数填列。

118.（ ）如果企业用银行汇票、银行本票结算，则可以在“银行存款”账户里核算。

119.（ ）当月增加的固定资产，当月计提折旧；当月减少的固定资产，当月不提折旧。

120.（ ）所有者投入的资本，通常表现为货币资金，如现金、银行存款，但有时也表现为存货、固定资产等非货币资产。

四、计算分析题（每小题1分，共4道大题，20分。答错、不答均不得分）

题目一：海华公司2021年发生如下经济事项：

（1）2月1日，海华公司从银行向A证券公司划出资金30 000 000元，用于证券投资。

（2）3月12日，海华公司委托A证券公司从上海证券交易所购入B公司股票200 000股，每股市价8元，另支付相关交易费用3 500元。

（3）4月16日，海华公司出售所持有的所有B公司股票，每股售价11元，另支付相关交易费用 5 200 元。

要求：

121. 编制海华公司向证券公司划出资金的会计分录。

122. 编制海华公司以市价购入 B 公司股票的会计分录。

123. 编制海华公司购入 B 公司股票时支付相关交易费用的会计分录。

124. 编制海华公司出售 B 公司股票的会计分录。

125. 计算海华公司 2021 年度因上述交易或事项而确认投资收益的金额。

题目二：天安公司所得税税率为 25%，该公司 2021 年 1—11 月各损益类账户的累计发生额和 12 月月底转账前各损益类账户的发生额如下：

单位：元

账户名称	12 月份发生额		1—11 月累计发生额	
	借方	贷方	借方	贷方
主营业务收入		318 000		5 000 000
主营业务成本	252 500		2 800 000	
销售费用	2 600		10 000	
税金及附加	1 000		29 000	
其他业务成本	7 000		32 000	
营业外支出	2 000		11 000	
财务费用	3 000		30 000	
管理费用	4 400		50 000	
其他业务收入		9 500		45 000
营业外收入		3 000		
投资收益		20 000		

要求：计算天安公司2021年度利润表中的下列金额：

126. 营业收入=（　　　　）元

127. 营业成本=（　　　　）元

128. 营业利润=（　　　　）元

129. 利润总额=（　　　　）元

130. 净利润=（　　　　）元

题目三：X公司2021年9月余额试算平衡表如下：

余额试算平衡表

制表单位：X　　　　2021年9月　　　　单位：元

会计科目	期末余额	
	借　方	贷　方
库存现金	740	
银行存款	168 300	
应收账款	85 460	
坏账准备		6 500
原材料	66 500	
库存商品	101 200	
存货跌价准备		1 200
固定资产	468 900	
累计折旧		3 350
固定资产清理		5 600
长期待摊费用	14 500	
应付账款		93 000
预收账款		10 000
长期借款		250 000
实收资本		500 000
盈余公积		4 500
利润分配		19 300
本年利润		12 150
合　　计	905 600	905 600

补充资料：

（1）长期待摊费用中含将于一年内摊销的金额8 000元。

（2）长期借款期末余额中含将于一年内到期归还的长期借款100 000元。

（3）应收账款有关明细分类账期末余额情况：　应收账款——A公司　借方余额98 000元

应收账款——B公司　贷方余额12 540元

（4）应付账款有关明细分类账期末余额情况：　应付账款——C公司　贷方余额98 000元

应付账款——D公司　借方余额5 000元

（5）预收账款有关明细分类账期末余额情况：　预收账款——E公司　贷方余额12 000元

预收账款——F公司　借方余额2 000元

要求：完成X公司下列资产负债表（简表）的编制。

资产负债表（简表）

制表单位：X公司　　　　2021年9月30日　　　　单位：元

资　产	年初数	年末数	负债及所有者权益	年初数	年末数
流动资产：	略		流动负债：	略	
货币资金		169 040	应付账款		（133）
应收账款		（131）	预收账款		（134）
预付账款		5 000	一年内到期的非流动负债		100 000
存货		（132）	流动负债合计		（135）
一年内到期的非流动资产		8 000	非流动负债：		
流动资产合计		442 040	长期借款		150 000
非流动资产：			非流动负债合计		150 000
固定资产		465 550	负债合计		372 540
固定资产清理		−5 600	所有者权益：		
长期待摊费用		6 500	实收资本		500 000
非流动资产合计		466 450	盈余公积		4 500
			未分配利润		314 50
			所有者权益合计		535 950
资产合计		908 490	负债及所有者权益合计		908 490

题目四：西进公司2021年4月30日银行存款日记账余额为480 000元，银行对账单余额为630 000元，经核对有下列未达账项：

（1）企业送存转账支票700 000元，银行尚未入账。

（2）企业开出转账支票450 000元，银行尚未入账。

（3）企业委托银行代收外埠货款440 000元，银行收到已经入账，企业未收到银行收款通知，尚未入账。

（4）银行代付水电费40 000元，企业尚未收到银行的付款通知，尚未入账。

要求：根据上述资料编制银行存款余额调节表。

银行存款余额调节表

编制单位：西进公司　　　　2021年4月30日　　　　单位：元

项　目	金　额	项　目	金　额
企业银行存款日记账余额	480 000	银行对账单余额	630 000
加：银行已收、企业未收的款项合计	（1）	加：企业已收、银行未收的款项合计	（3）
减：银行已付、企业未付的款项合计	（2）	减：企业已付、银行未付的款项合计	（4）
调节后的余额	（5）	调节后的余额	（5）

全真模拟试卷三

一、单项选择题（下列各题只有一个正确答案，每题0.5分，共90题。不选、错选均不得分）

1. 在登记账簿时，红色墨水笔不能用于（　　）。

A. 更正错账　B. 记账　C. 结账　D. 冲账

2. 下列适合采用多栏式明细分类账格式核算的是（　　）。

A. “原材料”　B. “制造费用”　C. “应付账款”　D. “库存商品”

3. 银行存款日记账的期末余额和总分类账的银行存款期末余额之间的核对属于（　　）。

A. 总分类账簿有关账户余额的核对　B. 总分类账簿与所属明细分类账簿核对

C. 总分类账簿与序时账簿核对　D. 明细分类账簿之间的核对

4. 记账以后，发现记账凭证中科目正确，但所记金额小于应记金额，应采用的更正方法是（　　）。

A. 划线更正法　B. 红字更正法　C. 补充登记法　D. 平行登记法

5. 对发生贪污、盗窃、受损的财产物资进行财产清查，通常采用（　　）方法。

A. 定期清查　B. 局部清查　C. 分散清查　D. 全面清查

6. 下列各项不是会计凭证、会计账簿、会计报表相结合方式的称谓是（　　）。

A. 账务处理程序　B. 会计核算程序　C. 会计核算形式　D. 会计组织形式

7. 下列对科目汇总表账务处理程序的描述中，不正确的是（　　）。

A. 简化登记总分类账的工作量　B. 反映账户间的对应关系

C. 能进行试算平衡　D. 适用于经济业务较多的单位

8. 企业发生自然灾害或意外损失时的财产清查属于（　　）。

A. 不定期清查　B. 定期清查　C. 全面清查　D. 技术清查

9. 对库存现金进行清查应采用的方法是（　　）。

A. 实地盘点法　B. 抽查检验法　C. 查询核对法　D. 技术推算法

10. 备抵账户是指用来（　　）被调整账户余额，以确定被调整账户实有数额而设置的独立账户。

A. 抵减　B. 附加　C. 抵减和附加　D. 以上都不对

11. 关于会计凭证的归档保管，下列表述错误的是（　　）。

A. 每月记账完毕，应将会计凭证按顺序号排列，装订成册

B. 原始凭证不得外借

C. 从外单位取得的原始凭证遗失时，应由开具单位重开

D. 重要的原始凭证可以单独保管

12. 某企业 2021 年 12 月 1 日负债总额为 30 万元，所有者权益总额为 60 万元，12 月份发生如下业务：①从银行借入期限为 3 个月的借款 2 万元，存入银行；②购入固定资产，价值 5 万元，以银行存款支付；③收到投资者新投入的资本 20 万元，已存入银行。2021 年年底资产总额为（　　）万元。

A. 112　　B. 110　　C. 117　　D. 90

13. 下列属于明细分类账户的是（　　）。

A. "短期借款"　　B. "未分配利润"　　C. "利润分配"　　D. "其他货币资金"

14. 某企业用转账支票归还前欠乙公司的货款 90 万元，会计人员编制的会计凭证：借记"应收账款"，贷记"银行存款"，审核并已经登记入账，该记账凭证（　　）。

A. 没有错误　　B. 有错误，使用划线更正法更正

C. 有错误，使用红字更正法更正　　D. 有错误，使用补充登记法更正

15. 现金处理中，发现现金短缺 300 元，研究决定由出纳赔偿 200 元，余额报损，则批准处理后的会计分录为（　　）。

A. 借：库存现金　　300
　　贷：待处理财产损溢　　300

B. 借：待处理财产损溢　　300
　　贷：库存现金　　300

C. 借：其他应收款　　200
　　　营业外支出　　100
　　贷：待处理财产损溢　　300

D. 借：其他应收款　　200
　　　管理费用　　100
　　贷：待处理财产损溢　　300

16. 采用实地盘存制，平时账簿记录中不能反映（　　）。

A. 财产物资的增加数　　B. 财产物资的减少数

C. 财产物资的增加数和减少数　　D. 财产物资的盘盈数

17. 一般来说，在企业撤销、合并和改变隶属关系时，应对财产进行（　　）。

A. 实地盘点　　B. 定期清查　　C. 全面清查　　D. 局部清查

18. 盈余公积不包括（　　）。

A. 法定盈余公积　　B. 任意盈余公积　　C. 公益金　　D. 资本公积

19. 收款凭证的左上角科目为（　　），登记科目是"库存现金"或"银行存款"。

A. 贷方科目　　B. 借方科目　　C. 固定资产科目　　D. 流动资产科目

20. 符合权益账户记账规则的是（　　）。

A. 增加额记借方　　B. 增加额记贷方　　C. 减少额记贷方　　D. 期末无余额

21. 某企业购买材料一批，并向供货方开出银行承兑汇票一张，承诺 3 个月后付款。如果 3 个月后，企业无力偿付，会计人员对此的会计处理应为（　　）。

A. 借记"应付票据"，贷记"应付账款"

B. 借记"应付票据"，贷记"短期借款"

C. 借记"应付票据"，贷记"预收账款"

D. 借记"应付票据"，贷记"其他应付款"

22. 某企业设立时接受甲用一批原材料作为资本投入。双方在原材料投资合同约定的价值为 10 万元，合同约定的价值和材料的公允价值相符，增值税进项税额为 13 000 元，不考虑其他因素，因甲出资而引起的"实收资本"账户增加值为（　　）万元。

A. 11.7　　B. 10　　C. 17　　D. 无法确定

23. 某公司为宣传新产品发生广告费用 90 000 元，对于这笔费用，应计入的会计科目为（　　）。
    A. “管理费用”　B. “销售费用”　C. “其他业务支出”　D. “营业外支出”
24. 某企业 2021 年度实现净利润 300 万元，经董事会决议，打算按税后利润的 10%提取法定盈余公积，提取盈余公积之后剩余净利润的 80%作为现金股利分配给股东。那么“未分配利润”的贷方余额将增加（　　）万元。
    A. 300　B. 54　C. 270　D. 200
25. 用大写表示 ¥30 010.56 的正确写法是（　　）。
    A. 人民币叁万零壹拾元伍角陆分　B. 人民币三万零十元五角六分
    C. 人民币三万零十元五角六分整　D. 人民币叁万零壹拾元伍角陆分整
26. “应付账款”账户的期末余额等于（　　）。
    A. 期初余额+本期借方发生额-本期贷方发生额
    B. 期初余额-本期借方发生额-本期贷方发生额
    C. 期初余额+本期借方发生额+本期贷方发生额
    D. 期初余额+本期贷方发生额-本期借方发生额
27. 原始凭证按照格式不同可以分为（　　）。
    A. 外来原始凭证和自制原始凭证　B. 一次凭证和累计凭证
    C. 通用凭证和专用凭证　D. 一次凭证和汇总凭证
28. 对某些在序时账簿和分类账簿等主要账簿中都不予登记或登记不够详细的经济业务事项进行补充登记时使用的账簿称为（　　）。
    A. 联合账簿　B. 总分类账簿　C. 备查账簿　D. 日记账
29. 在收付实现制下不能确认为当期费用的项目是（　　）。
    A. 预提本月短期借款利息　B. 支付全年的财产保险费
    C. 支付当月管理部门用房屋租金　D. 支付下年报纸、杂志费
30. 为了鼓励客户提前偿付货款而向客户提供的债务扣除属于（　　）。
    A. 商业折扣　B. 现金折扣　C. 销售折让　D. 数量折扣
31. 下列不属于会计核算方法的是（　　）。
    A. 填制会计凭证　B. 财产清查　C. 会计分析　D. 登记会计账簿
32. 下列账户中，应采用辅助账簿的是（　　）。
    A. 原材料明细分类账　B. 库存商品明细分类账
    C. 租入固定资产登记簿　D. 银行存款日记账
33. 对原始凭证的日期、业务内容、数据是否真实等内容的审查，属于审核（　　）。
    A. 正确性　B. 完整性　C. 真实性　D. 合理性
34. 下列原始凭证中，属于汇总凭证的是（　　）。
    A. 收料凭证汇总表　B. 发货票
    C. 领料单　D. 限额领料单
35. 对于将现金送存银行的业务，会计人员应填制的记账凭证是（　　）。
    A. 银行收款凭证　B. 现金付款凭证
    C. 银行收款凭证和现金付款凭证　D. 转账凭证

36. 下列不属于记账凭证审核内容的是（　　）。

A. 凭证是否符合有关的计划和预算

B. 会计科目使用是否正确

C. 凭证的内容与所附凭证的内容是否一致

D. 凭证的金额与所附凭证的金额是否一致

37. 下列记账凭证中可以不附原始凭证的是（　　）。

A. 所有收款凭证　B. 所有付款凭证　C. 所有转账凭证　D. 用于结账的记账凭证

38. 某企业收到客户交来的包装物押金（支票）500 元，账务处理为（　　）。

A. 借：库存现金　500
　　贷：其他业务收入　500

B. 借：银行存款　500
　　贷：营业外收入　500

C. 借：银行存款　500
　　贷：其他业务收入　500

D. 借：银行存款　500
　　贷：其他应付款　500

39. 能够提供企业某一类经济业务增减变化总括会计信息的账簿是（　　）。

A. 明细分类账　B. 总分类账　C. 备查簿　D. 日记账

40. 盘亏的固定资产经批准后，一般计入（　　）。

A. “管理费用”　B. “固定资产”　C. “营业外收入”　D. “营业外支出”

41. 下列明细分类账中，可以采用数量金额式明细分类账的是（　　）。

A. 库存商品明细分类账　B. 应付账款明细分类账

C. 管理费用明细分类账　D. 待摊费用明细分类账

42. 某企业以银行存款支付合同违约金 4 500 元，应借记（　　）科目。

A. “其他业务成本”　B. “管理费用”

C. “销售费用”　D. “营业外支出”

43. 经济业务发生时仅涉及会计等式右边时，必然引起右边要素中某些项目发生（　　）。

A. 不变动　B. 有增有减变动　C. 同减变动　D. 同增变动

44. 负债类账户的本期减少数和期末余额分别反映在（　　）。

A. 借方　B. 贷方　C. 借方和贷方　D. 贷方和借方

45. 需要根据资产类账户与其备抵账户抵销后的净额填列的项目是（　　）。

A. “预付账款”　B. “应收账款”　C. “长期待摊费用”　D. “货币资金”

46. 年末，所有损益类账户的余额为零，表明（　　）。

A. 当年利润一定是零

B. 当年利润一定是正数

C. 当年利润一定是负数

D. 损益类账户在结账时均已转入“本年利润”账户

47. 下列各项中，不会影响利润总额增减变化的是（　　）。

A. “营业外支出”　B. “所得税费用”　C. “销售费用”　D. “管理费用”

48. “账存实存对比表”是一种（　　）。

A. 原始凭证　B. 会计账簿　C. 备查账簿　D. 记账凭证

49. 对财产清查结果进行正确账务处理的主要目的是保证（　　）。

A. 账表相符　B. 账证相符　C. 账账相符　D. 账实相符

50. 在财产清查中发现盘亏1台设备，其账面原值为80 000元，已提折旧20 000元，则该企业计入“待处理财产损溢”账户的金额为（　　）元。

A. 20 000　　B. 100 000　　C. 80 000　　D. 60 000

51. 科目汇总表账务处理程序是由（　　）发展而来的。

A. 日记总账账务处理程序　　B. 多栏式日记账账务处理程序

C. 记账凭证账务处理程序　　D. 汇总记账凭证账务处理程序

52. 汇总付款凭证的贷方科目可能是（　　）。

A. “库存现金”或“银行存款”　　B. “生产成本”或“制造费用”

C. “固定资产”或“无形资产”　　D. “短期借款”或“长期借款”

53. 银行存款清查中发现的未达账项应编制（　　）来检查调整后的余额是否相符。

A. 对账单　　B. 实存账存对比表

C. 盘存单　　D. 银行存款余额调节表

54. 年终决算前，企业应（　　）。

A. 对所有财产进行实地盘点　　B. 对重要财产进行局部清查

C. 对所有财产进行全面清查　　D. 对货币财产进行重点清查

55. 下列各账簿中，必须逐日逐笔登记的明细分类账是（　　）。

A. 银行存款日记账　　B. 库存现金总分类账

C. 应付票据登记簿　　D. 应收账款明细分类账

56. 车间李某出差回来，报销差旅费6 000元，应借记（　　）科目。

A. “制造费用”　　B. “管理费用”　　C. “其他应收款”　　D. “库存现金”

57. 在同一经济业务中，如果既有收付，又有转账业务，应编制（　　）。

A. 收款凭证　　B. 付款凭证

C. 转账凭证　　D. 收、付款凭证和转账凭证

58. 在编制资产负债表时，把公司经理的个人财产与企业财产放在一起，这违背了（　　）。

A. 可靠性要求　　B. 相关性要求　　C. 重要性要求　　D. 会计主体假设

59. 下列各项中属于一级科目的是（　　）。

A. 未分配利润　　B. 提取盈余公积　　C. 投入资本　　D. 材料采购

60. 本年利润总额为200 000元，所得税税率为25%，计算所得税的会计分录是（　　）。

A. 借：税金及附加　　50 000
　　贷：应交税费　　50 000

B. 借：本年利润　　50 000
　　贷：所得税费用　　50 000

C. 借：应交税费　　50 000
　　贷：所得税费用　　50 000

D. 借：所得税费用　　50 000
　　贷：应交税费　　50 000

61. 对于一张原始凭证所列的支出需要由两个以上的单位共同负担时，应当提供（　　）。

A. 原始凭证复印件　　B. 分数编号法

C. 原始凭证分割单　　D. 未附原始凭证的单位，在记账凭证上注明

62. 下列应确认为营业外支出的是（　　）。

A. 借款费用　　B. 离退休工资

C. 固定资产处置净损失　　D. 材料销售损失

63. 费用的发生可能表现为（　　）。

A. 现金增加　　B. 应付账款增加　　C. 银行存款增加　　D. 预收账款减少

64. 资产负债表的数据不可能根据（　　）。

A. 总分类账户余额直接填列　　B. 总分类账户余额分析计算填列

C. 记账凭证直接填列　　D. 明细分类账户余额分析计算填列

65. 应通过“待处理财产损溢”科目核算的是（　　）。

A. 应收账款收不回来　　B. 盘盈的固定资产

C. 现金短缺　　D. 未达账款

66. 科目汇总表不可能定期汇总（　　）。

A. 本期借、贷方发生额　　B. 本期贷方发生额

C. 本期借、贷方余额　　D. 本期借方发生额

67. 职工出差的借款单、差旅费报销单，按来源属于（　　）。

A. 自制原始凭证　B. 外来原始凭证　C. 一次凭证　D. 汇总凭证

68. 下列账簿登记时，需要同时使用原始凭证作为记账凭证的是（　　）。

A. 固定资产总分类账　　B. 现金日记账

C. 资本公积总分类账　　D. 库存商品明细分类账

69. 由企业非日常活动所发生的、会导致所有者权益减少的、与向所有者分配利润无关的经济利益的流出称为（　　）。

A. 所有者权益　B. 费用　C. 损失　D. 负债

70. 账簿中书写的文字和数字一般应占格距的（　　）。

A. 3/4　B. 1/2　C. 2/3　D. 1/3

71. 负债和所有者权益类账户的期末余额一般在（　　）。

A. 借方　B. 贷方　C. 借方或贷方　D. 借方和贷方

72. 固定资产转入清理时的账面余额应通过（　　）科目核算。

A. “营业外支出”　B. “营业外收入”　C. “固定资产”　D. “固定资产清理”

73. 对原材料、库存商品盘点后应编制（　　）。

A. 对账单　B. 余额调节表　C. 实存账存对比表　D. 盘存单

74. 在资产负债表中，资产按照其流动性排列时，下列排列顺序正确的是（　　）。

A. 存货、无形资产、货币资金、交易性金融资产

B. 货币资金、交易性金融资产、存货、无形资产

C. 交易性金融资产、存货、无形资产、货币资金

D. 无形资产、货币资金、交易性金融资产、存货

75. 某会计人员在登记账簿时，将应计入原材料账户借方的 10 000 元误计入贷方，会计人员在查找该项错账时，应采用的方法是（　　）。

A. 除 2 法　B. 除 9 法　C. 差数法　D. 以上都不正确

76. 根据企业材料仓库保管员填制的发料单或发料凭证汇总表，通常应编制（　　）。

A. 原始凭证　B. 付款凭证　C. 收款凭证　D. 转账凭证

77. 银行存款日记账，每一账页登记完毕结转下页时，结计“过次页”的本页合计数应为（　　）的发生额合计数。

A. 本页　　B. 自本月月初起至本页末止

C. 本月　　D. 自本年年初起至本页末止

78. 从特定企业来看，下列各项中，属于流动负债的是（　　）。
A. 生产设备　B. 欠银行贷款100万元，将于2年后偿还
C. 库存现金　D. 欠银行贷款30万元，将于5个月后偿还

79. 应每月清点一次的财产是（　　）。
A. 现金　B. 银行存款　C. 应付账款　D. 应收账款

80. 在登记账簿过程中，每一账页的最后一行及下一页第一行都要办理转页手续，是为了（　　）。
A. 便于查账　B. 防止遗漏　C. 防止隔页　D. 保持记录的连续性

81. 借贷记账法的余额试算平衡公式是（　　）。
A. 全部科目期末借方余额合计=部分科目期末贷方余额合计
B. 全部科目期末借方余额合计=全部科目期末贷方余额合计
C. 全部科目本期借方发生额合计=全部科目本期贷方发生额合计
D. 每个科目的借方发生额=每个科目的贷方发生额

82. 下列引起所有者权益项目此增彼减的经济业务是（　　）。
A. 以银行存款支付投资者获得的利润　B. 以短期借款直接偿还应付账款
C. 经批准将盈余公积转增资本　D. 接受捐赠的固定资产

83. 通常，长期借款在购建的资产达到预定可使用状态后发生的费用，应作为（　　）列支。
A. “营业外支出”　B. “固定资产”　C. “在建工程”　D. “财务费用”

84. 计提坏账准备的会计分录是（　　）。
A. 借：应收账款
　　贷：坏账准备
B. 借：坏账准备
　　贷：应收账款
C. 借：资产减值损失
　　贷：坏账准备
D. 借：坏账准备
　　贷：资产减值损失

85. 记账凭证账务处理程序不需要设置的记账凭证是（　　）。
A. 收款凭证　B. 付款凭证　C. 转账凭证　D. 汇总记账凭证

86. 企业经营亏损，最终会导致（　　）。
A. 负债增加　B. 负债减少
C. 所有者权益增加　D. 所有者权益减少

87. 企业年度财务报告（决算）的保管期限为（　　）。
A. 永久　B. 25年　C. 15年　D. 5年

88. 下列事项中，不应通过“其他货币资金”科目进行核算的是（　　）。
A. 汇往外埠存款　B. 开具普通支票　C. 取得银行本票　D. 取得信用卡

89. 单位撤销、合并所进行的清查按时间分类，属于（　　）。
A. 全面清查　B. 局部清查　C. 定期清查　D. 不定期清查

90. 记账是指对特定对象的经济活动采用一定的记账方法，在（　　）中进行登记。
A. 原始凭证　B. 记账凭证　C. 会计账簿　D. 会计报表

二、多项选择题（下列各题有两个或两个以上正确答案，每题 1.5 分，共 10 题。不选、少选、多选或错选均不得分）

91. 经济业务的类型包括（　　）。

A. 引起资产与权益同时增加的业务　B. 引起资产内部有增有减、总额不变的业务

C. 引起资产与权益同时减少的业务　D. 引起权益内部有增有减、总额不变的业务

92. 账簿按用途分类包括（　　）。

A. 日记账　B. 分类账　C. 备查账　D. 总分类账

93. 下列项目中，属于账户基本结构内容的是（　　）。

A. 经济业务的摘要　B. 记账凭证的编号

C. 账户的名称　D. 增减金额及余额

94. 使企业银行存款日记账的余额大于银行对账单余额的未达账项有（　　）。

A. 企业已付款记账而银行尚未付款记账

B. 银行已收款记账而企业尚未收款记账

C. 银行已付款记账而企业尚未付款记账

D. 企业已收款记账而银行尚未收款记账

95. 运用平行登记法登记总分类账和明细分类账时，必须做到（　　）。

A. 详简程度相同　B. 记账方向相同　C. 记账金额相同　D. 记账期间相同

96. 填制和审核会计凭证的意义有（　　）。

A. 记录经济业务，提供记账依据　B. 监督经济活动，控制经济运行

C. 明确经济责任，强化内部控制　D. 增加企业盈利，提高企业竞争力

97. 企业会计实务中，必须采用订本式账簿的有（　　）。

A. 固定资产总分类账　B. 固定资产明细分类账

C. 现金日记账　D. 原材料总分类账

98. 下列说法正确的是（　　）。

A. 从个人取得的原始凭证，必须有填制人员的签名或盖章

B. 对于已预先印有编号的原始凭证在写错时不需要进行任何处理，但不得撕毁

C. 外来原始凭证遗失时，只需取得原签发单位盖有公章的证明，可代作原始凭证

D. 会计凭证具有监督经济活动、控制经济运行的作用

99. 下列说法正确的是（　　）。

A. 在境外设立的中国企业向国内报送的财务报告，应当折算为人民币

B. 业务收支以外币为主的单位可以选择某种外币为记账本位币

C. 我国企业的会计核算只能以人民币为记账本位币

D. 会计核算过程中采用货币为主要计量单位

100. 在借贷记账法下，当贷记“主营业务收入”时，下列会计科目中可能成为其对应科目的是（　　）。

A. “利润分配”　B. “应收账款”　C. “应收票据”　D. “银行存款”

三、判断题（每题1分，共20题，正确的打“√”，错误的打“×”。不答不得分）

101.（　　）对于明细科目较多的会计科目，可在总分类科目下设置二级或多级明细科目。

102.（　　）为了及时提供会计信息、保证会计信息的质量，会计报表中的项目与会计科目是完全一致的，并以会计科目的本期发生额或余额填列。

103.（　　）借贷记账法是指以“借”“贷”为记账符号，对每一笔经济业务，都要在两个或两个以上相互联系的账户中以借、贷方相等的金额进行登记的一种记账方法。

104.（　　）一般而言，费用（成本）类账户结构与权益类账户相同，收入（利润）类账户结构与资产类账户相同。

105.（　　）只要实现了期初余额、本期发生额和期末余额三栏的平衡关系，就说明账户记录正确。

106.（　　）记账凭证是登记明细分类账户的依据，原始凭证是登记总分类账户的依据。

107.（　　）企业每项经济业务的发生都必须从外部取得原始凭证。

108.（　　）1999年1月1日起实施的《会计档案管理办法》规定，原始凭证、记账凭证和汇总记账凭证保管15年。

109.（　　）编制会计报表是企业账务处理程序的组成部分。

110.（　　）在证明经济业务发生，据以编制记账凭证的作用方面，自制原始凭证与外来原始凭证具有同等的效力。

111.（　　）发料凭证汇总表是一种汇总记账凭证。

112.（　　）在会计凭证传递的时间内，凡经办记账凭证的会计人员都有责任保管好原始凭证和记账凭证，严防在传递过程中散失。

113.（　　）任何一项经济业务都不会破坏会计等式的平衡关系，只会引起资产和权益总额发生同增或同减的变化。

114.（　　）出纳人员在办理收款或付款业务后，应在凭证上加盖“收讫”或“付讫”的戳记，以避免重收或重付。

115.（　　）企业每年装订完成的会计凭证，在年度终了时可由财务部门保管1年，期满后原则上应移交档案部门保管。

116.（　　）企业的利得和损失包括直接计入所有者权益的利得和损失以及直接计入当期利润的利得和损失。

117.（　　）凡是特定主体能够以货币表现的经济活动都是会计对象。

118.（　　）会计部门的财产物资明细分类账期末余额与财产物资使用部门的财产物资明细分类账期末余额相核对，属于账实核对。

119.（　　）财产清查中，对于银行存款、各种往来款项至少每月与银行或有关单位核对一次。

120.（　　）我国境内所有单位的会计档案均不得携带出境。

四、计算分析题（每小题1分，共4道大题，20分。答错、不答均不得分）

题目一：雨花公司2021年12月31日有关损益类账户本期发生额如下：

雨花公司 2021 年 12 月 31 日有关损益类账户本期发生额

单位：元

账户名称	借方发生额	贷方发生额
主营业务收入		1 750 000
其他业务收入		31 000
营业外收入		65 000
主营业务成本	985 000	
税金及附加	75 000	
销售费用	40 000	
管理费用	60 000	
财务费用	20 000	
其他业务成本	22 000	
营业外支出	28 000	
资产减值损失	23 000	

假设雨花公司利润总额与应纳税所得额一致，所得税税率为 25%。

121. 写出期末将所有损益类账户余额结转至“本年利润”的会计分录。

122. 根据上述资料，计算雨花公司 2021 年度的营业利润。

123. 根据上述资料，计算雨花公司 2021 年度的利润总额。

124. 根据上述资料，计算雨花公司 2021 年度的净利润。

125. 写出雨花公司本期计提、结转企业所得税时，应编制的会计分录。

题目二：华天公司2021年4月30日银行对账单的存款余额为269 000元，4月月底，公司与银行往来的其余资料如下：

（1）4月30日收到购货方转账支票一张，金额为36 800元，已经送存银行，但银行尚未入账。

（2）本公司当月的水电费用1 325元银行已代为支付，但公司未接到通知而尚未入账。

（3）本公司当月开出的用以支付供货方货款的转账支票，尚有48 320元未兑现。

（4）本公司送存银行的某客户转账支票12 240元，因对方存款不足而被退票，而公司未接到通知。

（5）公司委托银行代收的款项100 000元，银行已转入本公司的存款户，但本公司尚未收到通知入账。

假定公司与银行的存款余额调整后核对相符。

要求：请代华天公司完成以下银行存款余额调节表的编制。

银行存款余额调节表

编制单位：华天公司　　　　2021年4月30日　　　　单位：元

项　目	金　额	项　目	金　额
企业银行存款日记账余额	171 045	银行对账单余额	269 000
加：银行已收、企业未收的款项合计	(126)	加：企业已收、银行未收的款项合计	(129)
减：银行已付、企业未付的款项合计	(127)	减：企业已付、银行未付的款项合计	48 320
调节后的余额	(128)	调节后的余额	(130)

题目三：某企业10月份发生如下经济业务：

（1）本企业收到长林集团投资的设备一台，其原值为1 000 000元。

（2）本企业从某工厂购进甲材料一批，价值为14 000元，增值税税率为13%，货款尚未支付。

（3）经汇总计算，本月应付给职工的工资为67 200元，其中：生产第一线的工人工资为40 000元，车间管理人员的工资为7 200元，厂部管理人员的工资为20 000元。

（4）生产车间为制造A产品领用材料一批，其价值为9 400元，厂部领用一般性耗用材料400元。

（5）本企业按照规定的折旧率，计提本月固定资产的折旧费79 400元，其中车间使用的固定资产应提49 400元，企业管理部门应提30 000元。

要求：根据以上经济业务编制会计分录。

131.

132.

133.

134.

135.

题目四：××公司 2021 年 9 月 30 日有关总分类账和明细分类账户的余额如下表所示：

××公司 2021 年 9 月 30 日有关总分类账和明细分类账的余额

单位：元

资产账户	借或贷	余额	负债和所有者权益账户	借或贷	余额
库存现金	借	1 500	短期借款	贷	250 000
银行存款	借	800 000	应付票据	贷	25 500
其他货币资金	借	90 000	应付账款	贷	71 000
交易性金融资产	借	115 000	——丙公司	贷	91 000
应收票据	借	20 000	——丁公司	借	20 000
应收账款	借	75 000	预收账款	贷	14 700
——甲公司	借	80 000	——C公司	贷	14 700
——乙公司	贷	5 000	其他应付款	贷	12 000
坏账准备	贷	2 000	应交税费	贷	28 000
预付账款	借	36 100	长期借款	贷	506 000
——A公司	借	31 000	应付债券	贷	563 700
——B公司	借	5 100	其中一年到期的应付债券	贷	23 000
其他应收款	借	8 500	实收资本	贷	4 040 000
原材料	借	774 400	盈余公积	贷	158 100
生产成本	借	265 400	利润分配	贷	1 900
库存商品	借	193 200	——未分配利润	贷	1 900
固定资产	借	2 888 000	本年利润	贷	36 700
累计折旧	贷	4 900			
在建工程	借	447 400			
资产合计		5 707 600	负债和所有者权益合计		5 707 600

要求：根据上述资料计算 9 月 30 日资产负债表下列项目的金额。

（1）货币资金（　　　）；（2）应收账款（　　　）；（3）预收账款（　　　）

（4）应付债券（　　　）；（5）未分配利润（　　　）。

全真模拟试卷四

一、单项选择题（下列各题只有一个正确答案，每题 0.5 分，共 90 题。不选、错选均不得分）

1. 现代会计形成的重要标志是（　　）。

A. 出现了借贷记账法　　B. 成本会计形成

C. “会计原则”形成　　D. 传统会计分化为财务会计与管理会计

2. 下列各项中，属于非流动负债的是（　　）。

A. “预收账款”　B. “应收账款”　C. “应收票据”　D. “应付债券”

3. 科目发生额试算平衡方法是根据（　　）来确定的。

A. 平行登记原则　　B. 借贷记账法的记账规则

C. 资产=负债+所有者权益　　D. 收入-费用=利润

4. 下列不能作为会计核算原始凭证的是（　　）。

A. 发货票　B. 合同书　C. 入库单　D. 领料单

5. 会计账簿可按不同的标准进行分类，下列属于按用途划分的账簿类别是（　　）。

A. 数量金额式明细分类账　　B. 活页账

C. 订本账　　D. 序时账

6. 资产负债表中，“应收账款”项目根据（　　）填列。

A. 应收账款总分类账户所属各分类明细账户期末贷方余额合计数

B. 应收账款总分类账户的期末余额

C. 应收账款总分类账户所属明细分类账户期末借方余额合计数

D. 应收账款和预收账款总分类账户所属明细分类账户期末借方余额合计数减去“坏账准备”账户中有关应收账款计提的坏账准备期末余额后的金额

7. 企业编制的某年度 12 月利润表中“本期金额”一栏反映了（　　）。

A. 第 4 季度利润或亏损的形成情况　　B. 12 月份利润或亏损的形成情况

C. 12 月 31 日利润或亏损的形成情况　　D. 1—12 月累计利润或亏损的形成情况

8. 由企业日常活动所发生的、会导致所有者权益减少的、与向所有者分配利润无关的经济利益的总流出称为（　　）。

A. 所有者权益　B. 费用　C. 损失　D. 负债

9. 引起负债内部一增一减的经济业务是（　　）。

A. 以银行存款偿还短期借款　　B. 以银行借款直接偿还所欠货款

C. 以银行存款偿还所欠货款　　D. 决定向投资者分配利润

10. 会计科目按其所提供信息的详细程度及其统驭关系不同，分为（　　）。

A. 一级科目和二级科目　　B. 一级科目和明细科目

C. 总分类账科目和二级科目　　D. 二级科目和三级科目

11. 企业收回以前的销货款存入银行，这笔业务的发生导致（　　）。
    A. 资产总额不变　　B. 资产总额不变，负债增加
    C. 资产总额减少　　D. 资产与负债同时增加
12. 下列关于原始凭证填制的说法，错误的是（　　）。
    A. 对外开出的原始凭证必须加盖本单位公章
    B. 凭证填写的手续必须完备，符合内部填制要求
    C. 原始凭证在填写的时候可以将错误凭证撕毁，重新编制一张
    D. 需要填一式数联的凭证，各联内容应当相同
13. 下列关于账户及其基本结构的表述，不正确的是（　　）。
    A. 账户是根据会计科目设置的，具有一定格式和结构
    B. 设置账户是会计核算的重要方法之一
    C. 每一账户的核算内容都具有独立性和排他性
    D. 实际工作中，对会计科目和账户应严格区分，不能相互通用
14. 汇总记账凭证账务处理程序的特点是根据记账凭证编制（　　）。
    A. 汇总记账凭证　B. 日记账　C. 明细分类账　D. 总分类账
15. 在一定时期内连续记录若干项同类经济业务的会计凭证是（　　）。
    A. 记账凭证　B. 一次凭证　C. 原始凭证　D. 累计凭证
16. 记账凭证的填制是由（　　）完成的。
    A. 主管人员　B. 出纳人员　C. 会计人员　D. 经办人员
17. 年末结转后，“利润分配”科目的贷方余额表述（　　）。
    A. 历年累计净利润　　B. 历年累计未分配利润
    C. 历年累计未弥补亏损　　D. 历年累计利润总额
18. 下列各项中，不属于收入要素内容的是（　　）。
    A. 固定资产处置净收益　　B. 提供劳务取得的收入
    C. 销售商品取得的收入　　D. 出租固定资产取得的收入
19. 下列项目对企业利润总额没有影响的是（　　）。
    A. “投资收益”　　B. “营业外支出”
    C. “资产减值损失”　　D. “所得税费用”
20. 复式记账法是以（　　）为记账基础的一种记账方法。
    A. 试算平衡　　B. 资产和权益平衡关系
    C. 会计科目　　D. 经济业务
21. 在原始凭证上书写阿拉伯数字时，错误的做法是（　　）。
    A. 金额数字前书写货币币种符号
    B. 币种符号与金额数字之间要留有空白
    C. 币种符号与金额数字之间不得留有空白
    D. 数字前写有币种符号的，数字后不再写货币单位
22. 下列关于日记账的说法中，不正确的是（　　）。
    A. 现金日记账和银行存款日记账由出纳人员负责登记
    B. 现金日记账和银行存款日记账，应该定期与会计人员登记的现金总分类账和银行

存款总分类账核对

C. 银行存款日记账应该定期或者不定期与开户银行提供的对账单进行核对，每月至少核对三次

D. 现金日记账应逐日逐笔登记

23. 按现行的会计制度规定，下列项目中属于会计科目的是（　　）。

A. 利润分配　B. 投入资本　C. 应付购货款　D. 现金

24. 下列明细分类账中，一般不宜采用三栏式账页格式的是（　　）。

A. 应收账款明细分类账　B. 实收资本明细分类账

C. 原材料明细分类账　D. 应付账款明细分类账

25. 在入账前发现记账凭证有文字或数字的错误，应采用（　　）。

A. 重新填制的方法　B. 平行登记法

C. 红字更正法　D. 划线更正法

26. 下列项目中，属于账证核对内容的是（　　）。

A. 总分类账簿与所属明细分类账簿核对

B. 原始凭证与记账凭证核对

C. 会计账簿与记账凭证核对

D. 银行存款日记账与银行对账单核对

27. 界定从事会计工作和提供会计信息的空间范围的会计基本前提是（　　）。

A. 会计职能　B. 会计主体　C. 会计内容　D. 会计对账

28. “财务费用”科目按其反映经济内容不同，属于（　　）类科目。

A. 资产　B. 所有者权益　C. 成本　D. 损益

29. 不能转入“本年利润”账户的是（　　）账户。

A. “生产成本”　B. “主营业务成本”

C. “主营业务收入”　D. “销售费用”

30. 下列必须由会计人员完成的是（　　）。

A. 记账凭证的填制　B. 原始凭证的填制

C. 销售合同的签订　D. 生产计划的批准

31. 月末，企业实际可以动用的银行存款数是（　　）。

A. 银行对账单上的余额

B. 银行存款日记账上的余额

C. 银行存款余额调节表中调节后的余额

D. 银行存款余额调节表中调节前的余额

32. 其他单位如果因特殊原因需要使用原始凭证时，经本单位负责人批准，（　　）。

A. 可以查阅或复制　B. 可以借阅

C. 不可以查阅或复制　D. 只可以查阅不能复制

33. 会计核算方法体系的核心是（　　）。

A. 登记会计账簿　B. 复式记账

C. 填制和审核会计凭证　D. 编制会计报表

34. 下列不能与“应付职工薪酬”成为对应科目的是（　　）。

A. “生产成本”　B. “销售费用”　C. “其他应付款”　D. “应收账款”

35. 我国企业会计准则规定，企业的会计核算应当以（　　）为基础。

A. 权责发生制　B. 实地盘存制　C. 永续盘存制　D. 收付实现制

36. 企业的以下经济业务中，会引起资产与负债同时增加的业务是（　　）。

A. 企业接受投资人的投资款　B. 企业从银行取得短期借款

C. 企业用银行存款偿还应付货款　D. 企业从银行提取现金

37. 会计分期是把企业持续经营过程划分为若干个起讫日期较短的会计期间，其起讫日期通常为（　　）。

A. 一个会计日度　B. 一个会计月度　C. 一个会计季度　D. 一个会计年度

38. 下列说法正确的是（　　）。

A. 生产成本均可以直接计入产品成本

B. 制造费用属于期间费用

C. 狭义的收入指的是营业收入，狭义的费用指的是营业成本

D. 费用表现为企业资产的减少或负债的增加，最终导致企业所有者权益的减少

39. 下列账户中，平时有余额、年终结转后无余额的账户是（　　）。

A. “实收资本”　B. “应付账款”　C. “本年利润”　D. “管理费用”

40. 下列核算组织程序中，最基本的核算组织程序是（　　）。

A. 记账凭证核算组织程序　B. 汇总记账凭证核算组织程序

C. 科目汇总表核算组织程序　D. 多栏式日记账核算组织程序

41. 收款凭证主要用于记录的经济业务是（　　）。

A. 应收账款增加　B. 应收票据增加

C. 银行存款增加　D. 其他应收款增加

42. 销售产品发生的消费税应计入（　　）科目的借方。

A. “本年利润”　B. “应交税费”

C. “税金及附加”　D. “利润分配”

43. （　　）是对会计对象的基本分类。

A. 会计科目　B. 会计信息质量要求

C. 会计要素　D. 会计方法

44. 一个企业的资产总额与权益总额（　　）。

A. 不会相等　B. 只有在期末时相等

C. 必然相等　D. 有时相等

45. 某公司出纳小郑将公司现金交存开户银行，应编制（　　）。

A. 现金收款凭证　B. 现金付款凭证

C. 银行存款收款凭证　D. 银行存款付款凭证

46. 会计人员在进行会计核算的同时，对特定主体经济活动的合法性、合理性进行审查称为（　　）。

A. 会计监督职能　B. 会计核算职能　C. 会计分析职能　D. 会计控制职能

47. 平时在填制记账凭证时，应尽量使账户的对应关系保持“一借一贷”是（　　）的要求。

A. 科目汇总表核算形式　　B. 多栏式日记账核算形式

C. 记账凭证核算形式　　D. 汇总记账凭证核算形式

48. 已经登记入账的记账凭证，在当年内发现有误，可以用红字填写一张与原内容相同的记账凭证，在摘要栏注明（　　），以冲销原错误的记账凭证。

A. 经济业务的内容　　B. 注销某月某日某号凭证

C. 对方单位　　D. 订正某月某日某号凭证

49. 将每一相关的业务登记在一行，从而可依据每一行各个栏目的登记是否齐全来判断该项业务的进展情况的明细分类账格式属于（　　）。

A. 多栏式　　B. 横线登记式　　C. 三栏式　　D. 数量金额式

50. 计提车间管理人员的工资应计入（　　）科目的贷方。

A. “制造费用”　　B. “应付职工薪酬”

C. “生产成本”　　D. “管理费用”

51. 在下列各个会计报表中，属于企业对外提供的动态报表是（　　）。

A. 资产负债表　　B. 生产成本计算表

C. 现金流量分析表　　D. 利润表

52. 关于会计主体的概念，下列各项说法不正确的是（　　）。

A. 可以是独立法人，也可以是非法人

B. 可以是一个企业，也可以是企业内部的某一个单位

C. 可以是一个单一的企业，也可以是由几个企业组成的企业集团

D. 会计主体所核算的生产经营活动也包括其他企业或投资者个人的其他生产经营活动

53. 下列不属于直接计入当期利润的利得和损失的是（　　）。

A. 出租固定资产获得的收益　　B. 处置固定资产的净损失

C. 自然灾害发生的损失　　D. 企业对外捐赠支出

54. 某企业应付账款总分类科目期初余额为贷方 10 000 元，明细分类账分别为甲、乙、丙三厂。其中：甲厂贷方 4 000 元，乙厂贷方 3 500 元，本期又向丙厂购入原材料一批，货款为 2 000 元，款未付。则“应付账款”科目丙厂明细科目的期末余额为（　　）元。

A. 借方 2 500　　B. 贷方 4 500　　C. 贷方 2 000　　D. 借方 4 500

55. 在我国，单位一般只对（　　）的核算采用卡片账形式。

A. 库存商品　　B. 固定资产　　C. 应收账款　　D. 库存现金

56. 在财产清查中发现库存材料实存数小于账面数，其原因为自然损耗所致，经批准后，会计人员应列作（　　）处理。

A. 增加营业外收入　　B. 增加管理费用

C. 增加营业外支出　　D. 减少管理费用

57. 复合会计分录至少涉及（　　）个会计科目。

A. 一　　B. 两　　C. 三　　D. 四

58. 企业财产清查后，据以填制待处理财产盘盈、盘亏记账凭证的原始凭证是（　　）。

A. 发出材料汇总表　　B. 盘存单

C. 实存账存对比表　　D. 收料单

59. 某企业在遭受洪灾后，对其受损的财产物资进行的清查，属于（　　）。

A. 局部清查和定期清查　　B. 全面清查和定期清查

C. 局部清查和不定期清查　　D. 全面清查和不定期清查

60. 下列属于记账凭证账务处理程序优点的是（　　）。

A. 可减轻登记总分类账的工作量　　B. 总分类账反映较详细

C. 有利于会计核算的日常分工　　D. 便于核对账目和进行试算平衡

61. 会计核算上所使用的一系列的会计处理方法和原则都是建立在（　　）前提的基础上。

A. 会计主体　　B. 持续经营　　C. 会计分期　　D. 货币计量

62. 某公司 2021 年年初资产总额 5 000 000 元，负债总额 2 000 000 元，当年接受投资者投资 500 000 元，从银行借款 1 000 000 元。该公司 2021 年年末所有者权益应为（　　）元。

A. 2 500 000　　B. 1 500 000　　C. 3 500 000　　D. 5 000 000

63. 通用记账凭证是用于记录企业（　　）经济业务的记账凭证。

A. 现金　　B. 银行存款　　C. 某种　　D. 所有

64. 在各种不同账务处理程序中，不能作为登记总分类账依据的是（　　）。

A. 汇总记账凭证　　B. 科目汇总表　　C. 记账凭证　　D. 汇总原始凭证

65. “生产成本”账户的期末余额应归属于（　　）类会计要素。

A. 资产　　B. 负债　　C. 利润　　D. 所有者权益

66. 本年利润明细分类账一般采用的账页格式为（　　）。

A. 数量金额式　　B. 三栏式　　C. 两栏式　　D. 多栏式

67. （　　）不属于会计报表。

A. 资产负债表　　B. 利润表　　C. 现金流量表　　D. 会计报表附注

68. 下列不属于账账核对的是（　　）。

A. 总分类账簿与所属明细分类账簿之间的核对

B. 总分类账簿与序时账簿之间的核对

C. 会计账簿与原始凭证之间的核对

D. 明细分类账簿之间的核对

69. 根据明细分类账目设置的，用来对会计要素具体内容进行明细核算的账户称为（　　）。

A. 综合账户　　B. 明细账户　　C. 总账账户　　D. 备查账户

70. 损益类账户的期末余额一般（　　）。

A. 无法确定方向　　B. 在借方　　C. 在贷方　　D. 无余额

71. 确认办公用房屋租金 60 万元，用银行存款支付 10 万元，50 万元未付。按照权责发生制和收付实现制分别确认费用（　　）。

A. 10 万元，60 万元　　B. 60 万元，0 万元

C. 60 万元，50 万元　　D. 60 万元，10 万元

72. “预付账款”科目的期末余额等于（　　）。

A. 期初余额+本期借方发生额-本期贷方发生额

B. 期初余额+本期借方发生额+本期贷方发生额

C. 期初余额-本期借方发生额+本期贷方发生额

D. 期初余额-本期借方发生额-本期贷方发生额

73.（　　）是记录经济业务完成情况、明确经济责任，并据以登记账簿的书面证明，是登记账簿的依据。

A. 原始凭证　B. 记账凭证　C. 会计凭证　D. 会计账簿

74. 记账后在当年内发现记账凭证的会计科目错误，从而引起记账错误，应采用（　　）更正。

A. 平行登记法　B. 划线更正法　C. 补充登记法　D. 红字更正法

75. “应交税费——应交增值税”明细分类账应采用的格式是（　　）。

A. 贷方多栏式　B. 借方多栏式　C. 三栏式　D. 借方贷方多栏式

76. 下列做法中，不符合会计账簿记账规则的是（　　）。

A. 不得使用圆珠笔登账

B. 按账簿页次顺序连续登记，不得跳行隔页

C. 登记后在记账凭证上注明已经登账的符号

D. 账簿中书写的文字和数字一般应占格距的2/3

77. 收款凭证左上角借方科目应填列的会计科目是（　　）。

A. “主营业务收入”　B. “银行存款”

C. “银行存款”或“库存现金”　D. “库存现金”

78. 审核凭证的金额与所附原始凭证的金额是否一致，属于审核记账凭证的（　　）。

A. 内容是否真实　B. 科目是否正确　C. 金额是否正确　D. 项目是否齐全

79. 在账簿的三个基本栏目下分别设数量、单价、金额小栏的账簿称为（　　）。

A. 横线登记式账簿　B. 三栏式账簿

C. 数量金额式账簿　D. 多栏式账簿

80. 企业常用的收款凭证、付款凭证和转账凭证都属于（　　）。

A. 复式记账凭证　B. 单式记账凭证　C. 一次凭证　D. 通用凭证

81. 下列不属于会计核算环节的是（　　）。

A. 确认　B. 计量　C. 报告　D. 算账

82. 下列关于会计分录的表述中，不正确的是（　　）。

A. 复合会计分录包括一借多贷、一贷多借

B. 会计分录按涉及科目的多少，可以分为简单会计分录和复合会计分录

C. 复合会计分录是指涉及三个以上（含三个）对应科目所组成的会计分录

D. 会计实际工作中，最常用的为一借一贷、一贷多借的会计分录

83. 接受外单位投资机器设备一台，应填制（　　）。

A. 收款凭证　B. 付款凭证　C. 转账凭证　D. 汇总凭证

84. 会计凭证按其（　　）的不同，分为原始凭证和记账凭证。

A. 来源　B. 记账凭证　C. 填制的手续　D. 填制的程序和用途

85. 下列项目清查时应采用实地盘点法的是（　　）。

A. “应收账款”　B. “应付账款”　C. “固定资产”　D. “银行存款”

86. 下列账户中，属于所有者权益类账户的是（　　）。

A. “本年利润”　B. “主营业务收入”

C. “短期投资”　D. “应付账款”

87. 会计报表在会计核算中处于重要地位，是会计核算的（　　）。

A. 中间环节　B. 首要环节　C. 基础环节　D. 最终环节

88. 利润表是反映一定会计期间（　　）的报表。

A. 财务状况　B. 经营成果　C. 现金流量　D. 偿债能力

89. 在货币计量前提下，我国企业的会计核算可以选用一种外币作为记账本位币，但其编制的财务会计报告应折算为（　　）反映。

A. 人民币　B. 某种外币　C. 记账本位币　D. 功能货币

90. 资产负债表的右方是按（　　）先后顺序排列的。

A. 时间　B. 流动性　C. 求偿权　D. 变现能力

二、多项选择题（下列各题有两个或两个以上正确答案，每题 1.5 分，共 10 题。不选、少选、多选或错选均不得分）

91. 下列会计处理符合权责发生制的是（　　）。

A. 企业 2 月份签了一份 7 月份的销售合同，并将这笔销售收入计入 2 月份的收入

B. 对固定资产计提折旧

C. 年末，企业将全年的电费一次性计入 12 月份的费用

D. 长期待摊费用的会计处理

92. 以下关于会计账簿启用的说法中，正确的是（　　）。

A. 启用会计账簿时，应当在账簿封面上写明单位名称和账簿名称

B. 启用会计账簿时，无须在账簿扉页上附启用表

C. 启用订本式账簿应当从第一页到最后一页顺序编定页数，不得跳页、缺号

D. 使用活页式账页应当按账户顺序编号，并须定期装订成册，装订后再按实际使用的账页顺序编定页码，另加目录，记明每个账户的名称和页次

93. 不需在资产负债表上单独列示的资产减值准备有（　　）。

A. “无形资产减值准备”　B. “固定资产减值准备”

C. “存货跌价准备”　D. “坏账准备”

94. 用公式表示试算平衡关系，正确的是（　　）。

A. 全部账户本期借方发生额合计=全部账户本期贷方发生额合计

B. 全部账户本期借方余额合计=全部账户本期贷方余额合计

C. 负债类账户借方发生额合计=负债类账户贷方发生额合计

D. 资产类账户借方发生额合计=资产类账户贷方发生额合计

95. 下列存货盘亏损失，报经批准后，不能列入“营业外支出”账户的是（　　）。

A. 残料　B. 保险公司赔偿部分

C. 管理不善所造成的损耗　D. 自然损耗

96. ×企业2021年首次计提坏账准备，年末应收账款为400万元，坏账准备的提取比例为5%，则下列各项中正确的是（　　）。

A. 这种方法是余额百分比法　　B. 应计提的坏账准备为20 000元

C. 应确认资产减值损失20 000元　　D. 应收账款账面价值减少了20 000元

97. Y企业于2021年1月1日取得银行借款100 000元，期限9个月，年利率6%，该借款到期后按期如数偿还，利息分月预提，按季支付，则（　　）。

A. 1月1日取得借款时，确认短期借款100 000元

B. 1月月末计提利息时，确认财务费用500元

C. 3月月末支付本季度利息时，贷记“银行存款”1 500元

D. 6月月末支付本季度利息时，贷记“银行存款”1 500元

98. 下列明细分类账中，既可逐笔登记，也可定期汇总登记的是（　　）。

A. “应收账款”　B. “管理费用”　C. “固定资产”　D. “库存商品”

99. 年终结账后，余额为零的账户是（　　）。

A. “本年利润”　B. “财务费用”　C. “销售费用”　D. “管理费用”

100. 下列费用中，应计入产品成本的是（　　）。

A. 直接用于产品生产，构成产品实体的辅助材料

B. 直接从事产品生产的工人的非货币性福利

C. 车间管理人员的工资及福利费

D. 直接从事产品生产的工人的工资

三、判断题（每题1分，共20题，正确的打“√”，错误的打“×”。不答不得分）

101.（　　）凡是特定主体以货币形式表示的经济活动，都是会计核算和监督的内容，也就是会计的对象。

102.（　　）购入交易性金融资产时支付的交易费用应计入交易性金融资产的成本中。

103.（　　）成本是指企业为生产产品、提供劳务而发生的各种耗费，是按一定的产品或劳务对象所归集的费用，是对象化了的费用。

104.（　　）“主营业务成本”账户的借方登记从“库存商品”等账户结转的本期已销售产品的生产成本，以及企业在产品销售过程中发生的各种销售费用。

105.（　　）企业年终结账时，有余额的账户，应将其余额直接记入次年新账余额栏内，不需要编制记账凭证。

106.（　　）企业计算应向投资者分配的现金股利，不会引起留存收益总额的变动。

107.（　　）“税金及附加”属于损益类账户，用来核算企业销售过程中，应缴纳的各种税金及附加，包括消费税、增值税、教育费附加等。

108.（　　）企业已完成销售手续但购买方在月末尚未提取的商品，仍应作为企业的库存商品核算。

109.（　　）企业只能使用国家统一的会计制度规定的会计科目，不得自行增减或合并。

110.（　　）用补充登记法进行错账更正时，应按正确金额与错误金额之差，用蓝字编制一张借贷方向、账户名称及对应关系与原错误凭证相同的记账凭证，并用蓝字登记入账，以补记少记的金额。

111.（　　）对未达账项应编制银行存款余额调节表进行调整，并据以编制记账凭证登记入账。

112.（　　）企业从外单位取得的原始凭证遗失且无法取得证明的，可由当事人写明详细情况，由会计机构负责人、会计主管人员和单位负责人批准后代作原始凭证。

113.（　　）目前我国主要采用的是复式记账法，但对于个别企业、组织也可以采用单式记账法进行会计核算。

114.（　　）预收账款不多的企业，可不设置“预收账款”账户，将预收的货款直接计入“应付账款”科目的贷方。

115.（　　）凡是现金或银行存款增加的经济业务必须填制收款凭证。

116.（　　）企业必须对外提供资产负债表、利润表和现金流量表，但会计报表附注不属于企业对外提供的资料。

117.（　　）记账凭证可以根据每一张原始凭证填制，或者根据若干张原始凭证汇总填制，也可以根据原始凭证汇总表填制。

118.（　　）企业采用永续盘存制对存货进行核算时，在期末必须对存货进行实地盘点，否则无法确定本期发出存货的成本。

119.（　　）会计分期是指将一个会计主体持续经营的生产经营活动划分为一个个连续的、长短相同的期间，以便与公历年度保持一致。

120.（　　）由企业拥有或控制是指企业享有某项资源的所有权，没有所有权就谈不上控制权。

四、计算分析题（每小题 1 分，共 4 道大题，20 分。答错、不答均不得分）

题目一：华天公司 2021 年 12 月 31 日的总分类账户余额如下：

华天公司 2021 年 12 月 31 日的总分类账户余额

单位：元

账户名称	借方余额	贷方余额
库存现金	1 895	
银行存款	129 800	
应收账款	4 000	
坏账准备		200
原材料	72 500	
库存商品	62 000	
生产成本	18 000	
固定资产	358 700	
累计折旧		24 700
无形资产	20 000	
累计摊销		3 500
预收账款		8 500
短期借款		27 500
应付账款		23 000

续表

账户名称	借方余额	贷方余额
预付账款	5 000	
长期借款		200 000
实收资本		350 000
盈余公积		18 095
利润分配		16 400
合　计	671 895	671 895

明细分类账户余额

单位：元

账户名称	余额方向	金　额
应收账款	借	4 000
——A公司	借	5 500
——B公司	贷	1 500
预收账款	贷	8 500
——C公司	贷	10 000
——D公司	借	1 500
预付账款	借	5 000
——E公司	借	6 200
——F公司	贷	1 200
应付账款	贷	23 000
——G公司	贷	23 000

补充资料：长期借款中将于一年内到期归还的长期借款为 60 000 元。

要求：根据上述资料，计算该公司 2021 年 12 月 31 日资产负债表的下列项目的金额：

121. 应收账款（　　　）元

122. 资产合计（　　　）元

123. 应付账款（　　　）元

124. 预收账款（　　　）元

125. 流动负债合计（　　　）元

题目二：常红公司某年 6 月发生经济业务如下：

（1）出纳人员向银行提取现金 30 000 元，准备发放工资。

（2）以现金发放本月工资 30 000 元。

（3）购入材料一批，金额 3 000 元，材料已验收入库，货款尚未支付。

（4）购买汽车一辆，买价 60 000 元，款项已通过银行存款支付。

（5）向银行申请 2 年期借款 100 000 元，借款已划入企业银行存款账户。

要求：根据上述资料，编制相关会计分录。

126.

127.

128.

129.

130.

题目三：某公司为增值税一般纳税企业，假设 2021 年 12 月发生如下经济业务：

（1）12 月 1 日，向中国工商银行借入期限为 3 年的借款 60 000 元，年利率为 6%，借款到期还本付息，借入的款项存入银行。

（2）12 月 8 日，开出转账支票一张，向甲公司预付货款 50 000 元。

（3）12 月 12 日，收到甲公司货物结算单，其中材料价款 40 000 元，增值税税额为 5 200 元，材料已验收入库，货款已于本月 8 日预付，多余款项尚未退回。

（4）12 月 23 日，向预付货款的乙公司销售 A 产品 200 件，单位售价 100 元；B 产品 300 件，单位售价 100 元，增值税税率为 13%，其余款项尚未收回；公司另用银行存款为对方代垫运费 500 元。

（5）12 月 24 日，接到银行通知，本季度企业存款利息收入 300 元已划入企业账户（假设以前月份没有预提）。

要求：根据上述经济业务，编制该公司 12 月份的会计分录。

131.

132.

133.

134.

135.

题目四：海天公司2021年8月最后三天的银行存款日记账和银行对账单的有关记录如下：

（1）海天公司银行存款日记账的记录：

日期	摘　要	金额
8月29日	销售商品，收到#98转账支票一张	25 000
8月29日	开出#78现金支票一张	800
8月30日	收到A公司交来的#365转账支票一张	4 800
8月30日	开出#105转账支票以支付货款	11 700
8月31日	开出#106转账支票支付明年报刊订阅费	700
	月末余额	147 800

（2）银行对账单的记录：

8月29日	支付#78现金支票	800
8月30日	收到#98转账支票	25 000
8月30日	收到托收的货款	35 000
8月30日	支付#105转账支票	11 700
8月31日	结转银行结算手续费	100
	月末余额	178 600

要求：编制海天公司银行存款余额调节表。

海天公司银行存款余额调节表

编制单位：海天公司　　2021年8月31日　　单位：元

项　目	金　额	项　目	金　额
企业银行存款日记账余额	147 800	银行对账单余额	178 600
加：银行已收、企业未收的款项合计	35 000	加：企业已收、银行未收的款项合计	(3)
减：银行已付、企业未付的款项合计	(1)	减：企业已付、银行未付的款项合计	(4)
调节后的余额	(2)	调节后的余额	(5)